旅 客 运 输 心 理 学

朱晓宁　编著
王甦男　主审

中国铁道出版社有限公司

2021年·北　京

内 容 简 介

本书主要研究旅客旅行心理活动的一般规律及旅客旅行需求的表现，探讨掌握旅客旅行心理活动的方法、客运服务人员的心理修养及提高客运管理人员的管理方式和管理艺术等。全书共分为五章，主要介绍了旅客运输心理学研究的基本内容及方法、旅客运输心理学的基础知识、旅客旅行心理活动与服务、客运服务人员的心理修养及旅客运输管理心理等内容。

本书可作为高等学校旅客运输专业的本科生教学用书，也可作为旅客运输相关专业高等职业院校的教材，并可供相关企事业单位业务与管理人员的学习和参考。

图书在版编目(CIP)数据

旅客运输心理学 / 朱晓宁编著．—北京：中国铁道出版社，2013.9 (2021.12重印)

ISBN 978-7-113-11923-2

Ⅰ.①旅… Ⅱ.①朱… Ⅲ.①铁路运输-旅客运输-心理学-高等学校-教材 Ⅳ.①U293-05

中国版本图书馆 CIP 数据核字(2013)第 211836 号

书　　名：旅客运输心理学
作　　者：朱晓宁

责任编辑：薛丽娜　吴　军　**编辑部电话**：(010) 51873023
封面设计：崔　欣
责任校对：王　杰
责任印制：高春晓

出版发行：中国铁道出版社有限公司(100054，北京市西城区右安门西街 8 号)
网　　址：http：//www.tdpress.com
印　　刷：三河市宏盛印务有限公司
版　　次：2013 年 9 月第 1 版　2021 年 12 月第 24 次印刷
开　　本：787 mm×960 mm　1/16　印张：16.25　字数：337 千
书　　号：ISBN 978-7-113-11923-2
定　　价：35.00 元

前言 Qianyan

社会经济的快速发展和人民生活水平的不断提高，促进了旅客运输需求质量和数量的大幅度增长，对交通运输业的服务提出了挑战，也带来了巨大的发展机会。在交通运输企业和旅客之间的服务和被服务过程中，旅客运输服务质量的高低，取决于对旅客旅行需要的满足程度，而旅客旅行需要是人的社会和心理活动全部内容在与交通运输业结合的过程中的一种心理反映。因此，了解旅客旅行心理活动的规律，有针对性地提供运输服务；掌握客运服务人员在提供服务时的心理活动规律，提高客运服务人员的心理修养和服务行为质量，才能从根本上提高旅客运输服务的质量。能否满足旅客需要，这是旅客运输企业市场竞争力的重要体现。

在旅客运输服务业中，服务的对象和服务的提供者都是人，旅客在乘车旅行中伴随各种心理活动以及由此产生各种行为，客运服务人员在工作中也会产生各种心理活动以及各种行为，在服务与被服务中二者相互影响、相互制约。从客运工作角度，一方面要了解旅客旅行的心理活动规律；另一方面要加强客运服务人员的心理修养及管理。

基于旅客、客运服务人员、旅客运输企业三个方面，作者对我国旅客运输业尤其是高速铁路的快速建设和运营过程中旅客出行心理和行为进行了深入的研究和思考，并将其归纳、整理。全书共分为五章，第一章重点介绍旅客运输心理学的基本内容和学习方法；第二章重点介绍旅客运输心理学的基础理论及心理活动的一般性规律；第三章从旅客出发，重点介绍旅客出行的决策、对服务的期待和感知，分析旅客旅行中的个体和群体心理活动规律及提供服务的方式和相应措施；

第四章从客运服务人员出发，重点讨论客运服务人员所具有的心理修养与行为，以及对心理修养的培养和提高；第五章从客运管理角度，重点讨论如何加强对客运服务人员的管理，提高客运服务人员工作积极性的方法，以及如何解决工作中存在的问题。

本书结合各章节的理论知识要点，还编写了小案例、小故事、小贴士、知识窗等内容，这有利于加深读者对理论知识的理解，并提高本书的可读性和趣味性。尽管本书主要以铁路旅客运输业为对象，但其基础知识和方法措施对其他运输方式同样具有指导意义。本书适合与交通运输相关专业的学生和旅客运输业从业人员使用。

旅客运输心理学是管理心理学的一个重要分支，是建立在心理学、管理学基础上的一个新的应用学科，目前没有形成一套完善的理论与方法体系，许多观点都需要在实践中检验，需要在实践中得到丰富、完善和发展，亟待有关人士参与探讨研究；再者，编者水平有限，书中一定存在许多问题和不当之处，敬请广大读者和专家批评指正。

本书由北京交通大学交通运输学院朱晓宁教授负责全书的内容组织和统稿，王甦男教授主审，马跃、王洁琳、李云涛、陈希、隆冰、赵珊珊、李怡娜、席江月、薄颖为各章节内容进行了修改和补充，在此表示诚挚的谢意。

编　者

2013 年 7 月

目录 Mulu

第一章　绪　　论

【本章导读】　旅客运输业为旅客提供了具有时间、空间移动需求的运输服务。在提供运输服务的过程中，旅客运输业与旅客之间建立了直接的服务和被服务的责任关系，旅客对运输需求的满足程度反映了服务质量和服务水平的高低。本章主要介绍旅客运输心理学研究的基本内容、旅客运输的一般流程与旅客心理及旅客运输心理学的研究方法。

第一节　旅客运输心理学研究的基本内容

一、旅客运输心理学研究的对象

旅客运输心理学研究的对象是人，这包括两个方面：一是运输服务的对象，即旅客；二是运输服务的提供者，即客运服务人员。

（一）从运输服务对象角度看

研究旅客运输心理学的关键问题是定义旅客的概念。一般而言，旅客是生活在一定的社会环境中的人与旅客运输业相结合的产物。一个人从他进入旅客运输服务系统开始，到他离开旅客运输服务系统为止，即从其购买车票、进入车站乘车到下车验票出站，在这段时间内，他成为一位旅客。

旅客运输心理学是从一个人是否有旅行需要角度定义旅客的概念：一个社会个体，从其产生旅行需要开始，到其旅行需要消失为止的整个过程，成为旅客运输业的服务对象，即旅客。根据这一定义，具有旅行需要的一切社会中的个体，无论其旅行需要是否成为现实，只要他有旅行需要，就是一位旅客。在旅客旅行需要的产生到旅行需要消失的整个过程中伴随的心理活动，成为旅客运输心理学研究的核心内容。

旅客运输产品的加工和生产过程，就是对旅客的心理活动进行剖析，使其旅行心理需要得到满足的过程。心理需要的满足程度，反映了客运服务质量的高低。因此，从服务对象角度讲，掌握旅客旅行心理活动与需要，使旅客旅行需求得到满足，是客运管理的核心内容。

(二)从运输服务业角度看

1. 运输服务企业的行为就是人的行为

人是运输服务的直接提供者,运输企业要靠人来实现企业的目标,即使是未来社会的管理中,最主要的管理仍然是由人来实施的对人的管理。虽然科学技术的发展,促使高科技产品在运输服务中得到了普遍应用,但设计和使用这些产品的仍然是人。如何使高科技产品在运输企业中得到广泛应用,从而最大限度满足旅客旅行的需要,这取决于规划者、设计者以及使用者对旅客旅行心理需要的掌握程度。因此,研究运输企业中人的心理行为规律,以调动人的积极性,提高运输服务水平,是运输服务企业管理的主题。

2. 人是运输企业的首要资源

从现代企业管理的角度来看,企业中人、财、物资源中,人是最重要的资源。在现代科学技术发展中,重视人的因素,发挥人的主动精神,挖掘人的潜在能力,是极为重要的。因此,旅客运输心理学的研究对象是人,着重研究人的心理行为,对充分运用人力资源,将起到重要作用。

3. 人是运输企业管理的主体

现代企业管理的特点是强调以人为本,以人为中心。科学技术越发展,就越要重视人的因素,建立以人为中心的管理制度。因此,人作为旅客运输心理学研究的对象,研究运输企业中人的心理活动的规律性、人的行为模式等方面的问题,有助于企业领导更能充分了解人的心理规律,使之能在科学分析的基础上,采取科学的管理方法,促使运输企业管理取得最佳的社会效益和企业效益。

纵观管理理论与管理实践的发展历史,经历了从以物为中心的管理到以人为中心的管理的发展过程。我国的封建社会之所以经历两千多年稳定发展的历史,一个重要的原因是历代统治者奉行重视对人的管理。"水能载舟,亦能覆舟"这是封建帝王统治思想的大成。

二、旅客运输心理学研究的目的

研究旅客运输服务过程中所涉及的各种人员的心理活动及其规律性,是为了认识人的内心世界及其外部行为表现。通过对内心世界和外部行为表现的了解,主要达到以下两个目的:

(一)从个体的角度是提高人的素质

运输企业依靠社会对个体思想、行为、道德的约束和国家法令的制约,提高对个体心理活动规律的认识,进行有针对性的管理,使个体按有利于实现运输企业目标的方向发展。培养人的途径主要有以下两个方面:

1. 主体的自我修养

主体是指旅客运输服务过程中产生心理活动的人,即旅客及客运服务人员。无论是旅客还是客运服务人员,都应从自己的实情出发,加强自我的心理修养,提高自身的心理素质水平,使自己的思想和行为符合社会的整体要求，并在日常工作中表现出来。

2. 客体的外部教育

客体是指影响人心理活动的外界因素。旅客和客运服务人员除了通过自我修养提高心理素质外，还需要接受社会组织和人员的教育。为了有效地实施教育工作，社会组织和人员需要了解旅客和客运服务人员的心理活动规律。

（二）从组织的角度是管理人

在了解人内心活动的规律性之后，才能够对旅客和客运服务人员进行有效的管理。运输企业的管理主要包括以下三个方面：

1. 满足旅客健康的旅行需要

运输企业的经营服务应始终围绕满足旅客健康的需要而展开，针对旅客心理活动的规律性，提高运输服务的质量是企业管理的核心内容。

2. 提高客运服务人员的服务水平

在客运服务人员和旅客之间的服务和被服务过程中，应有效地提高客运服务人员的服务水平，这需要从客运服务人员的选用及业务素质的培养和提高等方面着手。

3. 树立运输企业的整体形象

通过旅客需求满足程度的提高，在全社会中提升运输企业的整体形象，达到国家对运输企业服务的要求，提高运输企业的市场竞争力。

旅客运输管理部门的工作应围绕旅客和客运服务人员的心理而开展，这样才能有针对性地实施管理，提高旅客运输企业的整体服务水平。

三、研究旅客运输心理学的作用

研究和掌握旅客在旅行过程中的心理活动，探索旅客在站、车各个环节和各种旅行环境中的旅行心理及其规律，根本的目的是为了提高服务质量，以增进运输企业的经济效益和社会效益。而服务质量的提高又很大程度上取决于运输企业服务人员的个人素质和运输企业的整体管理水平。具备和运用旅客运输心理学知识，可以更好地了解旅客的心理需要，改进客运服务人员的服务方式，科学地组织各种服务措施，最大限度地满足旅客乘车旅行的需要。加强旅客运输心理学研究的作用，主要体现在以下几个方面：

（一）提高客运服务的主动性

一切客观事物都有它自身的发生、发展规律，人们如能够正确认识和掌握客观事物的规律，按照客观规律办事，就会使自己的工作处于主动地位。同样，旅客运输服务工作也是如此。例如，通勤职工的乘车习惯是掐点来上车；短途旅客总是要到接近开车时，才来买车票；旅客上车后，急于找座位；下车后，旅客却又匆匆忙忙想先出站；农民旅客不常出门，对旅行信息了解的少，好问询；青少年旅客喜欢在站候车厅、车厢内走动等。这些是一般旅客的正常心理活动，对这些心理活动的认识积累多了，可以总结出旅客旅行的心理规律。

旅客出门乘车旅行出现的心理活动，是旅客在旅行过程中各种需要的综合反映。客运服务人员如果不了解服务对象的旅行心理需要，不掌握旅客的心理活动，就难以按旅客需要去办事、提供服务，甚至会发生违背旅客需要的事情。例如，旅客希望站、车有良好的秩序，而站、车却因管理不善，环境不佳；旅客想买直通客票，一票到家，但车站只出售到列车终点站的车票；旅客希望到餐车就餐，而餐车只供应盒饭到车厢等。这样做，虽然也是提供服务，实际处于被动地位，效果不会好。反过来，客运服务人员如果能够了解旅客心理，认识并掌握服务规律，尽可能按规律办事和服务，情况就会不一样。例如，列车处于超员状态时，客运服务人员从体贴旅客旅途中的困难着想，主动地想办法为无座位旅客排忧解难，组织动员旅客两人席坐三人，三人席坐四人，劝导搭边坐、换坐、轮流坐，送超员凳等；对临时患病旅客主动送水、送药，帮助做好临时处置，解除患病旅客的痛苦；考虑在炎热气温下的旅客心情，主动采取降温措施，开电扇、开通风窗口，做好上水、送水等。这些工作是从旅客的角度着想的，体现客运服务的主动性。

由于一切事物都在变化着，当旅行环境、旅行条件发生变化时，旅客的旅行心理也会随旅行的进行发生变化。客运服务人员对这些变化的心理状态，要做到及时掌握，使得自身的服务工作更加主动、灵活，而且还能防止旅行中意外事件的突然发生。例如，旅客不慎在车上丢失财物，又着急、又生气、又惊慌，甚至产生轻生念头，这时如果列车员一面帮助旅客查找、报警，一面进行安慰、劝导，就能防止不测情况的发生。又如，当旅客列车晚点时，旅客常要询问晚点的时分和原因。晚点时间越长，对旅客心理冲击越大，这时乘务人员主动地做宣传，可稳定旅客情绪，列车员还要注意到站及时打开车门，使旅客安全乘降。

（二）提高客运服务的针对性

掌握旅客心理，探索服务规律，主动地为旅客服务，但这还不够。由于客运服务人员人数有限，不可能满足所有旅客表现出的和潜在的所有的需要，因此客运服务要有重点，有针对性地对重点旅客提供使其满意的服务。重点旅客有时是一目了然的，如一位跛脚老人独自出门，客运服务人员应该把他作为重点旅客，扶持其上、下车，帮助他找到座位。大多数重点旅客需要客运服务人员对他们的行动进行细心的观察，才能了解到他们的心理和旅行需求，提供有针对性的服务。

有些客运服务人员，为旅客服务很勤快，也很主动，但提供的服务由于没有针对旅客的需要，结果事与愿违。例如，希望在旅途中能够安静休息的重点旅客，其心理状态是不愿有人去打扰，如果列车员总去问长问短，可能还会引起他的反感。所以，服务工作不一定是“越主动越好，越勤快越好”，还要讲究针对性，这样才能够收到事半功倍的效果。

掌握旅客心理，探索服务规律，提供有针对性的服务，比主动性服务的难度要大。例如，患病旅客通常是希望服务人员问长问短，对他（她）多加照顾，但有的旅客想在列车上找到医生抓紧治疗，有的旅客想在前方较大的车站下车去医院，还有的希望到达目的地车站后再说。如果不掌握旅客心理，把不想中途下车去医院的送下车，或把想中途下车的留在车上，服务效果就会适得其反。

有针对性地进行服务，是主观努力和客观需要一致的服务，是把服务工作做到点子上。实现有针对性的服务，必须要了解、掌握旅客的心理需求。有的列车员通过细致的观察，了解到睡在硬卧车厢上铺的旅客容易口渴，而上下又不方便，所以在熄灯前专门给他们送一次开水。这种有针对性的服务，是优质服务的标志。

在掌握旅客共性心理需要的同时，又要掌握个性心理需要。例如，同样买卧铺，不一定每位旅客都要下铺；南、北方人同进餐车用餐，也不一定南方人专爱吃甜食、米饭，北方人全要口重的菜品、面食。所以，提供有针对性的服务，要求客运服务人员细致地了解与掌握旅客心理，包括共性心理和个性心理。

（三）提高客运服务的周到性

服务周到与否是相对而言的，既受旅客旅行心理需要满足水平的要求影响，又受环境、条件、时间等因素的制约，很难有具体的衡量尺度，或者一个统一的标准。但从概念上讲，能够实现客运工作标准的要求，能够最大限度地满足旅客旅行中的心理需要，也就可以称作是周到服务。

客运服务人员在丰富的服务实践中，已经积累和创造了一系列的服务经验，这些经验都是从了解和掌握旅客在旅行中的心理需要出发，按照服务规律，周到地为旅客服务的方法的总结。

随时代的发展，人民生活水平的日益提高，旅客旅行心理也会随之变化。如旅客希望铁路提供多功能、多层次的服务，改革原有的服务方式。许多车站为适应新时期旅客旅行的要求，提供周到服务，已经开展了在非铁路沿线的城镇开办售票点，办理行包承运和接送业务等。有的中间站，居民住宅区在车站一端，或在车站站舍的背面，旅客下车后，按规定应从正面进、出站口进出站。但旅客的心理是出站到家，越近、越方便越好，于是下车后总是想从车站两头走，或者横越线路。为适应旅客的这种心理要求，有的车站根据客观条件的可能，在车站靠居民住宅区的一端或在车站站舍的背面一侧，设立出站口，有计划、有管理的组织旅客从车站两端走或从背面出口出站，既能满足旅客的要求，又使旅客上、下车进入管理状态，既服务周到使旅客满意，又保证了旅客的旅行安全。

由于我国目前铁路运能与运量存在矛盾，在旅客运输中还有许多问题满足不了旅客的要求，这是客观事实。例如，旅客想买卧铺票，因数量有限，难以满足；托运行包，常遇到停、限办的制约；长途旅行，有时连座位还找不到等。实质上，这些都是服务不周到的反映。面对这种现实状况，客运部门要尽力去做能够做到的，实在做不到的，也要做好耐心、热情的解释工作，以弥补服务不周到的缺憾。

（四）树立客运服务人员正确的服务观

实现文明服务，礼貌待客，最根本的是客运服务人员要有正确的服务观，要对旅客有感情，对工作有责任心，才能在日常的服务工作中积极了解和掌握旅客的心理活动，了解旅客的困难，理解旅客“出门难”的心理状态，急旅客之所急，忧旅客之所忧，成为旅客的贴心人。有了正确的服务观和主动服务的思想，才能更好地为旅客服务。为使客运服务人员建立正确的服务观，需要对客运服务人员的心理有实际的细致的了解，并实施有针对性的心理管理。

有的站、车专门组织职工和旅客一起排队买票，和旅客一同在硬席车厢“站”车旅行几个小时，亲自体验旅客的心理状态，这是为了培养和增强对旅客的感情。

有些职工主观上也想为旅客服务，但对旅客问事多了嫌麻烦；旅客无意中违反有关规章制度，就对旅客横加责难；车票售完后，旅客询问车票的情况，而不予理睬等。所有这些，从反面说明客运服务人员如果不注意了解旅客的心理活动，就不能体贴旅客在旅行中的困难。与旅客之间的感情建立不起来，“文明服务、礼貌待客”就成了一句空话。所以，加强旅客运输心理活动的研究，掌握旅客心理，探索服务规律，能够加深客运服务人员和旅客的感情，从而促进服务者与被服务者之间的相互理解与支持，把服务工作做得更好。

（五）提高客运管理工作水平

客运管理工作是为旅客提供优质服务的基础。不断提高客运管理水平，必然会促进文明服务，礼貌待客程度的提高。

客运管理工作的内容很多，主要包括以下几个方面：

（1）旅客运输组织，包括售票组织、行包组织、乘务组织、餐饮管理、卫生整容。

（2）旅客旅行安全工作，包括行车安全管理及站车秩序管理。

（3）客运设备和客运设施管理，使其有效地为旅客运输生产服务。

（4）客运服务人员管理与培训，提高客运服务人员素质。

所有这些客运管理工作，都与能否为旅客提供优质服务息息相关。

做好客运管理工作，提高服务质量，除了采取现代化的管理手段之外，重要的是要体现全心全意为旅客服务的精神。一切客运管理方法、制度、措施、标准等的制订，应该依据国家的方针、政策、规章，同时应充分考虑站、车的实际条件和旅客的需求。因而，了解与掌握旅客在旅行中的心理需要，探索服务规律，对照自己的服务工作，考查符合需要的部分和有待改进的部分，就会成为提高客运管理工作水平的重要依据。

根据旅客心理活动改进旅客运输各方面的管理工作，才会有效地提高客运服务质量。例如，车站售票窗口工作时间的安排，应考虑各站客流规律及不同的旅客构成的心理要求而制定；餐茶供应应根据站、车所吸引的不同结构的旅客心理要求和站、车的实际条件，制订出供应品种、方法。运输服务企业应根据站、车的客流规律、旅客心理需求去安排候车、检票、上车以及问讯、签证等各方面的服务组织工作。

第二节 旅客运输的一般流程与旅客心理

运输需求与运输供给是旅客运输的两个基本内容。旅客运输企业根据旅客的运输需求，提供运输供给资源，制定运输供给的一般服务作业流程。了解服务作业流程，可以更好地把握旅客的心理活动，明确旅客心理需求，实施有针对性的服务，提高旅客满意度。

一、旅客运输的一般流程

城际之间，旅客可选择的运输工具有铁路、公路、航空和水运四种方式。城市内部，居民出行可选择的交通工具有城市轨道交通、道路交通，其中道路交通包括公共汽车、私家车、出租车、非机动车、步行等。

从城际旅客运输看，旅客运输的服务流程可以简单描述为：获得乘坐交通工具的凭证，从始发地的站、场、港登乘交通工具，在途旅行以及中转、换乘，到达目的地离开交通工具终止运输。在这个过程中，需要客运站、场、港（即车站、机场、港口等，以下统称客运站）和车、机、船（即铁路列车、道路车辆、船舶等，以下统称车）。

客运站是旅客运输的起点和终点，是旅客运输组织的重要场所，旅客运输组织与管理主要在客运站内完成。客运站的工作组织主要包括客票出售、旅客进站、安全检查、承运行李、调度车辆、安排旅客候车、检票、组织旅客上车、指挥车辆出发和运行、指挥车辆到达、组织旅客下车、检票、车辆停放、旅客出站、交付行李等。其作业流程如图 1-1 所示。

旅客运输的整个过程中，运输企业需开展以下工作：

(1)旅客运输市场调查和旅客运输需求预测分析，需要了解不同旅客群体（客流）的数量、流向、流程、流时、旅行服务需求及其变化，分析各种运输方式的市场占有率。

(2)根据市场需求开发有竞争力的、满足不同层次需求的多样化旅客运输产品和运输服务，如各运输线路和方向的不同行程的铁路列车、飞行航班、公路班车等。

(3)制定运输计划，合理运用运输技术设备、能源和人力资源。

(4)提供方便的客票预订和发售服务，包括良好的候车（机、船）环境和旅客乘降服务，安全、快速、舒适的运载工具，旅行途中优质规范的餐饮、卫生和文娱服务、信息服务等各种延伸服务；满足旅客投诉和理赔的需求。

(5)运输过程的监控和调度指挥，保证旅客和行李包裹安全、迅速和方便地输送。

(6)运营活动的安全、技术和竞技考核、统计分析和管理。

随着社会进步和人民生活水平的不断提高，旅客运输企业应更多地开发满足各种休闲、观光旅游需求的运输产品和服务，更多地关注老龄、儿童、残疾等社会弱势群体的运输服务需求。

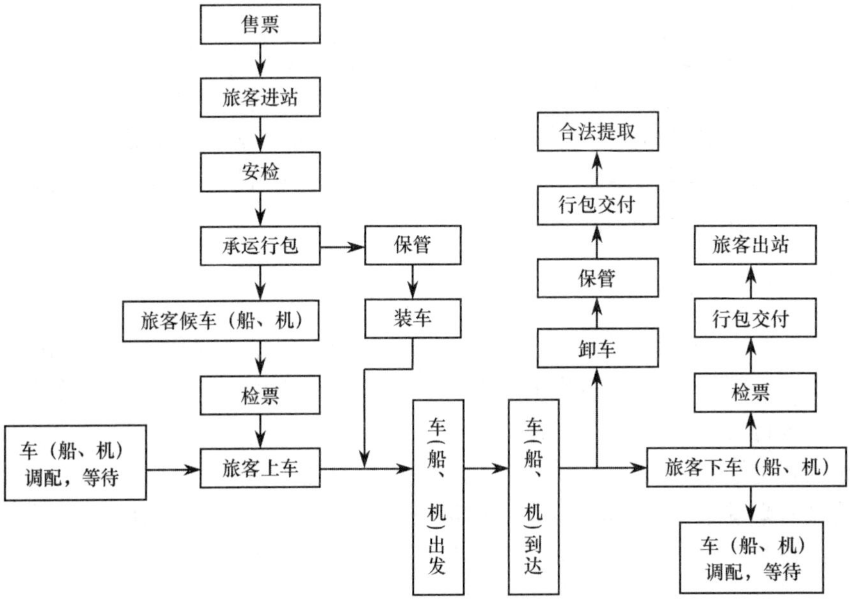

图 1-1　客运站(港、机场)作业流程图

二、旅客运输需求与供给

旅客运输需求与供给是构成运输市场的两个基本方面，存在于整个旅客运输过程中。运输需求是运输供给的原因，而运输供给则是运输需求满足的基础。

(一)旅客运输需求

1. 运输需求的含义

运输需求是指社会经济生活中，在一定的时期内和一定价格水平下，在货物与旅客空间位移方面所提出的具有支付能力的需要。运输需求必须具备两个条件，即具有实现位移的愿望和具备支付能力。缺少任一条件，都不能构成现实的运输需求。

社会经济活动产生的运输需求常常通过运输量的形式反映出来，但“运输需求”与“运输量”是两个不同的概念。运输需求是社会经济生活在货物与旅客空间位移方面所提出的具有支付能力的需要，具有“质量”和“数量”两个表征；而运输量则是指在一定的运输供给条件下所能实现的货物或旅客的空间位移量，仅仅是运输需求“数量”的全部或部分表现。

运输量是运输需求与运输供给、服务水平的相互作用的结果，即在现有运输能力下所实现的运输量。在运输能力不能完全满足运输需求的条件下，运输量不能代表社会经济活动对运输的数量需求，仅仅代表被一定运输设施所限制的运输需求量，尚未被满足的运输需求部分就是潜在的运输需求。运输需求分析是运输供给的基础，运输供给只有从数量与质量两方面满足运输需求的特点，才是有效供给。

显然，当运输设施得到改进，运输能力得到加强时，潜在运输需求就会转化为现实的运输需求。正是潜在运输需求影响着运输供给，使得运输业在技术、经济可行的情况下，努力增加运输供给满足运输需求。运输业的发展是在不断诱发和挖掘潜在运输需求，并使得这些潜在运输需求得以实现的过程中使运输业自身得到发展。运输需求是人们对于所接受的运输服务的支付意愿，同时也反映了这种意愿随运输价格或成本水平而发生的变化。

2. 运输需求的产生

旅客运输需求按照出行目的一般可分为四类：公务、商务、探亲、旅游。其中以公务和商务为目的的旅客运输需求来源于生产领域，是与人类生产、交换、分配等活动有关的需求，可称为生产性运输需求，这种需求是生产活动在运输领域的继续，其运输费用纳入产品或劳务成本。以探亲、旅游为目的的旅客运输需求来源于消费领域，可称为消费性运输需求，其运输费用来源于个人收入。

3. 影响运输需求的主要因素

影响旅客运输需求的主要因素有：经济发展水平、居民消费水平、人口数量及城市化程度、旅行费用、运输服务质量、运输方式竞争、经济体制等方面。影响运输需求的各个因素在一定程度上会影响出行的旅客在旅行过程中的心理和需要。因此，研究和掌握这些因素对旅客的影响，有利于旅客运输企业明确服务内容和提供方式，使运输服务更加贴近旅客的心理需要。

（二）旅客运输供给

1. 运输供给的含义

运输供给是指运输生产者在某一时刻，在各种可能的运输价格水平上，愿意并能够提供的各种运输产品的数量。影响运输供给的因素有技术、运输成本、政策与管理等。

运输供给分析主要是根据各运输方式本身的特点和现有的设备条件、人员情况和组织方法，正确估计能够提供哪些类型的产品，满足哪些类型的运输需求，进行哪些类型的改进（设备和组织方法），才能更好地满足运输需求。

运输供给在市场中的实现，必须同时具备两个条件：运输生产者有出售运输产品或提供运输服务的愿望，运输生产者有提供某种运输产品或提供运输服务的能力。二者缺少任一条件，都不能形成有效的运输供给。

2. 运输供给的特点

运输业是一种特殊产业，其产品的供给具有不同于其他产业的特点，体现在运输产品的非储存性、供给的不平衡性、可替代性等方面。

从旅客运输服务的心理角度，运输供给主要受运输需求影响。运输企业提供给旅客的运输服务项目和内容、数量和质量，应根据旅客的需求进行合理的规划和设计。

三、旅客运输组织和服务

旅客运输是运输工作的重要组成部分，它的基本任务是满足人员的旅行需要，安全、迅速、准确、便利地运送旅客和行李、包裹、邮件，保证旅客在旅行途中舒适愉快并获得文化生活上的良好服务。

（一）旅客运输组织的特点

旅客运输的直接服务对象是人，是具有不同旅行需求和不同支付能力的人群构成的旅客。因此，其工作性质和组织原则与货物运输有着较大的区别。在旅客运输组织和管理工作中，应注意以下几个特点：

1. 结合旅客特点设计运输产品

在旅客运输过程中，旅客有着较强的自主性，可根据自己的旅行需要自主选择乘车日期、车（班）次、到站和座别，自行购买车票和托运行李，到车站指定地点候车，按时检票上车；当到达目的地后，旅客自动下车，验票出站和领取行李。因此，设计符合不同层次旅客需要的运输产品以及提供高质量的旅行服务是旅客运输组织的重点。

2. 预留一定的运输能力储备

从空间上看，居民消费水平高的发达地区，旅客出行的需求总量较大；从一条运输通道较长时期的统计结果看，其上、下行方向的客流量基本平衡，发送和到达的客流总量差别很小，但从短时期看，因受农事忙闲、节假日安排、城市交通等因素的影响，一年内的各个季度、月度以及一月内各日、甚至一日内各小时之间客流量都有较大的波动。因此，要求运输企业的客运技术设备及其运输能力必须预留一定的后备。

3. 合理制定旅客运输计划

客流流量和流向既是基于个人旅行活动的需要而自然形成的，又受一系列社会因素的影响，其变化的随机性比较大。因此，必须对客流作大量的调查、对客运统计资料进行详细周密的分析，掌握客流变化规律，编制旅客运输计划。

4. 合理编制旅客运输时刻表

旅客运输在准确性、安全性、可靠性和方便性上的要求远比货物列车严格。各种运输方式一般都有比较固定的时刻表。在西欧、日本，铁路是重要的公共交通方式，主要服务于旅客运输，一般采用“循环时刻表”，不仅有足够数量的旅客列车频繁到发，而且同方向的同类旅客列车在一天的各主要时段的到发时刻基本相同，旅客列车在主要枢纽的到发时刻充分考虑各方向旅客的换乘。

5. 促进运输工具间的有效衔接

客运站的位置要方便旅客乘降，特别是铁路车站、公路客运站要紧靠城市，并且与市内运输及其他各种交通工具有紧密的衔接。客运站的站台一般按方向、车（班）次固定使用，不能随意更动。

6. 提供多样化的运输服务产品

由于旅客的需求层次、旅行目的和支付能力不同，各种运输方式应该根据客流结构提供多种层次的旅客运输服务。例如，铁路旅客列车有高速、城际动车、动车、特快、直快、慢车等各种等级之分。客运车(机、船)的定员、速度、密度方案，应根据运输市场竞争的需要进行综合比选，注重提高旅客送达速度，增加开行密度，以提供方便、经济、高效的运输服务。

(二)旅客运输的种类

旅客运输分类的方式很多，通常可以按照运输工具、运输距离、运输区域、经营方式来划分。

1. 按交通工具划分

旅客运输主要分为铁路、公路、航空和水路运输四种形式。

铁路具有运量大、速度高、安全好、费用低、能耗小、占地少、全天候、环境效益高等优点，在中、长距离和大密度、高频率的城际和市郊旅客运输中具有明显的比较优势。

公路由于其机动灵活、覆盖面广、适于"门到门"运输等优点，在短途及地区旅客运输中占有主导地位。

航空运输以其速度快、服务质量高的特点，具有长途旅客运输的优势，近年来在我国有较大的发展。

水路运输必须在海洋、江河、湖泊、水库或人工水道上运送旅客，其服务范围受到一定限制，但由于中国有优越的发展水运的自然条件，水路运输在我国旅客运输中也占有一定比例。

2. 按运输距离划分

旅客运输主要分为长途、中途、短途运输。对于长、中、短途运输的划分没有严格的标准，而且不同的运输方式划分标准也有较大差别。例如，公路把运行距离在250 km以内的运输称为短途运输，运距在 800 km 及以上的运输一般称超长客运；而800 km的运距对航空运输来说难以称为长途运输。

3. 按运输区域划分

旅客运输主要分为国际、国内运输。国际运输是指运输路径至少跨越两个国家的运输方式。国内运输是指在本国内部各地区之间的运输。国际旅客运输市场方面，航空占绝对优势。

4. 按运输范围划分

旅客运输主要分为城际运输、城市运输。城际运输是指借助运输工具，实现旅客在城市间运输通道上空间位移的运输方式。城市运输则是指在一个城市内部进行的，主要是为了满足城市居民工作、购物、娱乐、交往等日常生活、工作需要进行的运输。

5. 按经营方式划分

旅客运输主要分为班线客运和合同客运。班线客运的主要特征是有固定线路和固定站点。经营班线客运的企业必须公布运行班次和运行时间、公布票价、预先售票、定时、定点出发。合同客运是通过与顾客签订合同的形式提供的客运服务，如通勤包车、为中小学校提供的接送学生上下学的学校包车及旅游包车等。合同客运的车班运行时刻、程序由顾客安排。

四、运输服务与旅客心理的关系

旅客运输业为旅客提供运输服务，应围绕旅客需求，充分考虑旅客心理，讲匹配关系。

不同旅客的心理需求是有差异的，按照人类需求发展的规律性和层次性，把旅客的需求分成生理性需求、社会性需求和精神性需求三大类。

1. 生理性需求

每一个人都有生理性需求，这些需要在旅行中也一定存在。出门在外，首先必须保证机体的生存和健康，才能顺利进行各种活动以达到预定目的。例如，在长途旅行中，旅客的饮食需求应得到满足。旅客的安全需求是多方面的，主要是保证人身和财产安全。

2. 社会性需求

社会性需求主要表现在需要进行社会交往，需要得到别人，特别是客运职工的尊重和理解。人人都有进行社会交往的需要，在旅行过程中也不例外。

3. 精神性需求

旅客的精神性需求主要有追求猎奇、艺术、美好事物等方面。追求猎奇的需要指增加见闻，扩充知识面；对艺术的需要指能够欣赏到喜欢的东西；对美好事物的追求，既包括优秀歌曲、文娱节目的追求，也包括对客运服务人员优质服务及好人好事的追求。这些都会使他们产生美的感受。

为了提高客运服务质量，客运职工除了加强自身心理品质修养，讲究仪表和语言艺术外，还应认真研究旅客的心理需求及规律，全心全意、文明礼貌、热情周到地为旅客服务。

小案例：关怀性服务带来回头客

北京著名的王府饭店为客人提供的服务是关怀性的，是关注客人个性化需要。对于第一次入住的客人，总机和各服务部门就能叫出客人的名字。多次入住的客人，门童会高兴地说："您又来了！"在房间里，印有客人名字的信封、浴袍、毛巾早已备好了；在餐厅里，客人叫上来的菜一定是符合他特殊口味的；楼层服务员嘘寒问暖，老朋友一般。神通广大、无所不能的礼宾部可以满足任何一位客人的任何合法要求。曾有一位外国人，突然想抽古巴雪茄，礼宾部一个电话打到香港，雪茄烟当晚就送到客人手里。因此，王府饭店的回头客特别多。

第三节 旅客运输心理学的研究方法

无论是研究还是学习旅客运输心理学方面的知识，都存在方法的问题。方法包括两个方面：一是一般方法论，为人们提供一个从事研究、学习的指导思想和原则；二是实践中具体的操作方法。

一、旅客运输心理学研究的一般方法论

一般方法论讨论的是科学方法的意义、原则和科学工作的态度等一般性的问题。方法论与世界观有密切的关系。从马克思主义哲学来说，世界观与方法论是一致的。马克思主义的辩证唯物论和历史唯物论，既是关于自然界和社会的科学的世界观，又是指导我们从事一切科学研究的方法论基础。

心理学是一门实验科学，研究的方法论在其发展中占有特别重要的地位。现代心理学的各主要流派所形成的研究方法论在历史上都有其特定的影响、作用和局限性。用客观的、发展的观点对心理学研究方法的演化过程进行回顾和比较，对于分析、评价和改进目前在心理学研究中所应用的各种方法和提高研究的水平具有积极的意义。

心理学所沿用的研究方法论大致经历了以经验为侧重点的主观主义心理学研究方法、以实用为出发点的机能主义心理学研究方法论、以操作和实证为基础的行为主义心理学研究方法论、以现象学和场论为基础的格式塔心理学研究方法论、以信息论作为主要手段的现代认知心理学研究方法论、以整体论为指导的人本主义心理学研究方法论等六个阶段。

心理学的研究方法论就目前来说尚未达到一致的认识，各个发展阶段、不同研究领域中所产生的各种方法论及其研究方法和技术共存于当今的心理学研究之中。即使在同一个研究领域中，由不同方法论所指导的各种研究方法也常常同时并存。因为，心理学的研究对象是一种复杂的现象，它有着许多不同的水平、层次、方面和相互作用的关系。对于这样一个复杂的现象，我们的研究决不能简单地以某一种方法去处理。

通过各种心理学的研究方法论，对人心理认识具有相同的结论，主要集中在以下几个方面：

1. 人是一个整体的系统

在人的这个系统中，至少可以分为三种水平不同的子系统，即心理和外部世界（被反映者）的关系系统、心理和行为活动的关系系统（反映的调节作用）、反映和其物质本体（生理、神经系统和脑）的关系系统。

2. 人的心理是多层次的

从人的心理结构、层次来说，可以分为从高到低四层结构，即人心理的社会实践结构（主体

和客体关系中的心理起源和发展)、每个人具有的人格(或个性)心理结构、人的共同的心理过程结构、人的心理的物质本体(特别是脑)结构。

3. 人的心理处于不同的序列关系之上

它既是客观存在的反映,又是人脑的机能,更是作为个体的人的行为活动的调节者。心理学只有正确认识这三者对立统一的复杂序列关系,才能更好地理解和调控人的心理活动。

4. 人的心理是动态的、运动发展的

人的心理是一个开放系统,是通过信息变换的、自控的、有组织的、自我调节的系统。经历从无序到有序、再到无序,又从无序经过涨落到更高的有序状态的不断向前发展的过程。例如,在人的一生的不同心理发展阶段就会形成心理的质的不同系统。

5. 人的心理的发生、发展服从于辩证决定论

由于人心理的多水平、多层次、多序列这种多测度性,就使人的心理发生、发展不是由单测度决定,不是服从线性决定论,而是服从于辩证决定论。

二、旅客运输心理活动研究的具体方法

旅客运输心理活动研究的具体方法是一般科学方法论在旅客运输过程中的具体运用。在旅客和客运服务人员之间所建立起来的服务和被服务关系中,应坚持的基本观念和采取的具体方法如下:

(一)在研究旅客运输心理活动应树立的基本观念

在我们研究旅客运输心理学的过程中,应树立以下几项基本观念:

1. 树立以人为中心的管理思想

在旅客运输服务企业内,服务的提供者和接受者都是人,只有树立以人为中心的管理思想,才能处理好人与人之间的关系。

(1)强调研究人在旅客运输服务中的作用

在现代化大生产条件下,虽然先进的科学技术与现代化的技术设备将在企业的经营管理中发挥着重要作用,但是,这些先进技术设备的使用及有效运转,还是根据人的需要而实施和依靠掌握先进科学技术的人来操作。因此,以人为中心的管理,必须重视挖掘人的潜在能力和有效利用人力资源,只有充分重视人的工作,做好人的组织管理,才能保证生产的顺利进行,才能取得最大的经济效益和社会效益。

(2)强调研究人的动机和心理活动规律

强调研究人的动机和心理活动规律,要求人们在工作中必须树立科学态度,尊重科学规律,掌握科学理论。重视吸取心理学、社会学、人类学等学科的研究成果,重视人的动机和心理活动规律的研究,对加强旅客运输心理学的研究有着重要的意义。

(3)强调研究企业管理中有效地调动人们劳动积极性的途径

心理学告诉我们,需要与动机是决定人的行为的基础,人的一般性行为规律表现为:需要决定动机,动机产生行为,行为指向目标。当一种目标完成了,该项需要得到了满足,于是又产生新的需要、动机和行为,以求实现新的目标。人的需要是人的本性,决定人行为的基础,是人的活动的内在动力。在研究人的需要,了解人的需要,并在可能条件下最大限度满足人的需要的情况下,才能使人的管理组织和思想教育工作同旅客及客运服务人员的思想实际相结合,才能有效地调动人们的生产积极性和创造性。

人的需要不仅有生理需要,也有心理需要。在工作中不仅要关心人们的物质需要的满足,还要充分满足人们的各种精神需要。要注意对各类人员给予信任和尊重,合理地配置权力和责任,对工作成就及时承认和鼓励,不断提高人们的事业心和责任感以及培养高尚的情操。

(4)强调研究领导行为的问题

办好企业,关键在于领导。现代企业必须有坚强的领导班子,要有合理的领导结构,考虑班子成员的政治品质、能力品质和性格品质。坚强的领导班子必须要有合理的能力结构和性格结构。要取得高效率,领导行为中必须把工作的关心与对人的关心有机结合,强调把满足个人需要与达成组织目标有机结合,领导者的职责包括保证组织目标的完成与满足团体成员需要的双重任务。

2. 坚持科学的态度和方法

所谓科学的态度,就是实事求是、尊重客观事实的态度。这种态度对从事任何问题的研究都是重要的。由于心理现象是一种极其复杂的现象,因此用科学的态度研究心理问题,尤为重要。

按照客观事物的本来面目予以揭示而不凭臆测加以歪曲,是一切科学都应遵循的基本原则。心理就其映象来说,是主观存在的,但作为一种反映的过程,即在外部条件与内部因素的制约下在头脑中产生、变化、发展并以言行等方式表现于外的历程,则不以个人意志为转移,且有规律可循,因此完全可以作为科学的对象被人们客观地加以研究。

在旅客运输心理研究的过程中,采用客观的方法,即依据可以观察得到并能加以衡量的外部条件(刺激)和足以表明某种心理变化的客观指标或行为反应之间的关系,去如实地探明现实与心理、心理与行为以及心理的各种形式之间的因果联系(或必然联系)及心理发展的规律。

3. 坚持分析与综合的原则

把复杂事物分解为简单的组成部分和把各部分联合成为统一的整体,是任何科学深入认识其对象的有利手段。在旅客运输心理学研究中,贯彻分析与综合的原则,至少包括以下两层意思:

(1)心理、意识虽然是很复杂的现象,但可以通过剖析将其分解为各种形式进行专门的考察研究,而后通过综合将其看成有机联系的整体加以理解。

(2)在研究某一种心理形式与现实条件的依存关系时,也可以分别地考察某一条件在其中所起的作用，而后将其揭示的各种规律加以综合运用。

没有分析就不会有综合，不综合就会使分析的结果成为割裂的现象。综合的观点在旅客运输心理学研究中可以称为系统论的观点，也就是说在旅客运输心理学研究中要充分运用系统的观点、思想，分析、研究旅客运输心理的规律，运用系统工程的方法进行管理。

（二）研究旅客运输心理学的具体方法

旅客运输心理学研究的对象是有思想、有感情的人，这就决定了它的研究方法有其自身的特点，主要是通过调查、观察和实验等方法，了解和掌握各种心理行为的变化，加以综合分析、概括出原理原则，再放到实际中去验证。由于人的行为和心理现象总是复杂多样的，因此旅客运输心理学研究的结果存在一定的不精确性，但这并不排斥它的科学性和有效性。只要在研究中坚持按事物的本来面目进行观察，坚持在占有大量材料的基础上加以科学地抽象概括，并在社会实践中得到验证，对于人类行为就可以取得规律性的认识。而一旦有了这种规律性的认识，它对我们预测和控制人的行为，就会有指导意义。

1. 观察法

在自然条件下，对表现心理现象的外部活动进行有系统、有计划的观察，从中发现心理现象产生和发展的规律性，这种方法叫观察法或自然观察法。

(1)观察法的采用情况

①对所研究的对象无法加以控制；

②在控制条件下，可能影响某种行为的出现；

③由于社会道德的要求，不能对某种现象进行控制。

利用观察法能否获得满意的结果，取决于观察的目的和任务、观察和记录的手段、观察者的知识和能力以及观察者的毅力和态度。

(2)观察法的优缺点

①优点。观察法可对被观察者的行为进行直接的了解，因而能收集到第一手资料。因观察法是在自然条件下进行的，不为被观察者所知，他们的行为和心理活动较少或没有受到“环境干扰”。因此，应用这种方法有可能了解到现象的真实状况。

②缺点。因观察法自身属性和各条件的影响，其存在一定的不足，主要表现在：

a. 在自然条件下，事件很难按严格相同的方式重复出现，对某种现象难以进行重复观察，而观察的结果也难以进行检验和证实。

b. 在自然条件下，影响某种心理活动的因素是多方面的，用观察法得到的结果，往往难以进行精确的分析。

c. 由于对条件未加以控制，观察时可能出现不需要研究的现象，而要研究的现象却没有出现。

d. 观察容易“各取所需”，观察的结果容易受到观察者本人的兴趣、愿望、知识经验和观察技能的影响。

2. 调查法

有些心理现象能直接观察，有些则不能。当所研究的心理对象不能直接观察时，可通过收集有关资料，间接了解被观察者的心理活动，即采用调查法。它往往用于研究不易从外部观察到的人的内隐心理活动。

调查法的途径和方法是多种多样的，有谈话、问卷、测验、活动、产品分析等。由于人的行为和心理现象是极其复杂的。因此，在进行研究时通常不是单纯地使用某一种方法，而是根据对象与任务的不同，往往以某种方法为主，辅之以其他方法，使之互相补充。这样，可以更准确地、客观地反映人的行为和心理活动的规律和特点。

运用调查法，调查者必须清楚了解所调查的课题，明确调查的目的要求，确定调查对象，拟订调查内容、方法和步骤。对于调查过程中可能遇到的情况和可能参与的外来因素，要有一定的预见和估计。另外，还必须设法使调查对象向调查者说真话，反映真实情况。

一般调查步骤如下：

(1)选择和确定研究的问题和对象；

(2)制定研究计划；

(3)收集和整理研究材料；

(4)分析材料，从而得出科学的结论。

调查法比较容易进行，有利于在不同的场合从多方面发现问题，验证研究结果。但是，在调查法所得的结果中，不易排除某些外来因素的参与。因此，为了保证研究工作的可靠性，调查的结果还需要多方面的对照和验证，并要和其他研究方法的结果相互补充。

3. 换位法

人的心理活动是相通的，从这一点出发，我们可以做一个假设，如果我是一位旅客，我希望获得什么样的服务呢？“己所不欲，勿施于人”，这是先人为人处世的哲学思想。

从这种思想启迪得出的换位法用于旅客心理研究，通常会得到能够体验出的比较符合实际情况的结果。

小故事：换位思考

有一头小猪、一只绵羊和一头乳牛，被关在同一个畜栏里。有一次，牧人捉住小猪，他大声嚎叫，猛烈地抗拒。绵羊和乳牛讨厌他的嚎叫，便说：“他常常捉我们，我们并不大呼小叫。”小猪听了回答道：“捉你们和捉我完全是两回事，他捉你们，只是要你们的毛和乳汁，但是捉住我，却是要我的命呢！”

4. 实验法

在有目的地严格控制或创设一定条件下,引起某种心理现象以进行研究的方法称为实验法。在实验中,研究者可以积极干预被试者的活动,创造某种条件使某种心理现象得以产生。例如,研究者可以创设条件明确显示心理事实,使心理事实按实验者的愿望发生变化,并且能重复出现,以便全面分析研究。实验法较观察法的优点在于研究者可以主动地引起他要研究的心理现象,而不是被动地等待某种心理现象的出现。

实验法有以下两种:

(1)实验室实验法

实验室实验法是在专门的实验室内进行研究的方法,它是一种严格控制外界条件,通常在实验室内借助于各种仪器进行的。由于对实验条件进行了严格控制,运用这种方法有助于发现事件的因果联系,并允许人们对实验的结果进行反复验证。但也由于研究者严格控制实验室条件,使实验情境带有极大的人为性质,被试者处于这样的情境中,又意识到正在接受实验,就有可能干扰实验结果的客观性质,并影响到将实验结果运用于日常生活。

(2)自然实验法

自然实验法是在日常生活的自然条件下,研究者有意改变和创造某些条件引起被试者某些心理现象的出现。自然实验法虽然对实验条件进行了适当控制,但它是在人们正常学习和工作的情境中进行的,实验的结果比较合乎实际。

上述四种对旅客运输心理活动进行研究的具体方法中,观察法、调查法和换位法相对应用的比较广泛,在客运服务人员为旅客服务中更具有可操作性。

【专业术语】 旅客　旅客心理　运输需求　运输供给　客流　研究方法

复习思考题

1. 旅客运输研究的对象是什么?
2. 旅客运输研究的目的是什么?
3. 旅客运输的一般流程是什么?
4. 运输需求如何产生?有哪些特征和影响因素?
5. 旅客运输心理活动研究的具体方法有哪些?

知识窗

案例分析:春运旅客心理状况的调查与分析

"春运"被誉为人类历史上规模最大的、周期性的人类大迁徙,在40天左右的时间里,有20多亿人次的人口流动,占世界人口的1/3。春运是我国长期实行的计划经济和几千年沿袭下来的风俗习惯相结合的产物。它伴随着我国改革开放和经济高速增长迅速发展,是集各类旅客运输为一体的、周期性很强的特殊运输市场现象。春运考验着旅客的身体、心理,乃至心灵的忍耐极限。经历过春运的旅客都会有这样的感受,在春节的旅程里,不得不把自己对生活、环境,乃至安全的需求降到最低。

春运期间旅客关心什么?担忧什么?在本案例中,浙江师范大学心理实验室暨心理学系的老师及同学针对此类问题进行了调查分析。

一、调查实施

在开展调查前,设计好《春运旅客状况问卷》,问卷包括旅客春运感受、不良心理状态、最担心(关心、不能容忍)的问题和回家过年意愿等四个方面内容。

调查于2011年2月7日~27日在金华汽车西站进行,共随机调查了470名旅客,发出问卷470份,收回470份,回收率100%,其中有效问卷465份,有效回收率98.9%,调查对象基本情况见表1-1。

表1-1 调查对象基本情况

	性别		旅程			职业				
	男	女	短途	中途	长途	学生	外出务工者	商人	职员	其他
人数(人)	317	144	31	163	250	73	236	31	57	42
百分比(%)	58.8	26.7	5.8	30.2	46.4	13.5	43.8	5.8	10.6	7.8

二、调查结果及分析

1. 旅客春运感受

调查表明,旅客对春运感受,12.9%为痛苦不堪,41.7%为比较难受,39.1%为一般,4.9%为比较舒服,1.3%为很舒服。男女、不同旅程和职业旅客的春运感受皆无显著差异。

2. 旅客不良心理状态及应对

调查表明76.9%的旅客无不良心理状态,19.9%的旅客不良心理状态为中等程度,1.3%的旅客不良心理状态偏重,1.9%的旅客不良心理状态很重。男女、不同旅程和职业旅客的不良心理状态皆无显著差异。

如果出现不良心理状态，55.7%的旅客选择“自行解决”或“向身边旅客求助”，36.1% 的旅客选择“向客运服务人员求助”，8.2%的旅客选择“忍着，不去理会”。男女、不同旅程和职业旅客不良心理状态的应对皆无显著差异。

3. 旅客最关心、担心问题和不能容忍的现象

调查表明，旅客最担心的问题，46.2%的为“买不到车票”，16.1%的为“没有安全舒适的环境”，15%的为“携带物品太多，行动不便”，8.2%的为“有问题得不到解答”，6.3% 的为“没赶上车，下错站点”，3.7% 的为“天气恶劣”。男女、不同旅程和职业旅客最担心问题状况皆无显著差异。

调查表明，旅客最关心的问题，64.4% 的为安全，18.9%的为便捷，10.2% 的为舒适，3.5% 的为费用，1.1% 的为其他问题。

男女旅客最关心的问题无显著差异。不同旅程旅客最关心的问题有显著差异，中途旅客最关心的问题中，68.8% 为安全，22.5% 为便捷，3.8% 为舒适；长途旅客最关心的问题中，78.5% 为安全，10.9% 为便捷，7.3%为舒适。不同职业旅客最关心的问题有显著差异，学生最关心的问题中，60.3% 为安全，26.5% 为便捷，9.6% 为舒适；外来务工者最关心的问题中，82.3%为安全，9.1%为便捷，4.3%为舒适；商人最关心的问题中，76.7%为安全，20%为便捷，3.3%为舒适；职员最关心的问题中，64.9% 为安全，28.6% 为便捷，5.3% 为舒适。

调查表明，旅客最不能容忍的现象，43.4% 是的为“工作人员服务态度不好”，17.6% 的为“有人在身边随地吐痰”，16.5% 的为“买票时有人插队”，15.4% 的为“晚点”。男女、不同旅程和职业旅客最不能容忍现象状况皆无显著差异。

4. 旅客回家过年意愿

采用里克特 5 点量表记分法，旅客回家意愿“一定要回”记 5 分，“能回最好”记 4 分，“无所谓”记 3 分，“不太想回”记 2 分，“不想回”记 1 分。旅客春运感受的总体情况平均分为 4.40，说明旅客回家过年意愿十分强烈。不同职业旅客回家意愿有显著差异，学生显著高于外来务工人员、其他，其余组间无显著差异。

三、结果分析

1. 旅客春运感受的分析

历年春运结束后，众多部门的成绩总是斐然，众多表彰也总是如期而至，但春运的主角——旅客的心声却难以听闻。

本次调查中，12.9%“痛苦不堪”的旅客和 41.7%“比较难受”的旅客，告诉我们春运的难题，远未得到有效解决，万事远未大吉。当然，39.1% 感受“一般”的旅客，也折射出了近几年国家解决春运难所付出的努力和取得的成效。

本次调查，是在旅客过完年后的正月初五(2 月 7 日)到正月廿五(2 月 27 日)进行的，可见春节合家欢乐的喜气却仍难抵春运的煎熬。此外，在这么一段时期进行调查所得的结果，尚且

如此,那我们更可推测在春运高峰期,春运带给旅客的感受为几何。

本次调查结果显示,男女、不同旅程和职业旅客的春运感受皆无显著差异。这表明,无人可免于春运所带来的煎熬,春运是全社会的痛。

解决春运难,关乎我们每一个人的福祉。解决春运难,不应仅仅满足于将旅客运达目的地,也应关注旅客感受,改善旅客旅途心情和感受。春运幸福度指数,也是整个社会幸福指数的重要体现与组成部分。

2. 旅客不良心理状态及应对的分析

76.9% 的旅客无不良心理状态,这无疑是让人松一口的好消息。但 19.9% 的旅客中等程度的不良心理状态,表明加大旅途心理健康知识与调适方法宣传,引导旅客及时调节心理状态,具有十分重要的意义与作用。而 1.3% 的旅客不良心理状态偏重和 1.9% 的旅客不良心理状态很重,则表明如何有效发现和应对旅客突发严重心理问题,迫切需要引起关注与重视。男女、不同旅程和职业旅客的不良心理状态皆无显著差异,再次表明春运对旅客心理的冲击,无人能逃避。

如果出现不良心理状态,55.7% 的旅客选择"自行解决"或"向身边旅客求助", 8.2%的旅客选择"忍着,不去理会",这符合人们一般的心理调节模式,也再次表明加大旅途心理健康知识与调适方法宣传,引导旅客及时调节心理状态,是十分必要和重要的。如果出现不良心理状态,36.1% 的旅客选择"向客运服务人员求助",这表明应对,也应是春运有关工作人员所需具备的素质,应有针对性对此加以培训和培养。男女、不同旅程和职业旅客不良心理状态的应对皆无显著差异,这表明加大旅途心理健康知识与方法宣传,引导旅客及时调节心理状态,培养和提高春运有关工作人员应对旅客不良心理状态的能力,对每一位旅客都十分必要和重要。

3. 旅客最担心问题、关心和不能容忍现象的分析

将近一半的旅客最担心的问题是"买不到车票",这表明买票难依然是旅客最大的心事,也表明破解买票难是春运最为首要的任务。8.2%的旅客最担心"有问题得不到解答",这表明应加大春运有关信息的宣传力度,并使所宣传信息便于旅客接收和获取,春运有关工作人员在面对旅客询问时,也应多一分理解和耐心。

旅客最关心的问题是安全,尤以长途旅客和外来务工者为甚,这表明春运中,无论怎么重视安全问题,采取再多的措施,确保旅客安全,都不为过。当然,这也表明旅客的安全需求尚未得到有效满足,如何使旅客获得足够的安全感,也应引起我们的思考和重视。

此外,旅客对安全的关心压倒性的超过便捷和舒适,也从侧面反映了当前春运只能满足人们最基本的需求,如何满足人们更高层次的需求,仍有巨大的提升空间。

四成多的旅客最不能容忍的现象是"工作人员服务态度不好",这反映了春运有关工作人员的服务态度尚不理想,也表明提高工作人员服务意识,改善服务态度,提升服务水平,是减少旅客与春运有关部门或人员冲突的关键所在。

4. 旅客回家过年意愿的分析

旅客回家过年意愿十分强烈，不分男女和职业，也无关旅程。世界上任何一个民族都没有像中华民族这样，对家如此的依恋，亘古不变，从文化的源头穿透每一个华人的心脉。

有了对家的情感，就有了春节这个中国人极度重视的团圆节日，也就有了“回家”这华人世界最神圣的召唤。

本次调查结果，很好的注释了中华民族的这一文化传承。春运难解决得当与否，也关乎中华民族的文化传承顺畅与否。

四、调查结论

(1)旅客春运感受较差，男女、不同职业和旅程旅客无显著差异。

(2)旅客出现不良心理状态较少，男女、不同职业和旅程旅客无显著差异。旅客应对不良心理状态，主要选择自我调节或向身边旅客及客运服务人员求助。

(3)旅客出行最担心的问题是买不到车票，最关心的问题是安全，最不能容忍的现象是工作人员服务态度不好。

(4)旅客回家过年意愿强烈，男女和不同旅程旅客无显著差异，学生显著高于外来务工人员，回家次数越多回家意愿越强。

附：春运期间旅客状况调查问卷

亲爱的旅客朋友：

您好！为了解春运期间您的旅途情况，以提高有关单位的服务水平，特进行本次调查。您无需署名，请根据自己真实情况或想法答题，非常感谢！

一、基本信息，请在符合您情况的选项上打“√”。

1. 性别：A. 男　B. 女

2. 旅途：A. 短途(50千米以内)　B. 中长途(50～200千米)

C. 长途(200千米以上)

3. 职业：A. 学生　B. 外来务工人员　C. 商人　D. 职员　E. 其他________

二、请在下面题目上最符合您情况或想法的选项上打“√”。

1. 您出行时最关心的是：

A. 安全　B. 便捷　C. 舒适　D. 费用　E. 其他________

2. 您一般多久回一次家：

A. 两年以上　B. 两年一次　C. 一年一次　D. 一年两次　E. 一年三次以上

3. 您对春节回家过年的态度是：

A. 一定要回　B. 能回最好　C. 无所谓　D. 不太想回　E. 不想回

4. 您在旅途中最担心的问题是:

A. 买不到车票 B. 有问题得不到解答 C. 携带物品太多,行动不便

D. 没有安全舒适的环境 E. 没赶上车,下错站点 F. 天气恶劣

5. 在旅途中,您出现过心神不定、容易烦躁、激动等情况吗?

A. 没有 B. 很轻 C. 中等 D. 偏重 E. 很重

6. 若您单独出行时出现第9题的情况,您会:

A. 自行解决 B. 向身边的旅客寻求帮助 C. 向客运服务人员寻求帮助

D. 忍着,不去理会

7. 在旅途中,您会常因担心自己的衣饰整齐及仪态端庄,感到坐立不安、心神不定吗?

A. 没有 B. 很轻 C. 中等 D. 偏重 E. 很重

8. 在旅途中,您出现过无法与旁边的旅客从容地交流,感觉他们都不可信任,甚至感觉有人在监视你或谈论你的情况吗?

A. 没有 B. 很轻 C. 中等 D. 偏重 E. 很重

9. 下列情况,您最不能容忍的是:

A. 工作人员服务态度不好 B. 买票时有人插队

C. 有人在您身边随地吐痰 D. 晚点

10. 对春运期间的旅途,您感觉:

A. 痛苦不堪 B. 比较难受 C. 一般 D,比较舒服 E,很舒服

非常感谢您的参与,祝您旅途愉快

第二章

旅客运输心理学的基础知识

【本章导读】 旅客运输心理学就是从旅客运输企业角度，研究旅客旅行过程中的各种心理活动及其规律，以及客运服务人员从事客运服务过程中的心理活动及其规律，对旅客和客运服务人员实行有效的管理。进而通过客运服务人员为旅客提供优质的服务，提高运输企业的市场竞争力。本章主要介绍旅客运输心理学的基础理论及心理过程和个性心理的一般性认识。

第一节　旅客运输心理学的基础理论

旅客运输心理学的研究对象是人。人的本质与行为规律是什么，这是人为学研究的对象；人的行为规律受人的心理活动规律支配，心理活动规律是心理学研究的对象；人的心理活动规律表现在旅行过程中，如何适应人的心理活动规律，有效地组织运输企业的工作，满足旅客的需要，这又是管理学所研究的对象；将心理和管理有机结合在一起，实行科学的管理，充分调动职工的工作积极性和创造性，这是管理心理学所研究的对象。旅客运输过程中旅客作为消费者，接受运输服务，研究消费心理，对于旅客，可提高消费效益；对于运输企业，可提高经营效益。因此，旅客运输心理学的基础理论主要有人为学、心理学、管理学、消费心理学、管理心理学五部分。

一、人为学基础理论

人为学也称行为学，是研究人的哲学，研究人的本质与行为规律的学问。人为学作为一门学科，主要研究三方面的内容：一是人的本质，二是人的行为，三是人为学说探讨。旅客运输心理学研究的对象是人，因此与人为学说有密切的联系。

（一）人的本质

1. 关于“人是什么”问题的提出

越是司空见惯的事物，越容易忽略对其内在意义的认识。对“人”的定义，看来很简单，其实在“人”这个词中不知包含多少深刻的涵义。

小故事：古希腊神话中的斯芬克司之谜

狮身人面女怪斯芬克司站在山崖上让过路的人猜谜，并且规定，如果猜不中要被她吃掉；如果猜中，她即自杀。谜面是：什么东西早晨用四条腿走路，中午用两条腿走路，晚上用三条腿走路？许多人因猜不中而被她吃掉。有一天，希腊英雄俄狄浦斯经过斯芬克司的身边，他揭开了斯芬克司之谜的谜底，那个东西就是人。人在婴儿时用四肢爬行，稍长后用两条腿走路，年老行走时需要借助拐杖。这样，斯芬克司跳下山崖，自杀而死。

在谜底揭开之后，觉得这个谜看来很简单。但在揭开之前，不知有多少人为这个谜而付出生命。俄狄浦斯回答了那个东西就是人的问题，可并没有回答到底人是什么。

关于“人是什么”的问题，既古老又新颖，既平常又深奥。许多哲学家、社会学家、科学家提出了种种见解，但都是各执一词，没有从本质上给予解决。如果说希腊英雄俄狄浦斯揭开了“斯芬克司之谜”，那么是马克思和恩格斯揭开了“人是什么之谜”。

2. 马克思和恩格斯对人的本质的论述

在人的本质问题上，马克思、恩格斯从历史的、社会关系的总和方面去考察人的本性。

(1)人是社会关系的总和

马克思说：“人的本质并不是单个人所固有的抽象物。在其现实性上，它是一切社会关系的总和”。这是对人的本质问题最科学、最深刻的说明。马克思这个论断的根据有以下两个方面：

①生产劳动、语言、思维，是人特有的属性，是人区别于动物的根据，是人的社会性的重要表现。在劳动过程中，人以意识为指导，有目的、有计划地改造自然界。在人活动的过程中，人必须结成一定的社会关系，即一定的经济关系，才能实现人类在自然界求生存和发展的目的的改造。经济关系是其他一切社会关系存在、发展的基础。对于生产劳动，不论是它的形式(经济关系)，还是它的内容(社会生产力)，都是社会特有的。这种社会性是人的本质的一个方面，或一个层次。语言是人类交流的工具，是在生产劳动过程中产生和发展的。思维是语言的内容，语言是思维存在、传播的具体形式。

②生产劳动、语言、思维相结合，形成了人类特有的主观能动性。在劳动中，借助语言的思维形式反映事物的内在一般属性，尤其是事物存在和发展的规律性。人类正是在思想指导下，通过语言协调人们的行动，以改造自然和社会。

因此，人具有自然属性和社会属性两个方面的表现。这两种属性客观存在，但不是同等重要，不是平行发展的。人的自然属性受人的社会属性的限制。作为人的本质的社会属性的内容是十分复杂的，除生产劳动、语言、思维外，还有民族国家关系、家庭婚姻关系、亲朋师生关系、同事同乡关系、宗教信仰关系等等。在阶级社会中，人的社会属性中还存在着阶级关系。

(2)人的本质是一个历史过程

人类所处的各种社会关系不是永恒不变的，而是一个历史过程。生产劳动是人类产生、存在的基础，生产劳动的发展是人的本质发展的基础。随生产劳动的发展，人所处的经济关系在不断地发展变化。随社会经济关系的变化，人类的其他社会关系也在改变。因此，不存在同一的人的本质。

(3)人的本质不是永恒的

俗话说"江山易改，本性难移"，就是说：人的本质是稳定的，但不是绝对不变的，只是难以变动而已。"本性难移"不是不能移。一个人呱呱坠地，就加入了一定的家庭关系、民族关系、经济关系、阶级关系之中。当他背起书包进入学校，他又有了师生关系、同学关系。当他走出学校参加工作时，他又有了同事关系、上下级关系。各种关系的变化，影响并导致人的本质的变化。

小案例：身份变化带来的不同感受

在我们的日常生活中，常听到这样一句话，某某人一当官就和从前不一样了。产生不一样的原因主要有两个：一是自我感觉不一样。原来只是一名普通的社会个体、职工，按与绝大多数人相同的生活方式和工作方式生活和工作。当他当官后，他进入少数人的阶层，他的工作方式改变了，他要按他的职位要求去工作，使他时刻想到自己是一个官。好的官会想到为人民服务，起到表率作用；不好的官，他会常想到自己的权力、如何运用权力。这样，使他产生和从前不一样的感觉。二是他人感觉不一样。对于每一位领导，都有一个社会期待，社会希望他能具有某种能力水平，达到一定的目标。人们会对领导提出与普通职工不同的要求，这种结果，使他人产生不一样的感觉。从这一问题中可以看出人的本质是可以变的。由此可以延伸出，地位的提高、生活水平的提高、精神素质的提高对运输服务的要求也不一样。

总之，马克思、恩格斯主张，人的本质是历史的、发展着的各种社会关系的总和，这是有充分历史根据和现实根据的科学的关于人的本质的理论。

(二)人的行为

1. 关于人类行为

行为是人类日常生活所表现的一切动作。关于人类行为的定义，心理学家克特·勒温曾写成如下公式：

$$B=f(P,E) \tag{2-1}$$

式中　B——行为；

P——个人—内在心理因素的影响；

E——环境—外界环境因素的影响，包括自然、社会等方面。

式 2-1 表示行为是个人与环境交互作用所发生的函数关系。

从心理学的角度讲，人的行为起源于脑神经的交合作用，总合形成精神状态，即所谓的意识；由意识表现于动作时，便形成了行为，而意识本身则成为一种内在行为。

人类行为是有共同的特征的。不管男女、老少，属于何种社会阶层，以及任何时代、任何种族的人类，有其不同于其他动物行为的共同点。综合人为学家研究的结果，人类行为特征至少有以下几方面：

(1)自发的行为

自发的行为是指一个人在外力的影响下自动地、自发地产生的行为。自发的行为往往是在潜意识下进行的，没有一定的计划性、目的性。

(2)自觉的行为

自觉的行为是指一个人按一定的计划和目标而进行的行为。这种行为不是盲目的，它不但有起因，而且是有目标的。有时候在第三者看来毫不合理的行为，对他本人来说却是合乎目标的。

(3)持久性的行为

持久性的行为是指行为有一定的目标指向，目标没有达成之前，行为是不会终止的。也许他会改变行为的方式，或由外显行为转为潜在行为，但他还是继续不断地往目标进行着。

(4)可改变的行为

可改变的行为是指人为了谋求目标的达成，不但常变换其实现目标的手段，而且其行为是可以经过学习或训练而改变的。这与其他受本能支配的动物行为不同，它是具有可塑性的。

研究人的行为的共同特征，对探索动机的规律、心理活动的规律，是有很大帮助的。

人的行为的基本单元是动作，所有的行为都是由一连串的动作所组成。管理工作的重要任务之一，就是要了解、预测与控制一个人在什么时候从事什么动作(动作的发生)；同时要了解是什么需要和动机能在某一特定时间唤起某一动作。

2. 行为种类

行为的种类极多，可以从不同方面对其分类。

(1)按不同的行为主体进行分类

行为可划分为：

①个人行为，包括个人的生长、发育、学习、意见等行为。

②团体行为，包括团结、互助、合作、友好、谅解、默契、暗约、分歧、对抗、破坏等行为。

(2)按人类活动的不同领域进行分类

行为可划分为：

①管理行为，包括计划、组织、领导、激励、控制、决策、预测等行为。

②政治行为，包括选举、公务、行政、民族团结、国际关系等行为。

③社会行为，包括社会控制、社会变迁、社会要求、社会保险、社会文明、社会进步、社会发展等行为。

④文化行为，包括文化艺术活动、教育活动、体育活动、学术研究等行为。

3. 研究人的行为的目的

研究人的行为规律，需要运用心理学、社会学、生理学、伦理学等学科的原理，对个人行为、人群关系和人的积极性进行研究，总结规律性认识。

人为学主要是研究人的行为激励问题，提供激励的各种途径和技巧。人为学研究的主要内容和目的，可概括为以下几方面：

(1)研究人类行为产生的原因，目的在于激发动机，推动行为；

(2)研究人类行为的控制与改造，目的在于保持正确的行为；

(3)研究人与物的配合，如人机工程，目的在于提高劳动生产率和经济效益；

(4)研究人与人的协调，如人际关系，目的在于创造一种良好的激励环境，使人们能够持久地在激励状态下工作，保持饱满的情绪、高涨的兴趣、十足的干劲、舒畅的心情，主观能动性得到充分的发挥。

总之，研究人的行为的目的是在于调动人的积极性。

二、心理学基础理论

心理学是旅客运输心理学的主要理论依据。要想做好旅客运输中各种人的工作，预测行为的规律性，首先必须了解和掌握人的心理特征、心理活动及其规律性。因此，心理学对一切社会实践均具有普遍的指导意义。

(一)关于心理学

心理学是一门研究人的心理现象及其规律的科学。在很长一段时间，心理学一直从属于哲学范畴。随近代哲学思想和生理学研究的进步，尤其是19世纪以来，自然科学的迅速发展，特别是生物学的发展，为心理学的研究积累了大量有关人体的知识。医学在神经系统研究方面的巨大成就，为心理学的研究提供了科学依据。这些学科的研究成果促成了关于“心理是人脑的机能”的理论的产生，为心理学的创立奠定了基础。1879年，德国生理学家、哲学家冯特教授，继承了近代哲学思想和18、19世纪欧洲心理学的研究成果，在莱比锡大学创办了第一所心理学实验室，对各种心理功能进行系统的研究，从而使从属于哲学范畴的心理学分离出来，成为一门独立的科学。这是人类社会历史发展的必然结果。

20 世纪中期以来，心理学有了极大的发展，这是由于它的学科特点所决定的。心理学在他自身发展中的一个最突出的特点就是它最容易与邻近学科建立联系，并向一切与之相联系的学科渗透和结合。因此，它的发展之快，分支之多，服务领域之广，是其他任何一门学科都难以比拟的。其中有许多分支的研究成果为行为科学的发展提供了理论来源。

（二）个体心理现象

人是作为个体而存在的，个人所具有的心理现象是一个非常复杂的系统。心理现象体系如图 2-1 所示。

- 心理现象
  - 心理过程
    - 认识过程——感觉、知觉、记忆、思维、想象等
    - 情感过程——人对现实态度的体验、情绪、情感、情操
    - 意志过程——人在改造现实时不怕困难，去完成任务的心理过程
  - 个性心理
    - 个性意识倾向——需要、动机、兴趣、理想、信念等
    - 个性心理特征——能力、气质、性格等

图 2-1　人的心理现象归类

1. 心理过程

心理过程，即心理活动的过程，是心理现象的不同形式对现实的动态反映。在 19 世纪和 20 世纪初期，心理学家把心理过程划分为三个方面，即认识过程、情感过程和意志过程，其中最基本的是认识过程。

认识、情感和意志三种心理过程，虽然彼此有所区别，但又是统一的心理活动的三个不同方面。心理学对认识过程、情感过程和意志过程的研究成果，应用于旅客运输心理学的研究，起着极大的指导作用。

2. 个性心理

个性在心理学中就是指在一定的社会历史条件下的具体个人所具有的意识倾向，以及经常出现的、较稳定的心理特征的总和。它包括两个方面：一是个性意识倾向；二是个性心理特征。

（1）个性意识倾向

个性意识倾向是指人进行活动的基本动力，是个性结构中最活跃的因素，表现在对认识对象和活动对象的趋向和选择上，主要包括需要、动机、兴趣、理想、信念等。

（2）个性心理特征

个性心理特征是指人们在生活过程中形成的某些稳固而经常出现的心理特征，包括能力、气质、性格等。

3. 心理过程与个性心理

心理过程与个性心理作为心理现象的两个方面，并不是独立的，而是彼此相互联系着的。

不仅在认识、情感、意志过程之间，而且在个性心理和心理过程之间也是密切联系着的。没有心理过程，个性心理就无法形成。同时，已经形成的个性心理特征又制约着心理过程，在心理过程中表现出来。

事实上，没有不带个性特征的心理，也没有不表现在心理过程之中的个性特征。二者是同一现象的不同方面。在掌握一个人的心理全貌时，实际上是把这两方面结合起来进行考察的。

4. 心理现象与行为

行为是指人的反应系统，它由一系列反应动作和活动构成。有的行为表现得很简单，而有的行为表现得很复杂。

行为总是在一定的情况下产生的。刺激是引起行为的内、外因素。在人类行为中，语言刺激具有重要的意义，通过语言发布命令，可支配别人的行为，也可进行自我调节，使行为服从预定的目的。

行为不同于心理，但又和心理有着紧密的联系，引起行为的刺激通常通过心理的中介而起作用。人的行为的复杂性是由心理活动的复杂性引起的。同一刺激可能引起不同的反应，不同刺激也可能引起相同的反应，其原因就在于人有丰富的主观世界。主观世界的情况不同，对同一刺激的反应总是不一样的。

心理支配行为，又通过行为表现出来。一个人的视觉和听觉能力，是通过他对微弱光线和声音的反应表现出来的；一个人的记忆，是通过他运用知识和开展活动表现出来的；一个人的情绪和情感，是通过面部的姿势表情表现出来的。心理现象是一种主观精神表现，看不见，摸不着；而行为具有明显的外在特点，它可以应用客观的方法进行测量。由于行为表现了人的心理活动，因此，可以通过观察和分析行为，来客观地研究人们的心理活动。通过对行为的客观记录、分析和测量来揭示人的心理现象的规律性。

（三）群体心理

1. 群体的含义与分类

(1)群体的含义

群体是指由于某些相同的心理、社会原因以特定的方式组合在一起进行活动，且相互制约的人群或人的共同体。群体具有以下特点：

①其成员具有共同的社会需要或目标，不管他们是否意识到这一点；

②它具有某种结构形式，使成员处于一定的关系之中，从而保证经常的相互接触与共同任务的完成；

③它具有自己的规范与心理倾向，并对自己成员发挥影响或制约作用。

集体是为了实现有公益价值的社会目标、严密组织起来的有纪律、有心理凝聚力的群体。集体具有以下心理特征：

①对达到有社会意义目的的指向性；

②与上述指向性结合在一起的团结性；

③在交往中的集体主义与同志关系；

④保卫集体利益的组织与纪律性。

集体是群体的最高形式，有些群体可能是集体，有些群体始终没有成为集体。

(2)群体心理与个体心理

个体和群体是相互区别而又相互联系的实体，群体由个体组成，个体离开群体就会失去他的社会性，甚至难以生存。但是，群体不是个体简单的总和，它有自己的特征与质的规定性。因此，群体心理与个体心理表现为相互区别、相互联系、相互制约的关系。如果没有个体心理就不会有群体心理，离开群体心理，个体心理也会失去重要的来源。

(3)群体的分类

群体可以根据不同的标准去划分：

①按群体的规模对群体划分，可划分为大型群体、中型群体和小型群体。

大小是相对的，从社会心理学的角度对于大小的划分提出了一个标准，这就是群体的成员之间是否有直接的、面对面的接触和联系。凡是群体成员之间有直接的、个人间的、面对面的接触和联系的群体是小型群体；而大型群体的成员之间只是以间接的方式联结在一起。

由于小型群体中人之间有直接的接触，人们从而能建立起情绪和心理上的联系。相对来讲，在小型群体中的人心理因素的相互作用大于大型群体中的作用。小群体的特点表现为：人数不多；群体成员之间有直接的个人交往和接触；群体成员由共同的活动结合在一起；群体成员之间发生感情上的相互关系；成员的行为受群体中形成的规范所调节。

②按社会的规定性对群体划分，可划分为正式群体和非正式群体。

正式群体是指由正式文件明文规定的群体，成员之间有固定的编制，有规定的权利和义务，有明确的职责分工。

非正式群体没有正式规定，成员之间的相互关系带有明显的情绪色彩，以个人之间的好感、喜爱为基础，群体成员之间也有一定的相互关系结构和规范。

在正式群体内存在非正式群体，非正式群体的成员可能分别隶属于不同的正式群体。因此，非正式群体会从不同侧面影响正式群体的活动。

③按群体发展水平和成员之间关系的密切程度，可划分为松散群体、联合群体和集体。

松散群体是指人们只在空间和时间上结成群体，在群体成员之间没有共同活动的内容、目的和意义。

联合群体是松散群体进一步发展的结果，参加这种群体的成员有共同的活动目的，但这种共同活动都只具个人意义，活动的成败直接与个人利益有密切的关系。

集体是群体发展的最高形式，它是成员结合在一起，从事共同的、具有个人意义和社会意义的活动。真正的集体应兼顾个人、集体和整个社会的利益。

2. 群体对个体的影响

(1)群体对个体影响的手段

①规范。群体规范是指群体所确立的行为标准，它规定了对其成员行为可以接受和不能容忍的范围。群体规范的形成受模仿、暗示、顺从等心理因素的制约。群体存在的重要条件之一是他的一致性，这表现为群体成员行为、情绪和态度的统一。在群体成员相互作用的条件下，会发生一种彼此接近、趋同的过程，这是由于相互模仿，受到暗示，表现出顺从所造成的。

②舆论。舆论是群体中占优势的言论与意见，它与一定的群体规范相联系，是群体规范的表现形式。规范由舆论加以支持，并对群体成员行为具有约束力。舆论与规范共同对群体内的成员产生制约作用。

③压力。当一个人在群体中与多数人的意见有分歧时，会感到群体的压力，压力迫使群体成员改变自己的行为。

④凝聚力。凝聚力是指一个群体具有的使其成员愿意留在群体中的吸引力，使他们以群体为自豪，有共同的看法、共同的感情、统一的步调，表现出对群体的忠诚。凝聚力的大小与个体心理发展水平、个体的个性特征、群体舆论与规范以及压力等方面有关。凝聚力有积极的一面，也存在消极的方面。

⑤心理气氛。心理气氛是群体中占优势的人们某些态度与情绪的综合表现，它有积极的一面，如群体的和谐、欢乐、严肃、紧张而有秩序；也有消极的一面，如群体的敌意、喧嚣、苦恼、烦闷而杂乱无章。它的存在给群体生活染上一层特有的色彩，作为一种社会条件影响每一个群体成员的心理和行为。一般来讲，符合群体中比较一致的观点与共同需要的事物，大多能引起积极的、舒展的心理气氛；与群体的观点与需要相抵触的事物，则容易引起消极的、沉闷的心理气氛。

⑥士气。士气是当群体成员去完成共同任务时所显示出的积极的态度与高涨的情绪，由这种精神状态所构成的总气氛，对行为具有很大的促进作用。例如，有光荣传统的部队，它的战斗力特别强。有一种说法，“姑娘在场，小伙子干劲高”。这说明士气的高低与群体以往的经历和人员的构成有关。因此，应注意对群体光荣传统的宣传及人员的搭配、组合，以便提高群体成员的工作士气。

(2)从众行为

从众行为是指个人在群体中，因受到群体的影响和压力，其在知觉、判断及行为上倾向于与群体中多数人一致的现象。

根据内外两个层次和是否从众，可把从众现象划分为四种情况：表面从众，内心接受；表面从众，内心拒绝；表面不从众，内心接受；表面不从众，内心拒绝。个人是否易于从众主要取决于情境因素和人格因素。

小故事：羊群效应

羊群是一种很散乱的组织，平时在一起也是盲目地左冲右撞，但一旦有一只头羊动起来，其他的羊也会不假思索地一哄而上，全然不顾前面可能有狼或者不远处有更好的草。在一群羊前面横放一根木棍，第一只羊跳了过去，第二只、第三只也会跟着跳过去。这时，把那根棍子撤走，后面的羊，走到这里，仍然像前面的羊一样，向上跳一下，尽管拦路的棍子已经不在了，这就是所谓的"羊群效应"，也称"从众心理"。

①在情境方面以下六个方面对从众行为产生影响：

a. 事情的性质。问题复杂、情况不明、判断缺乏标准时，人容易从众，这与人对信息的掌握有关。多数情况下，人们对外部环境以及自己本身的信息的获得是来自他人，并倾向于相信他人提供的知识和信息会对自己有帮助，这就容易使人产生遵从他人意见和效仿他人的行动，而不作出自己的判断。

b. 群体的声誉。如果群体为人们所认同，并使大家乐于加入该群体，这一群体中的个人行为容易表现从众现象。

c. 群体人员的成分。如果认为群体成员的地位与能力多数高于自己，则容易使自己放弃己见，表现从众行为。

d. 群体的凝聚性与一致性。群体成员凝聚力高，个体在其中易从众，如果群体经常一致反对某一个人的意见，则此人容易屈从；群体内持不同意见的人若有同伴支持，就会降低他的从众性。

e. 群体的情绪气氛。群体多数成员对坚持与多数人不同看法的人，持不能容纳的态度，甚至公开威胁，造成气氛紧张，而对顺从者赞扬、奖励，就容易使个体产生从众行为。

f. 群体间的联络结构关系。任何群体都是更大群体的一环，中小群体内的大多数人的意见、行动若得到大群体的支持，个体一般难于抵抗，使他产生从众行为。

②在人格方面主要表现在以下五个方面：

a. 智力的高低。一般说，智力低者易受群体压力的影响，从众的人数较多。

b. 情绪的稳定性。焦虑多、情绪不稳定的人，对外力的抵御能力低，易从众。

c. 自我概念。对自己的看法不固定，缺乏自信的人容易从众。

d. 人际关系概念。过分依赖他人与看重势力关系的人，易受别人暗示而表现从众。

e. 社会态度与价值。重视社会秩序与权威，处处顾全大局、喜欢息事宁人或墨守成规的人，容易从众。一个人若有坚定的世界观，有不怕牺牲、不怕孤立的精神，一般不会盲目地从众。

从众现象有好坏之分，表现为两极性。因此，应具体分析，因势利导，发挥积极的从众，克服消极的从众。

(3)社会助长和干扰作用

有人在场或几个人一起工作时，可以促进个人活动效率的提高，出现增量，这称为社会助长。与这种结果相反，出现减量，则称为社会干扰。

是产生社会助长，还是产生社会干扰，受许多原因制约，主要与在场的旁观者的身份有关，与个体的心理品质有关，与活动的性质、复杂程度有关。一般来讲，从事比较简单、容易的工作，有他人在场会产生社会助长作用。从事复杂和困难的工作，他人在场容易干扰人的思维，产生社会干扰作用。

(4)社会标准化倾向

每个人的能力水平和类型不同，兴趣和性格各异，因而在单独从事某种活动时，对事物的知觉、对问题的分析判断、动作的反应速度和工作效率等方面，都表现出个别差异。但是，个人在群体中活动，这些差异明显缩小，并趋于同一标准，这种现象被称为社会标准化倾向。

产生社会标准化的原因来自群体的舆论、规范和压力，以及群体内成员的相互学习。因此，要想改变个人行为，应该首先改变个人所从属的群体规范，否则达不到改变行为的目的。

3. 群体的沟通和冲突

(1)群体的沟通

群体的沟通就是群体内信息的交流。群体内成员之间信息的交流形式有很多种，主要形式如下所述：

①沟通主要有以下几种形式：

a. 正式沟通与非正式沟通。正式沟通是通过正式渠道进行信息的交流和传递。非正式沟通是利用除正式渠道外的其他渠道传递和交流信息。

b. 上行沟通、下行沟通和平行沟通。上行沟通是指下级的意见向上级反映。下行沟通是上级的指令向下级传达。平行沟通是同级之间信息的交流和传递。

c. 单向沟通和双向沟通。单向沟通是信息发出后不需信息接收者的意见反馈。双向沟通是信息的发送和接收者之间反复交流。

d. 口头沟通和书面沟通。口头沟通是用口语的形式进行信息的交流。书面沟通是用文字的形式进行交流。

②产生沟通障碍的主要原因如下：

a. 语言表达和理解的障碍。

b. 缺乏实事求是的态度，人为造成意见，产生沟通障碍。

c. 人格特征方面的障碍。

旅客和客运服务人员之间、客运服务人员之间以及客运服务人员与客运管理人员之间，需要进行大量的信息交流。信息沟通得好，会提高管理水平和服务质量；沟通得不好，则造成很多的问题，影响管理水平、服务质量的提高。

(2)群体的冲突

冲突是当人们面临两种互不相容或相互排斥的目标时产生的心理体验。

①冲突的表现形式如下：

a. 个人的心理冲突。一个人面临两种互不相容的目标，感到左右为难时所产生的心理冲突。

b. 群体中个人之间的冲突。群体中人与人之间经常产生冲突，冲突的内容各不相同，有客观原因，也有主观原因。

c. 群体和群体之间的冲突。两个群体在竞争的条件下会产生冲突的现象。

②解决冲突的方法。总的来说，解决冲突应"具体问题，具体分析"。最一般的方法如下：

a. 协商解决。冲突双方各派代表通过协商解决冲突。

b. 仲裁解决。由第三者进行仲裁使冲突得到解决。

c. 权威解决。由权威部门或人士用命令的形式使冲突得到解决。

在旅客运输管理过程中，经常在旅客之间、旅客与客运服务人员之间、客运服务人员之间发生冲突。从客运服务的角度，对旅客运输中产生的冲突，应从提高客运服务人员的素质入手，使冲突得到解决。

(四)个体心理与群体心理

心理过程和个性心理是存在于个体身上的心理现象，称为个体心理或个体意识，是心理学的主要研究对象。但人是社会的实体，人作为社会成员，总是生活在各种社会团体中，并与其他人结成各种各样的关系。由于社会团体的客观存在，便产生了群体心理。群体与个人一样，存在着群体需要、群体利益、群体价值、群体规范、群体舆论、群体意志、群体目的等心理特征。一个群体由于具有某种特定的心理特征而区别于其他群体。

群体心理与个体心理的关系，是共性与个性的关系。群体心理是在群体的共同生活条件和环境中产生的，它是该群体内个体心理特征的典型表现，而不是个体心理特征的简单总和。群体心理离不开个体心理，但它对个体来讲，又是一种重要的社会现实，直接影响个体心理的形成与发展。

(五)心理的实质

心理的实质主要表现在以下两个方面：

1. 心理是脑的机能

心理并不是物质之外的独立实体，而是由高度完善的物质组成的人脑的属性。脑是神经系统的中枢部位，它的结构和机能最复杂，是人的心理活动的主要生理基础。人的大脑如果受到损害，心理活动就必然遭到严重的破坏。

高级神经系统基本活动的形式是反射。反射是有机体借神经系统实现的对一定刺激所做的有一定规律性的反应。反射活动可分为无条件反射和条件反射两大类：无条件反射是动物和人先天具有的反射；条件反射是动物和人经过后天学习获得的反射。在无条件反射的基础上形成的条件反射，是一种心理反射。

从心理现象的产生来说，无条件反射和条件反射是一个有机统一体，两者的划分是相对的。无条件反射只是在第一次出现时才能是名符其实的无条件反射。而后，每一次出现，都与条件反射有关，而条件反射则是在无条件反射的基础上建立起来的，已包含着无条件反射的某些成分。

心理学的研究证明，条件反射就是大脑皮层对信号的处理过程。以现实中的具体事物及其属性的刺激为信号而建立起来的条件反射系统，称为第一信号系统，它是人与动物所共有的。以代表具体事物的语词建立起来的条件反射系统，称为第二信号系统，它是人类所独具有的，使人的心理活动丰富而深刻，比动物的心理活动更为复杂。借助第二信号系统，人不仅能感知事物，还能进行抽象思维，不仅可以推知往事，还可以预测未来。

2. 心理是客观现实的反映

人脑是人产生心理活动的器官，但人脑只有在客观现实的作用下，才能产生心理活动。

(1)客观现实是人心理活动的源泉

人的一切心理现象，不论是简单的感觉、知觉，还是复杂的思维、情感等，都可以从客观现实中找到源泉。

(2)社会实践对人的心理起制约作用

人的心理基础是人的社会实践，社会实践活动影响人心理活动的内容、发展水平，人的心理在社会实践活动中得以不断地完善和发展。

(3)心理是客观现实的主观反映

人的心理是客观现实在脑中的反映。所谓反映，就是事物在相互联系和相互作用的运动变化中，留下痕迹的过程。随着外界事物发展水平的不同，反映也随着从低级运动形式向高级运动形式发展，不断产生新的变化。但人对客观现实的反映，总是由一定的具体的人进行，一定具体的人在过去实践中已经形成的知识、经验、世界观和个性心理特征，总会影响他对客观现实的反映，并在反映的选择性、准确性、全面性和深刻性等方面表现出来。人对客观现实的反映是主观和客观的统一。同样的客观现实对不同的人，即具有不同的兴趣、经验、情感和世界观的人，对同样的客观现实的反映是不同的，有的甚至不反映。而且，在不同生活时期的同一个人，对同样的客观现实的反映也可能是很不相同的。同样的服务，对不同的旅客可能产生不同的效果。因此，了解心理是客观现实的主观反映这一条很重要，旅客运输服务人员掌握了这一条，就能在工作中自觉主动地从每位旅客的实际出发，搞好旅客运输服务，提高服务质量。

(4)心理是客观现实的能动的反映

由于人可以借助语言、词语形成的条件反射，来代替和概括由具体形象所引起的条件反射，所以人的心理对客观现实的反映不是被动、消极的映象。人总是在实践中运用已掌握的知识和经验，并结合自己的个性特征，主动地把客观事物变为观念的东西，积极探索最好的解决问题的办法，有目的、有计划地选择可能的行动。同时，人的心理活动又受到实践活动的检验，在反映现实的活动中，依据实践的标准不断地调整自己的行动，使所反映的东西能够符合客观现实的规律。

综上所述，心理现象是人脑的机能，客观现实的主观映象。从脑的反映机制来说，人是自然实体；从反映的现实内容来说，人又是社会实体。可知，心理学是既有自然科学属性，又有社会科学属性的科学。人的自然属性在人们的心理形成上起制约作用，人的社会属性则起决定性作用，两者不能等量齐观。

三、管理学基础理论

管理学是一门综合性的学科，这门学科的研究内容表现在对人的管理、对资源的管理、对组织职能的管理等方面。

(一)管理的实质与管理学体系

从经济意义上分析，管理的实质就是用以指导人们如何有效地管理社会生产、交换、分配、消费等过程中的一切活动，对社会生产过程各环节的运动进行决策、计划、指挥、监督、核算和调节的过程。

管理学是在管理实践中形成和发展起来的，是由一系列的管理理论、原则、方法和制度等组成的科学体系。这门学科系由社会科学、自然科学和技术科学相互渗透综合而成的。

作为管理科学体系，它的构成如图 2-2 所示。

(二)西方管理理论概述

管理科学的发展，大体经历了古典管理理论、行为科学理论、现代管理理论三个阶段。

1. 古典管理理论

这是管理理论发展的第一阶段，这个阶段又分别由三种理论组成。

(1)早期管理理论

这种理论产生于 18 世纪下半叶，资本主义发展的早期，主要代表人物有亚当·斯密、大卫·李嘉图和欧文。

亚当·斯密是产业革命前夕，即从手工业作坊向机器生产过渡时期的经济学家，他的代表作是《国民财富的性质和原因研究》(1776 年)。亚当·斯密提出了劳动分工学说，分析了由于工业的分工而获得的经济收入，研究了技术进步、时间的节约以及新的机器和工具的采用对生产的影响。这些对于劳动生产率的提高和资本的增值都有巨大的作用。

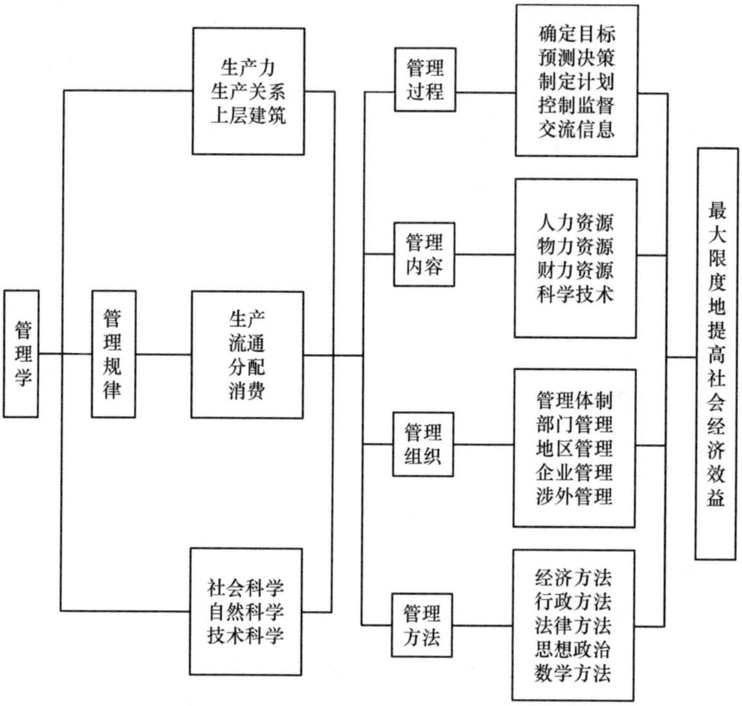

图 2-2 管理学体系

大卫·李嘉图生活于新的工业制度已经确立的时期，他的代表作是《政治经济学和赋税原理》(1817 年)。他以劳动价值论为基础，研究资本、工资、利润和地租，认为工人劳动创造的价值是工资、利润和地租的来源，工资越低，利润也就越高。这一现象，揭示了资本主义经济管理的中心问题和剥削本质。

欧文是空想社会主义者和成功的企业家，他反对刻板僵化的劳动分工，认为资本主义制度是使社会贫穷的祸根，机器时代破坏了社会融洽和道德风尚。他的经济管理特点：重视人的因素和人的作用；实行灵活稳健的人事政策和待人处事的方法；主张对人力进行投资；主张改善劳动条件和工资待遇；主张与工人和睦相处；强调对人的本性进行深入的了解和剖析；养成一丝不苟，准确无误的工作习惯。

(2)传统管理理论

传统管理理论的特点是根据企业多年管理实践的经验积累而形成的一套管理理论和方法，是管理经验的总结，并没有形成完整的生产经济与生产管理的科学理论。主要代表人物有巴贝奇、艾默生。

巴贝奇是英国数学家，代表作是《机器与制造业的经济学》(1832 年)。他在劳动分工学说的基础上对专业化的有关问题进行系统研究，得出劳动分工可以提高经济效益的结论。

艾默生在对管理经验总结的基础上，提出比较有概括性和典型性的管理十二原则：管理人员要有明确规定的奋斗目标；管理人员要有丰富的常识；要有精明干练的咨询人员；要有严明的纪律；要大公无私，公平待人；及时、准确、可靠的信息和会计制度；要有工作的计划和迅捷的调度；要规定出工作的标准方法，安排好工作的时间进度；建立标准化的负载条件；要有标准化的操作方法和环境；要有明确成文的标准指导条例；要实行有效率的奖励制度。

经验管理为科学管理理论的发展奠定了基础。

(3)科学管理理论

随着科学技术的发展和机器生产的社会化程度的不断提高，管理理论发展到一个新阶段，特点是以科学技术作为建立经济管理理论的主要依据。这一时期，形成了不同的理论学派，主要代表人物有美国的泰勒、法国的法约尔和德国的韦伯。

泰勒的代表作《科学管理原理》(1911 年)集中反映了他的思想和理论。泰勒从解决如何提高劳动生产率的问题出发，分析了影响劳动生产率的三个主要因素：工人不愿干或不想多干，这里既有工人本性的原因，也有报酬分配方法上的原因；劳动使用不当，包括工作分配不合理和劳动方法不正确；企业生产组织与管理方面的原因。

在严格的科学试验的基础上，泰勒提出了提高劳动生产率的八项措施：改进操作方法，以提高工效，合理利用工时；作业环境与作业条件的标准化；根据工作要求，挑选“第一流的工人”，提出对工人培训的问题；改进分配方法，实行差别计件工资制；在企业中设置计划部门，使计划职能与执行职能分开，对作业方法进行系统的研究和分析；实行职能工长制；进行例外管理；工人和雇主两方面必须认识到提高劳动生产率对两者都有利，必须都来一次“精神革命”，相互协作。

法约尔的代表作是《工业企业一般管理》(1916 年)。他提出管理不同于经营，只是经营的六种职能活动(即技术活动、商业活动、财务活动、安全活动、会计活动和管理活动)中的一种。对于管理活动，他提出了管理的五种作用：计划、组织、指挥、协调、控制。在五种作用的基础上，他提出一般管理的十四条原则：劳动分工、权限和责任、纪律、命令的统一性、指挥的统一性、个人利益服从整体利益、劳动报酬、集权、等级序列、秩序、公平、保持人员稳定、首创精神、集体精神。与艾默生的十二条管理原则相比较，在本质上无显著差别，只是更加系统化和理论化。

韦伯的代表作《社会组织与经济管理组织》，提出了理想的行政组织体系理论。他认为为了实现组织的目标，要把组织中的全部活动分解为各种基本的业务，以分配给组织中的每个成员。要求用权责合一的等级原则把各类成员组织起来，形成一个指挥体系，强调必须建立不受个人感情影响而在任何情况下都适用的规则和纪律，组织中人员之间的关系则完全以理性准则为指导。这种理想的行政组织体系能够提高工作效率，在精确性和稳定性、纪律性和可靠性方面都优于其他组织体系。

美国的厄威克和古利克对泰勒、法约尔和韦伯的管理理论进行了系统的阐述和整理。厄威克提出适用于一切组织的八项原则：目标原则，即所有组织都应当表现一个目标；相符原则，即权力与组织必须相符；职责原则，即所有的组织都有明确的职责范围；组织分层原则；控制广度原则，即每一个上级所管辖的相互之间有工作联系的下级人员不应超过5～6人；专业化原则，即每个人的工作应限制为一种单一的职能；协调原则；明确性原则，即对每项职务都要有明确的规定。

古利克把各种管理职能理论加以系统化，提出管理七职能：计划、组织、人事、指挥、协调、报告、预算。

2. 行为科学理论

科学管理理论过分强调提高劳动生产率，侧重生产作业，以机器为中心，不重视人的主观能动作用，忽略了人的尊严，加深了劳资矛盾。因此，企业管理理论开始转向对企业中的人的行为的研究，产生了行为科学。行为科学学派强调人的行为，认为从人的行为本质中激发动力，才能提高效率。所谓行为科学，就是对工人在生产中的行为以及这些行为产生的原因进行分析研究，以便调节企业中的人际关系，提高生产率。行为科学主要研究人的本性、需要和行为动机，尤其是生产中的人际关系。从行为科学的形成和发展来看，大致分为三个时期：

(1)早期的人际关系理论

作为行为科学的奠基者，美国的梅奥和罗特利斯伯格，在霍桑工厂试验的基础上，提出人际关系学说。主要结论是：

①工人是“社会人”，必须从社会和心理方面鼓励工人提高劳动生产率；

②企业中存在“非正式组织”，它是在共同的劳动中，由共同的思想感情相联结而形成的，对劳动生产率有很大的影响，企业管理者必须充分重视非正式组织的存在，并对其进行诱导；

③通过对工人满足需要程度的提高来激发工人的积极性，达到提高生产率的目的，这是衡量新型领导能力的一种标准。

梅奥和罗特利斯伯格的论著《工业文明的人类问题》、《工业文明的社会问题》、《职工的生产率中的人因素》等，成为行为科学的基础理论。

(2)行为科学理论的形成时期

行为科学的名称确定后，这门科学的理论有了较大的发展，主要表现在四个方面：

①人类需要理论。主要研究人的需要、动机和激励问题。代表理论有美国的马斯洛提出的“人类需要层次理论”，美国的赫茨伯格提出的“激励－保健双因素理论”，美国的弗罗姆提出的“期望理论”等。

②人性管理理论。主要研究同企业管理有关的人性问题。代表理论有美国的麦格雷戈提

出的“X理论—Y理论”，美国的阿吉里斯提出的“不成熟－成熟理论”等。

③群体行为理论。研究企业中的非正式组织以及人与人之间的关系问题。代表理论有美国的勒温提出的“团体力学理论”，对非正式组织进行了系统的分析；美国的布雷德福提出的“敏感性训练”，主要研究企业中人与人的关系。

④领导行为理论。主要研究企业中领导方式的问题。代表理论有坦南鲍姆和施米特提出的“领导方式连续统一体理论”，利克特提出的“支持关系理论”，斯托格弟提出的“双因素模式”，布莱克和莫顿提出的“管理方格法”等。

(3)行为科学理论发展新时期

行为科学的发展趋势是把行为科学理论和科学管理理论协调起来，来研究企业的管理问题。它对现代管理理论的形成产生了重要的影响。

3. 现代管理理论

由于社会生产力的迅速提高，生产社会化程度的日益加强，管理理论也得到迅速的发展，形成许多理论学派，具有代表性的主要有：

(1)社会系统学派

这一学派的主要代表巴纳德认为，社会组织是由相互进行协作的人组成的系统。该系统由人与人之间协作的愿望、共同的目标、信息的联系三个要素组成，要求领导者成为系统中相互联系的中心，协调各种关系，以保持组织的活力。

(2)决策理论学派

在行为科学、系统理论、运筹学和计算机辅助决策等科学内容的基础上，以西蒙为代表，创立了决策理论学派。该学派认为管理就是决策，决策贯穿于管理的全过程，提出了有关决策的过程、决策的准则、程序化决策和非程序化决策、组织机构的建立与决策过程的联系等理论原则。

(3)系统管理学派

它是从社会系统学派中衍生出来，侧重于从系统的观点来考察和管理企业，以提高生产率，强调各个系统内各部门之间的相互联系，对现代管理中的自动化、控制论、信息管理、权变理论的发展有重要的影响。

(4)经验主义学派

代表人物杜拉克和戴尔等人认为，以往的科学管理理论和行为科学理论不能适应现代管理的需要，强调要注意现代企业管理的现状和实际需要，主张注重大企业的管理经验，以之作为经济管理理论的基点。

(5)权变理论学派

这一学派认为，管理要根据企业所处的内外条件随机应变，不存在一成不变、普遍适用的“最好的”管理理论和方法。

（三）管理现代化的表现

管理理论源于管理实践，并应用于管理实践。纵观现代管理理论的发展演变，自始至终贯穿着科学、竞争、效率等思想内容，管理科学的各个理论学派也无一不渗透着科学、竞争、效率等现代化思想。管理现代化主要表现在：

1. 管理科学化思想

管理科学化思想主要体现在：

(1)管理是一门科学，它是在管理实践的基础上发展起来的，是由一系列的管理理论、原则和方法等组成的科学体系。

(2)现代管理科学是建立在自然科学和社会科学的基础上，利用当代各学科的最新成果，由社会科学、自然科学、技术科学相互渗透综合而成的。

(3)现代管理要求明确企业管理的基本任务，它主要体现在：营业额的增长、市场上所占份额的增加、利润额和利润率的增加及持续良好的经济效益等方面，由此决定了管理职能。

2. 管理民主化思想

管理民主化思想是现代管理思想的主要特征。这里说的“民主化”，主要是从行为科学的要求出发，尊重人的感情、权利。作为一个企业职工，有权利了解企业管理情况，有权利对企业管理提出批评、建议，任何一级管理人员，都应该充分保证和尊重这一权利。

管理民主化思想通过一系列法律和制度来体现，没有法律和制度作保障，也就没有民主可言。经济越发达，社会越进步，管理民主化思想就越是明确，在管理中的地位也就越高。

3. 管理高效化思想

管理高效化思想包括经济效益高和经济效率高两方面的内容。

(1)高经济效益是指各行各业应向社会提供尽可能多的有用产品和有效服务。企业管理人员应该认识到提供更多的经济效益是企业的根本目标，这样国民经济的综合效益才能有保证。

(2)高经济效率是指管理人员应具有货币的时间价值观念，提高工作效率，使每一项管理设计都能够节约劳动时间，从而创造更多的经济效益。

4. 管理系统化思想

现代化管理的重要指导思想是系统理论，系统理论的运用与否是现代化管理和小生产管理的本质区别。运用系统理论，对管理进行充分的系统分析，这就是现代管理的系统化思想的体现。

5. 现代市场营销思想

现代市场营销思想包括如下几方面：

(1)战略观念。现代管理的对象无论是企业还是整个国民经济，都应有自己的发展战略；发展战略中应包括战略思想、战略方针、战略管理、战略组织、战略计划等内容。

(2)市场观念。在现代经济中无论管理范围有多大，面临的都是一个市场问题，因此必须树立市场观念。树立市场观念，包括掌握市场发展变化趋势、资源与价格变化、新技术的开发与应用等。

(3)变革观念。包括及时改变管理方法,保护和合理使用各种人才,使组织机构与生产发展相适应,注意采用新技术以提高劳动生产率等。

(4)竞争观念。这是商品经济的实质,没有竞争就谈不上商品经济,而不适应竞争则必定要失败,好的管理者最善于在竞争中不断改善管理。

(5)开发观念。主要指两方面:一是人才开发,注重人才的选拔与培养;二是产品开发,重视科学研究,不断改造老产品,开发新产品,加速产品的更新换代,满足社会多方面的需要。

(6)质量观念。即以质量求生存,成功的管理者总是把研究、保证和提高产品质量的工作放在重要地位。

(7)服务观念。在产品销售前、中和后各阶段为用户提供全方位的服务,这是一种竞争手段,促使企业被用户接受,使企业不断得到发展。

(8)素质观念。即提高企业素质,它是指构成企业生产经营能力的各种因素的总和,主要有领导素质、职工素质、设备工艺素质、产品开发素质及管理素质等;衡量企业素质的主要标准有:满足社会需要的能力,有效利用各种资源的能力,扩大再生产的能力,技术进步能力以及竞争与协作能力等。

(9)信息观念。信息在现代社会已经成为一种能创造价值,并且可以用于交换的知识,已成为一种生产力;管理者要善于抓住和运用信息,使信息迅速转化为生产力。

四、消费心理学

消费心理学是心理学的一个重要分支,它研究消费者在消费活动中的心理现象和行为规律。消费心理学是一门新兴学科,它的目的是研究人们在生活消费过程中,在日常购买行为中的心理活动规律及个性心理特征。消费心理学是消费经济学的组成部分。研究消费心理,对于消费者,可提高消费效益;对于经营者,可提高经营效益。

(一)消费心理学的研究对象

消费心理学以市场活动中消费者心理现象的产生、发展及其规律作为学科的研究对象,具体而言其侧重点在市场营销活动中的消费心理现象、消费者购买行为中的心理现象和消费心理活动的一般规律三个方面。

(二)消费心理学的研究内容

1. 影响消费者购买行为的内在条件

影响消费者购买行为的内在条件包括:消费者的心理活动过程、消费者的个性心理特征、消费者购买过程中的心理活动、影响消费者行为的心理因素。

2. 影响消费者心理及行为的外部条件

影响消费者心理及行为的外部条件包括:社会环境对消费心理的影响、消费者群体对消费心理的影响、消费态势对消费心理的影响、商品因素对消费心理的影响、购物环境对消费心理的影响、营销沟通对消费心理的影响。

(三)消费者的心理活动分析

消费者在购买、使用及消耗各种消费品过程中的活动受消费心理的微妙影响。

1. 消费者的感觉

消费者对客观外界的认识过程是由感觉开始的,如视觉、嗅觉、听觉、触觉、味觉等,消费者在判断一件商品时也必然是由感觉开始的。同样一件商品,只因为颜色稍有差异或包装稍有不同,消费者可能一眼看中,进而购买,也可能一瞥过后,再不理会。对于服务行业,顾客感觉到的是服务。例如,旅客在购票途中,如果感觉到购票厅的脏乱差和拥挤无秩序,就很可能产生厌恶情绪,进而放弃购票。这是感觉在第一印象中发生心理作用。

2. 消费者的性格

在消费活动中的表现消费者因年龄、能力、兴趣不同在性格上形成个性差异。老年人注重商品的价廉物美及实用性,讲究结实耐用;年轻人则相对灵活,注重商品的外表,讲究个性化;一些富裕的人追求高档次的商品,注重名牌。

3. 消费者的动机

动机是人们从事某种行为活动的内部驱动力,消费者的购买活动都是由动机推动的。过去,由于经济收入和消费水平的关系,我国消费者比较注重求实、求廉动机。购买商品时特别注重商品的实际效用,讲究经济实惠,经久耐用,并不过分要求商品外观的美观、新颖。近年来,我国人民的生活水平逐步提高,物质需求得到了基本满足,追求商品的时兴和新颖的求新动机,追求商品的惊险、与众不同的求异动机及注重商品的造型美、艺术美的求美动机在当今消费者心理中已占有重要的地位。此外,还有注重省时、省力,使用及维修方便的求便动机;追求厂家信赖,商品档次的求名动机;与他人攀比争荣的好胜动机;为从属于某一群体而消费的从众动机;出于喜爱,崇拜而产生的模仿动机等。他们相互作用,相互影响,使消费者的购物行为复杂多样。

因此,企业要正确分析和认识消费者的购买动机。消费者是市场的主体,对消费者购买动机的分析,是为了适应顾客的需求,是发展市场的基础。所谓正确分析是说消费者购买动机是多种多样的,企业必须在市场调查的基础上,从心理学的观点对他们的购买动机进行分析研究。消费心理学认为:顾客的购买动机有感情动机、理智动机和惠顾动机之分。感情动机又分情绪动机和情感动机,情绪动机具有冲动性,即不确定性和不稳定性;情感动机是消费者精神风貌的反映,具有稳定性。理智动机是对商品进行了解、分析、比较后产生的,具有客观性、周密性。惠顾动机是顾客对特定的商店、厂家或品牌特殊的信任和偏好,它是感情动机与理智动机两者结合的产物。

小案例：速溶咖啡

20 世纪 40 年代，速溶咖啡脱颖而出，在市场上初露头角。照理，速溶咖啡不仅品质高，口味好，而且饮用方便，不需烧煮，上市后一定大受欢迎。然而，事实却与此相反，这种速溶咖啡投入市场后，消费者反映冷淡，销路不畅。厂方市场营销人员会同广告人员、消费者心理学专家对此进行调查研究，分析结果发现，毛病出在广告上。由于广告词一味强调速溶咖啡的快速简便，使众多家庭妇女产生偏见，认为只有那些懒惰的、生活无计划的、邋遢的人才去购买速溶咖啡，症结找到了，广告设计人员立即改变过去广告的内容中心，从强调使用简便这一特点，转向突出新潮咖啡与新鲜咖啡同样具备美味、清香、质地醇厚的特点，并配上一幅广告画：一杯美味的咖啡，后面高高地堆着褐色的咖啡豆，上书“100% 的真正咖啡”。新的广告面世后，立即引起人们的关注，人们的偏见慢慢地消除了，速溶咖啡迅速地打开了销路，成为西方咖啡消费的主流。20 世纪 80 年代初，雀巢咖啡迅速地打开了咖啡消费市场，“味道好极了！”如此引人涎下的广告言词宣传使产品很快受到中国消费者的欢迎。

五、管理心理学

管理心理学是用行为学、管理学、心理学等学科的理论、方法和原则，以人的心理活动规律、人际关系、人的积极性为研究对象的一门综合性科学。它是从现代管理科学和行为科学发展过程中派生出来的一门独立的学科，主要研究人的行为激励问题，探索人的心理活动，提高激励人的心理和行为的各种途径和技巧，以达到最大限度提高工效的目的。

管理心理学以企业内部职工为研究对象，重点研究内容是企业管理中具体的社会现象及心理现象，以及个体、群体、领导、组织中的具体心理活动的规律性。管理心理学的体系结构如图 2-3 所示。

六、心理学、管理心理学及旅客运输心理学

旅客运输心理学是在管理心理学的基础上提出的，是管理心理学在旅客运输企业中的应用。但管理心理学主要研究的是企业内部如何调动职工的积极性和创造性，对职工实施有效的管理，提高企业的管理水平。

旅客作为消费者，在消费行为中必然涉及消费心理。准确把握旅客的消费心理活动，是准

确理解消费行为的前提。因此，研究旅客运输心理学，还要研究消费心理学的相关内容。

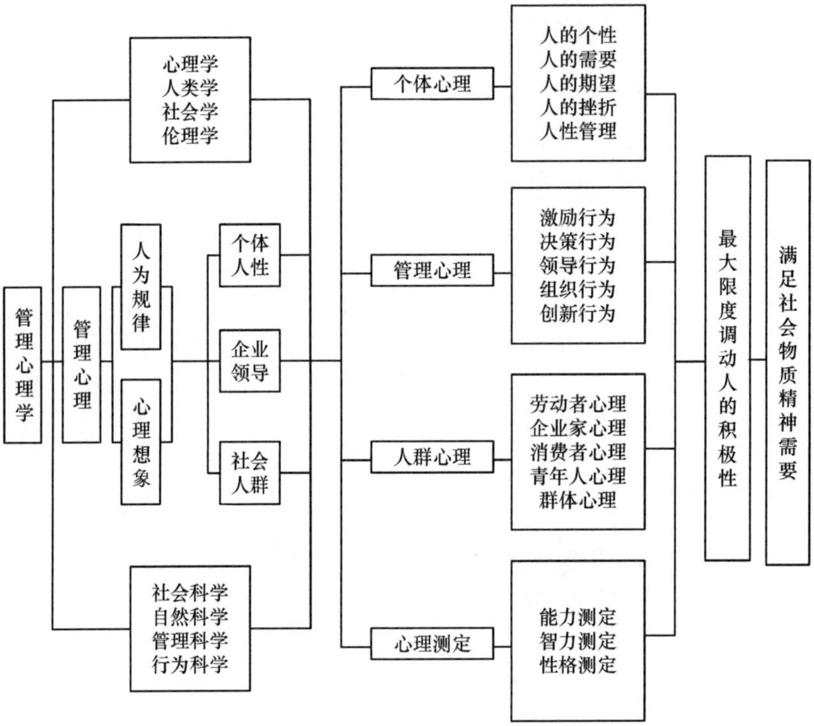

图 2-3　管理心理学体系结构

旅客运输企业的服务对象，也就是运输产品时间、空间位移的对象是社会的人。每一个人成为旅客后，他在旅行过程中的心理活动和心理需要，所表现出的各种行为，直接关系到旅客运输企业的服务水平问题。因此，研究作为社会个体的人的心理活动规律，需要利用普通心理学的知识。普通心理学是管理心理学、消费心理学以及旅客运输心理学的基础。

旅客运输心理学还没有成为一门完整而系统的学科，在实践中，对旅客运输心理学的研究刚刚起步。因此，在理论上需要广泛地借鉴相关学科的理论方法，在实践中不断总结对旅客心理活动认识的经验，使其能够成为一门独立、完善、系统的科学。

旅客运输心理学既要以旅客运输部门内部的职工为研究对象，又要以来自社会的旅客的心理活动为研究对象。因此，需要把人为学、心理学、管理学、管理心理学及消费心理学五种基础理论知识有效地结合在一起，灵活地进行运用。心理学、管理心理学、旅客运输心理学之间关系如图 2-4 所示。

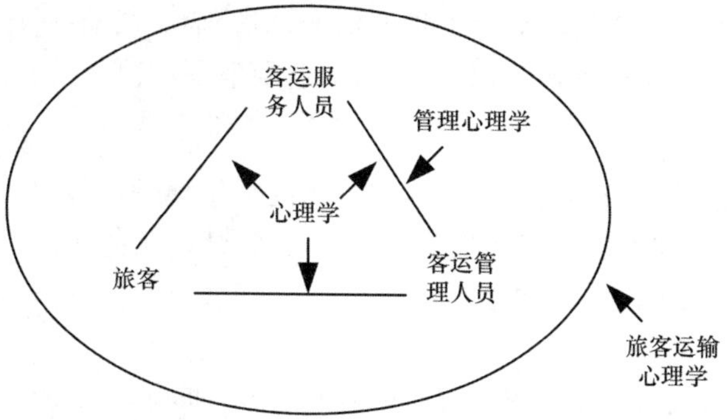

图 2-4　心理学、管理心理学、旅客运输心理学之间关系

第二节　心理过程的一般性认识

心理过程是指心理活动发生、发展的过程，也就是人脑对现实的反映过程，它具有时间上的延续性。以知觉过程为例，我们看到一个物体，先要用眼睛来接受来自物体的光刺激，然后经过神经系统的加工，把光刺激转化为神经冲动，从而察觉到物体；接着要将看到的物体，从它的环境或背景中区分开来；最后要确认这个物体，并叫出它的名称。

心理过程着重探讨人的心理的共同性，主要包括认识过程、情感过程和意志过程三个方面，这三个过程既互相区别又互相联系。

一、认识过程

人们对事物的认识过程，是人们对客观事物个别属性的各种不同感觉加以联系和综合的反映过程，是人们获得知识的过程。这个过程主要是通过人的感觉、知觉、记忆、想象、思维和语言等心理活动完成的。

感觉是对事物个别属性的认识，是认识过程的开端。在感觉的基础上，人们对事物的个别属性加以综合分析，形成知觉，对事物有了比较完整的形象。感觉、知觉是认识的初级阶段，即感性认识阶段。

人们为了加强对事物的认识，还借助记忆把过去生活实践感知的东西、体验过的情感或知识经验，在头脑中重复反映出来。人们对事物的认识过程，不仅通过感觉、知觉去认识事物的外在联系，还要以表象的形式向思维过渡，进一步认识事物的一般特征和内在联系，全面地、本质地把握事物的本质。这个思维过程(包括记忆、想象、思维和言语等)是人们对客观事物在头脑中概括的、间接的反映，是认识的高级阶段，即理性认识阶段。

例如，人们旅行对交通工具的选择过程，就是从感性认识到理性认识的过程。在选择交通工具时，旅客首先借助掌握的各种交通工具的信息，对交通工具有一个感性认识。再经过思维，对交通工具进行比较，获得理性认识。最后，决定乘坐哪一种交通工具。

(一)感觉

感觉是人脑对直接作用于感觉器官的客观事物的个别属性的反映，是意识对外部世界的直接反映，也是人脑与外部世界的直接联系。例如，看到某种颜色，听到某种声音，闻到某种气味等。感觉是一种最简单的心理现象。

1. 感觉的特征

感觉反映的是当前直接作用于感觉器官的客观事物，而不是过去的或间接的事物。感觉反映的是客观事物的个别属性，而不是事物的整体。感觉是人认识客观世界的开端，也是人类一切知识的来源。感觉是客观内容和主观形式的统一。感觉是以客观事物为源泉，以主观解释为形式，是主观与客观联系的重要渠道，是客观事物个别属性的主观映象。

2. 感觉的种类

根据刺激物的性质以及它所作用的感官的性质，可以将感觉区分为外部感觉和内部感觉。

(1)外部感觉

外部感觉接受外部世界的刺激并反映它们的属性。如视觉、听觉、味觉、嗅觉、皮肤感觉等，其中视觉、听觉、嗅觉接受远距离的刺激，又叫距离感觉。皮肤感觉又可细分为温觉、冷觉、触觉和痛觉。为提高旅客运输服务质量，实现优质服务，客运服务人员需要培养外部感觉能力。

(2)内部感觉

内部感觉接受机体内部的刺激并反映它们的属性(机体自身的运动与状态)。如运动觉、平衡觉、内脏感觉等。

3. 感觉的意义

感觉是人的认识过程的初级阶段，是人认识客观世界的开端，也是意识形成和发展的基本成分。通过感觉，人从外界获得信息，这些信息在感觉系统的不同水平上经过加工，并于已经存储的知识经验进行对照、补充、从而产生对外界事物基本属性的反映。因此，在认识世界的过程中，感觉担负着对复杂事物简单要素进行分析的任务。感觉是认识的入口，通过感觉，人才能认识和辨别事物的各种基本属性，才能知道自己身体的运动、姿势和内部器官的工作状况，只有在感觉所获得的信息基础上，其他高级的复杂的心理活动才会产生并得到发展。感觉是维持和调节一个人正常心理活动的重要心理因素。对于每一个正常人来说，没有感觉的生活是不可忍受的。

4. 感受性与练习

对刺激物的感觉能力叫做感受性。有的人对刺激反应慢或没有反应，有的人则反应快而敏锐，这说明人的感受性是有差别的。感受性可通过练习而得到提高。专门从事某种职业的人由于长期使用某种感觉器官，相应的感觉就得到了发展。例如，法国一些著名的香水制造大师，他们能够准确地分辨出四千多种香味。因此，根据自己从事的工作，反复刺激相应的感觉器官，会使感受性得到提高。

小故事：感觉的适应

在我国民间广泛流传着一个“珍珠翡翠白玉汤”的故事。说的是朱元璋当了明代的开国皇帝后，每天山珍海味、美酒佳肴，总觉无味，只想吃他当年当和尚时云游病倒在破庙，肚饥口干，一位讨饭婆子做给他喝的“鲜美无比”的珍珠翡翠白玉汤。

于是，皇后马娘娘传旨找来当年做汤的讨饭婆子，照当年老样用剩饭、剩菜、黑锅巴、白菜帮煮了一碗汤。朱元璋一看，竟是残羹剩饭，大冒三丈，正要发作，认出讨饭婆子，只得舀了一匙倒进嘴里，咸、酸、苦、辣、焦、糊、馊、臭样样味道都有，就是没有香和鲜。但为了顾全面子，只得强忍着喝了下去，然后，佯堆笑脸说：“真是珍珠翡翠白玉汤，好喝！好喝！”

朱元璋当年沦落他乡，饥渴交加，对一顿残羹剩饭感到好吃极了，以至终生不忘；当了皇帝以后，天天吃山珍海味，却总觉着乏味。这种现象，心理学上称作感觉的适应。即在同一刺激物对感觉器官的持续作用下而引起的感受性变化的现象。感觉的适应可以使感受性提高，也可以使感受性降低。

（二）知觉

知觉是人脑对直接作用于感觉器官的客观事物的各个部分和属性的整体反映，是在感觉基础上产生的。知觉以感觉为基础，但知觉作为一种活动过程，包含了相互联系的几种作用：觉察、分辨、识别和确认，它不是感觉的简单总和，而是在事物个别属性的基础上形成的事物整体属性。

知觉是客观事物直接作用于人的感觉器官，人脑对客观事物整体的反映。例如，有一个事物，我们通过视觉器官感到它具有圆圆的形状、红红的颜色；通过嗅觉器官感到它特有的芳香气味；通过手的触摸感到它硬中带软；通过口腔品尝到它的酸甜味道，于是，我们把这个事物反映成苹果。这就是知觉。

知觉和感觉一样，都是当前的客观事物直接作用于我们的感觉器官，在头脑中形成的对客观事物的直观形象的反映。客观事物一旦离开我们感觉器官所及的范围，对这个客观事物的感觉和知觉也就停止了。但是，知觉又和感觉不同，感觉反映的是客观事物的个别属性，而知觉反映的是客观事物的整体。知觉以感觉为基础，但不是感觉的简单相加，而是对大量感觉信息进行综合加工后形成的有机整体。

我们的知觉之所以能对客观事物作整体反映，是因为:客观事物本身就是由许多个别属性组成的有机整体;我们的大脑皮层联合区具有对来自不同感觉通道的信息进行综合加工分析的机能。

1. 知觉的种类

根据知觉中起主导作用的感官的特征，可以把知觉分成视知觉、听知觉、触知觉、嗅知觉、味知觉等。例如，对物体的形状、大小、距离和运动的知觉属于视知觉，对声音的方向、节奏、韵律的知觉属于听知觉。根据知觉反映的事物特征，可将知觉划分为物体知觉和社会知觉。

(1)物体知觉

物体知觉是对物的知觉。任何物体均具有空间特性、时间特性和运动特性。因此，物体知觉包括空间知觉、时间知觉和运动知觉。空间知觉是人脑反映客观物体的形状、大小、深度、方位等空间特征的知觉。时间知觉是反映客观现象的持续性、速度和顺序性的知觉。运动知觉是反映物体的空间位移和位移快慢的知觉。不论空间知觉、时间知觉、运动知觉都是人在生活实践的过程中，通过多种感觉器官的联合活动逐步形成和发展起来的。

(2)社会知觉

社会知觉是对人的知觉。包括个人知觉、人际知觉和自我知觉。个人知觉是指通过对一个人的外表和语言来认识这个人的心理特点和品质，也就是通常所说的“听其言，观其行，而知其人”。人际知觉是对人与人之间关系的知觉，这类知觉有明显的情感成分参与。例如，我几次得罪了不同的朋友，而我得罪朋友的原因一直也没有意识到，这说明我的人际知觉不好，也说明我得罪朋友的行为是我的一贯性行为。它反映出，我行为没有符合社会的规定，这就需要我认真反思了。自我知觉是指通过观察自己的言行来认识自己，“人贵有自知之明”指的是正确地认识自己是一种可贵的品质。

知觉的主观映象有的是符合客观实际的，有的是不符合客观实际的，不符合客观实际的知觉称为错觉。在社会实践中，“以貌取人”容易犯错误。纠正错觉的有效方法是实践，实践是知觉发展的基础，也是知觉正确性的检验标准。

2. 知觉的活动过程

①外界环境中作为知觉来源的客观事物的各种属性特征位置及分布;

②外界环境中物体的各种属性通过中介物传递到人的感觉器官;

③刺激物与感觉器官之间的相互作用的过程;

④神经冲动通过传入神经向大脑传递各种外界信息的过程;

⑤大脑对传入皮层相应投射区的信息进行整合处理的过程。

3. 知觉的基本特征

(1)相对性

世界上的任何事物都是相互联系、相互制约的。知觉是根据事物之间的相对关系进行反映的，这是知觉的相对性。一般情况下，不能以该物体孤立地作为引起知觉的刺激，必须同时有物体周围其他刺激作为对比。知觉具有相对性变化的主要原因：一是知觉对象与背景相对关系的改变；二是知觉者选用的参照系不同。例如，赏月时，我们时而把云看成是运动的，时而又把月看成是运动的，就是因为选定的静止的参照系不同所致，当把月作为静止的参照系时，则云在月前运动，当把云作为静止的参照系时，则月在云后穿行。

(2)整体性

知觉在感觉的基础上形成，但它不是感觉的简单总和，人习惯于以自己的过去经验来补偿当时的感觉，使其形成具有一定结构的整体形象，这是知觉的整体性。在知觉活动中，整体与部分的关系是辩证的、互相依存的。知觉并非感觉信息的机械叠加，而是源于感觉又高于感觉的一种认识活动。人的知觉系统具有把个别属性、个别部分综合成整体的能力。当人感知一个熟悉的对象时，只要感觉了它的个别属性或主要特征，就可以根据经验而知道它的其他属性或特征，从而从整体角度知觉此事物。知觉的整体性提高了人知觉事物的能力，但有时会忽略部分或细节的特征。例如，阅读文章，由于注意于整个文句的感知，有时会难以发现个别漏字或错字，这是由于整体知觉抑制了个别成分的结果。当我们处于比较喧闹的地方，通过只言片语就能明白周围其他人谈话的内容，也是知觉整体性的反映。

小故事：知觉的相对性

《列子·汤问》记载。孔子东游途中碰见两个小孩在辩论，太阳初出时离人近还是正午时离近。认为太阳初出时离人近的那个小孩的理由是：太阳刚出来时，大得象马车上遮阳的伞，而到中午时却只有碗口大小，“此不为远者小而近者大乎”。认为正午时太阳离人近的那个小孩的理由是：太阳刚出来时，天气清清凉凉，而到中午时却像手伸到热水里那么热，“此不为热者近而凉者远乎”。他们争辩不休，便请教孔子，孔子一时也无法解决。

(3)理解性和概括性

人在知觉过程中，不是被动地把知觉对象的特点登记下来，而是以过去的知识经验为依据，力求对知觉对象做出某种解释。在知觉信息不足或复杂情况下，知觉的理解性需要语言的提示和思维的帮助，把知觉对象归入所熟悉的一类事物之中，用词来概括它，使它具有一定的意义，这是知觉的理解性和概括性。

例如，看到一张黑白斑点的图片，人总是力求对这些斑点的关系、表征和来历，提出种种假设，作出合理解释。再如，听一首歌，如果是您会唱的，才放一个片段就会知道是那首歌，并知道后面的旋律是什么。对歌曲的熟悉程度决定了您能知觉出那首歌所需的片段的长短。但这片段不能够无限地小，总有一个合理限度。也就是说要有充分的判断依据。经验是最重要的，有经验的心理学家可以从一个人的眼神、动作、言语知道他心里想的是什么。知觉的理解性会受到情绪、意向、价值观和定势等等的影响。

在知觉信息不足或复杂情况下，知觉的理解性需要语言的提示和思维的帮助。一块像小狗的石头，也许开始您会看不出来，但如果有人提醒，就会越看越像。很多旅游风景也是如此。知觉的理解性使人的知觉更为深刻、精确和迅速。

(4)恒常性

当距离、角度或光线的明暗在一定范围内发生变化时，根据对物体特征所获得的知觉经验，知觉映象仍然保持相对的不变，这是知觉的恒常性。例如，无论在哪一个角度看，门总是长方形的。知觉的恒常性仅仅在一定范围内才起作用，是过去经验作用的结果。知觉的恒常性是因为客观事物具有相对稳定的结构和特征，而我们对这些事物有比较丰富的经验，无数次的经验校正了来自每个感受器的不完全的甚至歪曲的信息。

例如，一个人站在离我们不同的距离上，他在我们视网膜上的空间大小是不同的，但是我们总是把他知觉为一个同样大小的人。一个圆盘，无论如何倾斜旋转，而事实上所看到的可能是椭圆、甚至线段，我们都会当它是圆盘。在强光下煤块反射的光量远远大于暗处粉笔所反射的光量，但这不妨碍我们感觉煤块的颜色比粉笔深。

知觉的恒常性还普遍存在于其他各类知觉中。例如，同一支乐曲，尽管演奏的人不同，使用的乐器也不一样，我们总是把它知觉成同一支乐曲。

知觉特性的四个方面，都与人过去的经验有关，要想提高知觉能力，可从增加个人的知识、阅历和经验方面入手。在旅客和客运服务人员的服务关系中，客运服务人员对旅客的了解，首先开始于感知觉，感知觉是一切面对面服务的基础。我们强调，从增加个人的知识、阅历、经验入手，提高感知觉力，这就需要客运服务人员具有一段实践的过程，实践过程越长，越有利于感知觉力的提高。目前，在选拔客运服务人员时，过分强调年轻、漂亮，而不重视一个人具有的心理因素、知识和经验，这种做法是不可取的。

4. 影响知觉的心理因素

知觉不仅受感觉系统、生理因素的影响，而且还极大的依赖于一个人的知识和经验的积累，个人的兴趣、需要、动机、情绪等心理因素的影响。经常有这样的情况：人对事物的知觉并不是事物的本来面貌，而是他想要知觉到的那个样子，知觉不仅依赖于客观事物，而且也受知觉者知识经验、注意和定势的影响。

(1)知识经验

知觉中所包含的某种成分并非是当时的感觉，而是在过去经验的基础上产生的。知识经验对知觉产生巨大的影响：一是知识经验影响着知觉的内容，经常说的“外行看热闹，内行看门道”就是知识经验对知觉内容的影响。二是知识经验能提高知觉的速度，例如，读李白《望庐山瀑布》：“日照香炉生紫烟，遥望瀑布挂前川。飞流直下三千尺，疑是银河落九天。”如果对这首诗是熟悉的，这时记忆的痕迹马上会活跃起来，很快就把它读完。三是知识经验影响知觉的准确性，例如听一个内容不熟悉的报告，往往会感到很困难，甚至听不懂或听错，而内容熟悉的，则不会有这种现象。从知识经验对知觉的影响来看，知觉是后天学习的结果。所以，一个人经验越多，书读的越多，则对事物的知觉越敏锐。

(2)注意

经常有许多刺激物作用于机体，但人总是对其中的一小部分发生反映，对该部分有清晰的知觉映象，而对其他刺激物不予理会，这是注意在知觉中的作用。例如，“感兴趣的事物会有深刻的记忆”，这是因为对之感兴趣便会引起高度注意，就是说注意使人的感觉和知觉提高，从而产生深刻的记忆。知觉过程总是伴随着注意，注意使知觉具有选择性，使人获得清晰的知觉映象。

(3)定势

它是指对活动的特殊的心理准备状态。定势对知觉的影响表现为一个人以特殊的心理准备状态来反映刺激物。例如，一个人往往以他正在感知的某种准备状态或他的情绪的某种准备状态来反映知觉对象，把听的内容变成了他想要听到的东西，把看的对象变成了他想看的样子。知觉定势主要来自两类心理因素：一是来自于刚刚发生过的经验；二是来自于需要、价值观、情绪和习惯等在较长时间内起作用的心理因素。定势对知觉的影响可以是积极的，也可以是消极的。其积极作用是能使在不改变情境下对事物的知觉更迅速、更有效；消极作用在于它容易使人在已变化了的情境下对客观事物产生歪曲的知觉，而觉察不到现实世界的实际情况。

5. 知觉与感觉的区别和联系

知觉虽然达到了对事物整体的认识，比只能认识事物个别属性的感觉高级，但是知觉来源于感觉，而且二者反映的都是事物的外部现象，都属于对事物的感性认识，所以感觉和知觉又有不可分割的联系。知觉和感觉之间既有区别，又有联系。

(1)知觉和感觉的区别

知觉和感觉的心理过程不同，感觉反映的是事物的个别属性，而知觉则是事物的整体，即事物的各种不同属性、各个部分及其相互关系。感觉仅依赖于个别感觉器官的活动，知觉则要比感觉复杂，其要依靠于多种器官的综合活动。

知觉是各种感觉的结合，知觉来源于感觉，但又不同于感觉。感觉只反映事物的个别属性，知觉去认识了事物的整体；感觉是单一感觉器官的活动的结果，知觉却是各种感觉协同活动的结果；感觉不依赖于个人的知识和经验，知觉却受个人知识经验的影响。同一事物，不同的人对它的感觉是相同的，但对它的知觉就会有所差别，知识经验越丰富对物体的知觉越完善，越全面。

(2)知觉和感觉的联系

知觉和感觉都是对直接作用于感觉器官的事物的反映，如果事物不再直接作用于我们的感觉器官，那么我们对该事物的感觉和知觉也就停止了。知觉和感觉都是人类认识世界的初级形式，反映的是事物的外部特征和外部联系。如果想了解事物的本质特征，单凭感觉和知觉是不够的，还需要更复杂的心理活动。知觉是在感觉的基础上产生的，如果我们感觉到的事物个别属性越多、越丰富，那对事物的知觉就会越准确和完整，但是知觉不是感觉的简单叠加，知觉过程中人们还需要借助已有的经验获得当前事物的感觉信息，并作出识别。

总之，知觉的产生是以头脑中的感觉信息为前提，并且和感觉同时进行的。知觉属于高于感觉的感性认识阶段。

(三)记忆

记忆是人脑对过去经验的保持和再现，从信息加工的观点看，是人脑对外界输入的信息进行编码储存和提取的过程，是人的心理过程在时间上得以保持的根本保证。记忆是一个人所经历过的事物在人脑中的反映，是人脑积累经验的功能表现。人在生活和活动中，对感知过的、思考过的事物的映象总是或多或少、不同程度地保留在头脑中，即使当这些事物不在眼前时，也可以重新显现出来，这个过程就是记忆。记忆中所保留的映象就是人的经验。个体经验的积累和行为的逐步复杂化是靠记忆实现的，离开记忆就不能积累和形成经验。

1. 记忆的分类

记忆可以从不同角度进行分类，主要有以下几类：

(1)根据记忆的内容划分为形象记忆、语言逻辑记忆、情绪记忆和运动记忆

①形象记忆是以感知过的事物在人脑中再现的具体形象为内容的记忆，它保存事物的感性特征，具有显著的直观性。例如，参观服装展览后，能够记住一件件新颖的服装样式和颜色，这就是形象记忆。根据感觉形成的形象特点，形象记忆可区分为视觉记忆、听觉记忆、触觉记忆、嗅觉记忆、味觉记忆等，人们一般以视觉记忆和听觉记忆为主。

②语言逻辑记忆是用词的形式，在人脑中以思维、概念或命题为内容的记忆，它具有概括性、理解性和逻辑性等特点，它是个体保存经验最简单、最经济的形式，它的内容无论在数量上还是在质量上都超过形象记忆。人对自然、社会和思维本身规律性知识的获得，都是通过语言逻辑记忆保存下来的。

③情绪记忆是以个体体验过的某种情绪或情感为内容的记忆。例如，我们对第一天上大学时的愉快心情的记忆，就是情绪记忆。它往往一次形成经久不忘，常常成为人们活动的动力，推动人们从事某些活动或者制止某些行为，回避某些对他们有害的事情。

④运动记忆是以操作过的动作为内容的记忆。例如，对书写、劳动操作和某种习惯动作的记忆。动作记忆在识别时比较困难，但是一经记住，则容易保持、恢复而不易遗忘，它是人们获

得语言、掌握和改进各种生活和劳动技能的基础。

(2)根据记忆的线索划分为情景记忆和语义记忆

①情景记忆是指人们根据某个事件发生时的时间和空间特性而对该事件的记忆，是与个人的亲身经历分不开的。由于情景记忆受一定的时间和空间的限制，信息的储存容易受到各种因素干扰，记忆不够稳定也不够确定。

②语义记忆是指人们对一般知识和规律的记忆，与特殊的地点、时间无关，表现在单词、符号、公式、规则、概念等形式的记忆。例如，对“哥伦布发现美洲”这个事件的记忆是语义记忆。语义记忆受一般规则、知识、概念和词的制约，很少受到外界因素的干扰，比较稳定。

(3)根据记忆时意识参考的程度划分为无意记忆和有意记忆

①无意记忆是指没有预定的目的、不用专门方法、自然而然发生的记忆。例如，对有趣的故事、工作中产生过深刻印象的事件等。人们大量的生活、工作经验、某些行为方式都是通过它积累起来的，但通过无意记忆积累的经验，有时带有片面性和偶然性，不能满足特定任务的要求。

②有意记忆是指有明确的记忆目的、采取了相应的记忆方法、在意志努力的积极参与下进行的记忆，它是获得系统的科学知识，完成特定任务和积累个体经验的主要记忆形式。

(4)根据记忆的时间长短划分为瞬时记忆、短时记忆和长时记忆

三者之间的区分是相对的，它们是相互联系、相互影响的，任何信息都必须经过瞬时记忆后变为短时记忆，最终可能转入长时记忆。长时记忆中的信息是有组织的知识系统，这种有组织的知识系统对人的学习和行为决策有重要的意义。它使人能够有效地对新信息进行编码，以便更好地识别，使人迅速有效地从头脑中提取有用的信息，以解决当前的问题。

(5)根据信息加工处理与存储的方式划分为陈述性记忆和程序性记忆

①陈述性记忆是对有关事件和事实性信息的记忆。

②程序性记忆是对具有先后顺序的活动的记忆。

2. 记忆表象

记忆表象是过去感知过的事物在头脑中再现出来的形象。例如，收到朋友的信，在读的过程中，他的相貌、言谈举止和行为会呈现在眼前，这就是记忆的表象。记忆的表象具有以下两个重要特征：

(1)形象性

记忆表象产生于知觉，同知觉一样，以其形象性为其基本特征，属于客观事物的感性印象，是直接、具体的。但记忆表象毕竟反映的是过去的事物，不如知觉那样鲜明、完整和稳定。

(2)概括性

记忆表象常常是综合了多次知觉的结果，同对象的多次印象的概括相联系。在我们生活中，多次知觉的同一物体或同类物体，在表象中留下的只是这类事物的一般形象，而事物

的个别特点都消失了。例如，关于山的记忆形象，未必是具体的哪一座山，而是一般山的概括印象。

3. 记忆过程分析

记忆过程可以相对地划分为识记、保持和遗忘、重现和再认三个基本环节。

(1)识记

识记是获得事物的映象并成为经验的过程。根据人在识记时的自觉性、目的性和随意性，识记可分为无意识记和有意识记。人相当大的一部分知识经验是通过无意识记获得的，无意识记常常会有较好的记忆效果。有意识记能够使人系统的掌握知识。有意识记经过一定的训练可以转化为无意识记，一些人的职业性记忆，就是有意识记转化的结果。因此，培养职业性记忆的习惯，也是做好本职工作的一个基础。

(2)保持和遗忘

保持是过去经历的事物映象在头脑中得到巩固的过程。记忆的内容随时间的推移和后来的经验的影响等因素作用，在质量和数量上会发生某些变化，这些变化有的可能有积极的意义，有的具有消极的作用。

遗忘是对于识记过的事物不能再认或重现，或者错误地再认或重现，它与保持相反。遗忘有暂时性的、有永久性的。遗忘的程度有许多不同的情况，表现在数量和质量变化上。遗忘的过程表现一定的规律性，掌握遗忘的规律性，可以提高记忆水平。

(3)再认和重现

再认是对过去经历过的事物重新出现时能够识别出来。例如，人们能够认出曾经听过的歌曲、学过的各种知识等。

重现是对不在眼前的过去经历过的事物在脑中重新出现映象的过程，它不是先前经验过的事物映象的简单重复，是随活动的任务、人的兴趣和情绪状态等有选择的再现或映象加工的过程，常是一种积极的过程。将记忆中的事物经常地在头脑中重现，是不断提高记忆的有效方法。

四百年前，法国人诺查丹马斯写了本书，预言一些将来要发生的事，该书中的一些事被一些人津津乐道。这些人总是寻找已经发生的一些事，试图去解释诺查丹马斯预言中的事例，以证明预言的准确性。心理学的规律揭示了，人的感觉、知觉、记忆、理解、思维、想象的内容、素材来自于客观世界。因此，每一个想象的产生，都可以在过去经历的事物中找到它的原形。这样的想象，也会在将来发生的事物中找到它的影子。从人的心理活动规律来看诺查丹马斯，无非是他的想象力比较丰富而已。如果你也具有丰富的想象力，对历史发生的事情比较了解，对世界的现状及发展趋势也有一定看法，你也能够成为一个大预言家。真正有几位读过诺查丹马斯原版的预言书呀？绝大多数人是听他人的言传或读由他人翻译的书，而对诺查丹马斯的预言有所了解的。一本由某出版社出版的诺查丹马斯预言，该书在对诺查丹马斯预言的翻译时，将自己认为重要的，在现实中又可以找到事例说明预言正确的部分翻译成中文，然后反复用事例牵强地解释预言的正确性。一些人津津乐道现实中发生的某某事，对应诺查丹马斯预言中的某某段内容。但是对他预言过一定会发生而届时并没有发生的事件，他们又为什么不解释了呢？如果有人说太阳终有一天不再发光了，你认为他是一个预言家吗？你不认为是。如果这样去宣传自己，谁都会认为他是一个大骗子。

小案例：转盘子记忆法

学习后就弃之不理，信息便会随时间流逝而快速遗忘。因此，就像马戏团小丑同时在好几根竹竿上转盘子，在盘子快要停止时再推它一把，就能维持旋转动力一样，时时温习，便能让记忆粘贴在脑海里。

方法：在学习后10～15分钟，进行第一次复习，接着实施“1的法则”，在1小时、1天、1周、1个月、1季这5个时间点，重新检视记忆的状态。

（四）想象

想象是人脑对已有表象进行加工改造而创造新形象的过程，具有形象性和新颖性，有预见、补充、代替的功能。梦也是一种想象，梦中出现的形象有时显现得十分新奇甚至荒唐但组成梦境的素材仍然是感知过的事物。

1. 想象的功能

想象的功能主要体现在以下三个方面：

（1）想象具有预见作用

它是人们一切劳动活动中的必要因素。在活动中，如果没有想象的参与，没有先想象出劳动的成果，就不可能着手进行某项工作。同时，想象的新颖性和形象性也是人们创造活动中不可缺少的因素。例如，为旅客列车餐车供应餐饮，首先要想出有多少种类，什么样的色、香、味，然后采购材料，进行加工制作。

（2）想象在人们的生活中具有补充的作用

在现实生活中，有许多事物是人们不可能直接感知的。例如，旅途中生病旅客的心理，要直接感知是很困难的，但通过想象可以补充这种不足，如想象生病的旅客是自己，自己会产生的心理活动和其他生病旅客的心理是相似的。

（3）想象具有替代作用

当人们的某些需要不能实际得到满足时，可以利用想象的方式得到满足或实现。阿Q精神反映了想象的替代作用，被他人打一顿之后，心理不高兴，用想象的办法，认为是儿子打老子，求得心理的一点平衡。

2. 有意想象的种类

按照想象活动是否具有目的性，想象可以划分为无意想象和有意想象两类。无意想象是一种没有预定目的、不自觉的想象。有意想象是按一定目的、自觉进行的想象。根据想象内容的新颖程度和形成方式的不同，有意想象可划分为再造想象、创造想象和幻想。

客运服务工作需要客运服务人员在工作中充分发挥有意想象，并使有意想象的结果在工作中有效地得以体现，有利于提高服务质量。

(1)再造想象

再造想象是根据言语的描述或图样的示意，在人脑中形成相应的新形象的过程。进行再造想象时，人所想象的事物是他从来没有感知过的，所以产生的想象对他来说是“新”的。例如，看到严禁将“三品”带上列车的提示牌，可以想象一旦发生“三品”爆炸对人身所造成的伤害。

再造想象在人们的生活中具有重要的意义，它能帮助人们更加具体、生动、正确的理解和记忆所学习的知识，形成明确的观念和概念。为培养和发展再造想象的能力，首先应扩大人们头脑中记忆表象的数量，充分储备有关的形象，表象越丰富，再造想象的内容也就丰富。其次，要掌握好语言和各种标记的意义，只有这样，才能从语言描述和符号标记中激发想象。

(2)创造想象

创造想象是在创造活动中，根据一定目的、任务，在人脑中独立地创造出新形象的心理过程。创造想象具有首创性、独立性和新颖性等特点，它比再造想象更复杂、困难，它需要对已有的感性材料进行深入的分析、综合、加工、改造，在头脑中进行创造性构思。

(3)幻想

幻想是指向未来，并与个人愿望相联系的想象，它是创造想象的特殊形式。幻想不立即体现在人们的实际活动中，而带有向往的性质，幻想的形象是人们希望所寄托的东西，如童话中的形象。积极的幻想是创造力实现的必要条件，是科学预见的一部分，对人类生活和社会发展都有积极意义，幻想是激励人们创造的重要精神力量。我们的祖先曾经幻想去九天揽月、下五洋捉鳖。今天，这样的幻想已经变成了现实。

3. 想象与创造

创造是提供新颖的、首创的、具有社会意义的产物的活动。创造是一种探索活动，没有现成的解决问题的方案和步骤。因此，需要借助自己的知识、经验，充分利用想象，设计初步方案，再经过实践验证它。

创造性地解决问题常常是突发式的。在创造活动过程中，人们有时在一个问题上花费了大量的时间和精力，一无所获，但解决问题的新方案有时会突然出现在头脑中，使问题迅速得到解决，这种现象称为灵感。灵感是艰苦的创造性活动的结晶，灵感的产生需要具备一定的条件：一是必须进行长期的准备性劳动；二是要集中精力，避免习惯性思维的约束；三是充分利用原型的启发作用；四是情绪稳定、乐观有助于灵感的产生。机遇对创造性地解决问题也有一定的作用，机遇能够触发灵感，但机遇是在解决问题的脑力与体力劳动的过程中产生的。

（五）思维

思维是人脑对客观事物现实间接和概括的反映，是借助言语实现的、能揭示事物本质特征及内部规律的理性认识过程。

1. 思维的特征

(1)间接性

间接性指人凭借已有的知识经验或其他事物的媒介，理解或把握那些没有直接感知过的，或根本不能感知到的事物，以推测事物过去的进程，认识事物现实的本质，推知事物未来的发展。

(2)概括性

概括性有两层含义：

①事物的共同特征和本质特征抽取出来加以概括；

②将多次感知到的事物之间的联系和关系加以概括，得出有关事物之间的内在联系的结论。

思维的间接性以人对事物概括性的认识为前提。

2. 思维的种类

根据不同的标准划分思维的种类，主要有以下几类：

(1)直观动作思维、具体形象思维和语言逻辑思维

直观动作思维又称实践思维，是通过实际操作解决直观而具体的问题的思维过程。它面临的思维任务具有直观的形式，解决问题的方式依赖于实际的动作。如儿童将玩具拆开，又重新组合起来。

具体形象思维是指人们利用头脑中的具体形象来解决问题。例如，去某个地方，事先在头脑中出现各种可能的道路，然后运用头脑中的形象进行分析和比较，最后选择一条最短、最方便的路线。

语言逻辑思维是人们面对理论性质的任务时，运用抽象的概念、理论知识来解决问题。它是思维的典型形式。

上述三种思维形式是相互联系，共同发挥作用的。在个体发展中，由于语言的发生和发展较晚，所以直观动作思维和具体形象思维出现得早些，语言逻辑思维出现得晚些。

(2)经验思维和理论思维

经验思维是人们凭借日常生活经验进行的思维活动。例如，根据经验，鸟是会飞的动物，可能会让人认为带翅膀的动物都能飞。由于知识经验的不足，这种思维具有片面性。

理论思维是根据科学的概念和论断，判断某一事物，解决某个问题。这种思维活动能够抓

住事物的本质、关键，使问题得到正确的解决。

(3)直觉思维和分析思维

直觉思维是人们在面临新的问题、新的事物和现象时，能迅速理解并作出判断的思维活动。如科学家对某些突然出现的现象，提出猜想和假说。

分析思维是遵循严密的逻辑规律，逐步推导，最后得出合乎逻辑的正确答案或作出合理的结论。

小故事：凯库勒发现苯结构

凯库勒是一位极富想象力的化学家，长期被苯分子的结构所困惑。一天夜晚，他在书房中打起瞌睡，眼前又出现了旋转的碳原子。碳原子的长链像蛇一样盘绕卷曲，忽见一条蛇咬住了自己的尾巴，并旋转不停。他像触电般地猛然醒来，终于提出了苯分子的结构。

对此，凯库勒说："让我们学会做梦吧！那么，我们就可以发现真理。"但凯库勒的梦中发现并不是偶然的，这是跟他渊博的知识、丰富的想象、对问题的执著追求分不开的。

(4)辐合思维和发散思维

辐合思维是指人们根据已知的信息，利用熟悉的规则解决问题，也就是从给定的信息中，产生逻辑的结论。它是一种有方向、有范围、有条理的思维方式。例如，从甲＞乙，乙＞丙，可以推断出甲＞丙。

发散思维是从给定的信息中，产生众多的信息，人们沿不同的方向思考，重新组织眼前信息和记忆系统中存储的信息，产生大量、独特的新思想。

(5)常规思维和创造思维

常规思维是指人们运用已获得的知识经验，按现成的方案和程序直接解决问题。它对原有的知识不需要进行明显的改组，没有创造出新的思维成果。

创造思维是重新组织已有的知识经验，提出新的方案或程序，并创造出新的思维成果。创造思维是多种思维的综合表现。

3. 思维过程

思维活动有一定的过程，主要是由以下几个环节交错而有机地构成。

(1)分析与综合

分析与综合是思维过程的基本环节。分析是把事物的整体分解为部分，或从整体中区分出个别特性、个别方面。综合是把事物的各个部分或不同特性、不同方面联合起来。

对整体的分析是为了更深入、更正确地认识整体。对于一种新事物，起初只有模糊的认识，通过从各个方面对它进行分析、逐步清楚各个部分、特性及其关系，最后将分析的各个部分全部联系起来，这时对事物的整体就有了深刻的认识。分析与综合是相互依存的，在分析的过程中也在进行综合，综合的过程中也在进行分析。

(2)比较、概括和系统化

比较就是确定被比较的事物的共同点和不同点。同类的或某些相似的事物才能进行比较，完全不同的事物无法进行比较。比较总是和分析与综合相互联系，比较的过程就是分析的过程，将比较的各种因素结合起来考虑，也就是综合。

概括是一种特殊的综合形式，是关于事物共同点的综合。为了把事物的共同特性、因素等综合起来，首先要把特性、因素等从个别事物中划分出来，因此概括活动也是和分析活动密切联系的。

当把事物的共同本质特性抽取出来，并把具有这种本质特性的事物联合起来，以区别于具有另一种本质特性的事物时，也就是在进行分类，这是一个系统化的过程。

(3)抽象和具体化

人在对客观事物进行概括，从中分出本质特征时，也在思想上舍弃非本质的特性。这种分出本质特性而舍弃非本质特性的过程就是抽象。抽象与概括密切联系，概括的程度越高，舍弃的次要、非本质的特性就越多，思维就愈加离开具体事物，就愈抽象。

和抽象过程相反的是具体化。具体化是把概括的知识用于具体的、个别的场合。具体化使一般的、抽象的东西和直观的、感性的、熟悉的东西联系起来，从而变得容易理解。

各种思维活动经常结合着进行，不同的思维任务要求思维过程的不同组合，合理地组织和运用各种思维过程是顺利完成思维任务的保证。

4. 思维形式

思维过程的内容就是思想，而思想的存在总是表现为一定的形式。思维的基本形式是概念、判断和推理。

(1)概念

概念是人脑反映客观事物的本质特性的思维形式。概念是在抽象概括的基础上形成的，通过抽象、概括，舍弃了事物的次要、非本质的特性，把握了事物的本质特性，并据此把同类事物联合起来，形成该类事物的概念。

每个概念都有它的内涵和外延，并随历史的发展，人类对客观世界认识的日益深入，概念的内涵和外延在不断地变化。

(2)判断

判断是肯定或否定某种事物具有某种属性的一种思维形式。任何判断都是对事物的认识，是对客观事物之间联系的反映，是断定事物情况的思维。思维的过程要借助于判断去进行，思维的结果也是以判断的形式表现出来的。

(3)推理

推理是从已知的判断推出新判断的思维过程。一个推理由两个部分组成：前提和结论。进行推理时所根据的已知判断，叫做前提；从前提推出的新判断，叫结论。

推理最主要的形式有两类：归纳推理和演绎推理。归纳推理是从特殊事例到一般原理的推理；演绎推理是从一般原理到特殊事例的推理。

(六)注意

注意是心理活动对一定对象的指向和集中。例如，侧耳倾听某人的说话，而忽略房间内其他人的交谈；或者在驾驶汽车时接听手机。注意是伴随着感知觉、记忆、思维、想象等心理过程的一种共同的心理特征。

1. 注意的功能

注意具有选择、维持、整合、调节等功能，其中最基本的功能是对信息进行选择。

(1)选择功能

注意的选择功能也就是使心理活动具有一定的方向性，选择有意义的、符合需要的和与当前活动相一致的有关刺激，避开与之无关的其他刺激并抑制对它的反应。

(2)维持功能

使注意对象的映象或内容维持在意识中，得到清晰、准确的反映，直到达到目的为止，表现为注意在时间上的延续。在一定时间内，注意维持着活动的顺利进行。在注意的维持功能中，人的活动目的、兴趣、爱好等，有特别重要的意义。

(3)整合功能

注意是信息加工的一个重要阶段，在注意的状态下，人将个别特征的信息进行分析、加工、综合处理，最终整合为一个完整的物体。

(4)调节功能

控制心理活动朝着一定方向或目标进行。当人从一种活动转向另一种活动时，只有在注意的状态下，才能完成活动的转变，并顺利地执行各种新的任务。

(5)监督功能

在有针对性地注意一些事物的时候，会对与之相关的事物有较大的关注度，并进而对这些事物起到一个监督、管理的作用。日常工作和学习中发生的失误和事故一般都是在注意分散和注意没有及时转移的情况下发生的。

2. 注意的种类

根据产生和保持注意有无目的性和意志努力程度的不同，可把注意划分为无意注意和有意注意。

(1)无意注意

无意注意也叫不随意注意，是事先没有预定的目的，也不需要作意志努力的注意。引起无意注意的原因有两个方面：一是刺激物的特点，包括刺激物的强度、刺激物之间的对比关系、刺激物的活动和变化、刺激物的新异性；二是人的内部状态，包括人的需要和兴趣、情绪状态、知识经验等方面。

(2)有意注意

有意注意也叫随意注意，是有预定目的、需要作一定努力的注意。有意注意可在人的实践活动中形成和发展起来。实践活动离不开有意注意，假如一个人缺乏有意注意的能力，要想在学习、工作中做出成绩，那是很难做到的。保持有意注意的方法有三种：

①消除与完成任务无关的干扰，坚定意志力，如保持环境的安静，降低干扰声音的强度，坚定自己的意志力。

②加深对任务的理解，不断优化活动组织。经常按照任务的要求提醒自己去注意正在进行的活动，在活动进行的过程中经常提出问题，可以加强对活动的注意。在进行智力活动时，把内部智力活动与外部实际活动结合起来等。

③利用间接兴趣，特别是稳定的间接兴趣的作用。

3. 注意的特征

(1)注意的范围

注意的范围指在同一时间内意识能清楚把握对象的数量，这是注意在数量上的特征。在同一时间内，人能清楚地看到或听到的事物，其数量是很有限的。注意的范围本质上也是知觉的范围，其影响因素：一是知觉对象的特点，一般的规律性表现是注意的对象越集中，排列得越有规律，越能成为相互联系的整体，注意的范围就大；二是知觉者的活动任务和知识经验，任务繁重、知识经验少，注意范围小；三是把握对象的方法，对象多时，宜采用分组和逐个把握，而对象少时，则可采用直接把握。

(2)注意的紧张度

注意的紧张度指心理活动对某个事物的高度集中，而同时离开其余的一切事物，这是注意在强度上的特征。在紧张的情况下，一个人会沉浸于他所注意的对象，而注意不到周围新发生的事情。高度的责任感、浓厚的兴趣和爱好，都会引起一个人高度紧张的注意。厌倦、疲劳则会大大削弱注意的紧张度。

注意的紧张度与注意的范围是有联系的，注意的紧张度越高，注意的范围越小。长时间的高度紧张的注意会引起疲劳，从而导致注意的紧张度减弱，注意逐渐趋于分散。注意的紧张度使人能排除各种无关刺激的干扰，这表明注意具有抗干扰的性能。在工作中，应善于调节注意的紧张度。

(3)注意的稳定性

注意的稳定性指人的心理活动长时间地保持在感受某种事物或从事某种活动上，这是注意在时间上的特征。能够长时间地把注意集中在一定的对象上，是学习、工作高效率的保证，是具有良好注意稳定性品质的表现。与注意稳定相反的特征是注意的分散，是指注意离开当前应当完成的活动而被无关的事物所吸引。注意的稳定性并不意味着注意总是指向同一对象，而是说行动所接触的对象和行动本身可以变化，但是活动的总方向始终不变，注意的起伏不会影响对复杂而有趣的活动的完成。

注意的稳定性与注意对象的特点有关，如果注意的对象是单调的、静止的，注意就难以稳定；如果注意的对象是复杂的、变化的、活动的，注意就容易稳定。注意的稳定性与人的积极性关系更重要，如果人对所从事的活动意义理解深刻，态度积极、兴趣浓厚、思维活动积极，注意就容易稳定、持久；如果人对所从事的活动意义缺乏理解、缺乏兴趣，或处于疲劳、疾病的时候，注意就容易分散。

(4)注意的分配

注意的分配指一个人把自己的注意指向于不同的对象或活动。注意的分配是有条件的，活动本身的性质和特点、分配注意的技巧以及对活动的熟练程度，其中最重要的条件是在同时进行的不同种活动中有一种活动必须是非常熟练或相当熟练的。因为，熟练的活动，人不需给予更多的注意就能自动地实现，而可以把大部分注意力集中到比较生疏的活动上。由于某种熟练的活动使注意分配成为可能，因此注意分配的能力可以通过练习而逐步形成。

(5)注意的转移

注意的转移指一个人根据新的任务，主动地把注意从一个对象转到另一个对象上。注意的转移有一个过渡阶段，“万事开头难”指的就是注意转移过程中的表现。注意转移的速度取决于两方面：一是原来注意的紧张度，原来注意的紧张度越大，注意的转移就越困难、越缓慢；二是新的注意对象的特点，新的注意对象越符合于人的需要和兴趣，注意的转移越迅速。

注意的转移与注意的分散是根本不同的，转移是根据任务的需要主动地、有目的地把注意转向另一个对象；分散是在需要注意稳定的时候，不随意地改变了注意的对象。

上述五个方面的注意特征，既有好的作用，又有不好的作用。客运服务人员在工作中，应使注意的特征得到灵活的运用，才能取得好的效果。我不喜欢看悲剧，因为悲剧会将我的注意完全地吸引去，会有好几天让我快乐不起来。但给我留下记忆最深刻的是悲剧，这是注意力提高使记忆增强的结果。人对生活中快乐的事记忆的很少，而不快乐的事会记得很多。电影《魂断蓝桥》，我看了很多遍，每次观看时，都很专注。我喜欢那个美丽而又悲伤的故事，喜欢苏格兰民歌旋律中带有的一种美丽的伤感。

小案例：一般注意力测试

测试说明：下面的100个数字是打乱顺序后排列的，请你按照顺序在里面找出15个数字来，例如从1～15或从2～16或30～44等，记录下你找到这15个连续数字所花的时间。测试题：

12 33 40 97 94 57 22 19 49 60

27 98 79 8 70 13 61 6 80 99

5 41 95 14 76 81 59 48 93 28

20 96 34 62 50 3 68 16 78 39

86 7 42 11 82 85 38 87 24 47

63 32 77 51 71 21 52 4 9 69

35 58 18 43 26 75 30 67 46 88

17 46 53 1 72 15 54 10 37 23

83 73 84 90 44 89 66 91 74 92

25 36 55 65 31 0 45 29 56 2

评分与结果：这个小测验是测试你在集中注意力时的记忆程度。如果你在30～40秒内就找到了15个顺序数字，那你在集中注意力时的记忆程度就属于"优等"了，大约只有5%的人有这样的能力；如果你用了40～90秒，那只能算是"一般"；如果你在2～3分钟内才找到，那你就应该是个注意力不集中的人了。

（七）语言

语言是一种社会现象、是人类通过高度结构化的声音组合，或通过书写符号、手势等构成的一种符号系统，同时又是运用这种符号系统来交流思想的一种行为。狭义的语言是指通过词汇以书面或口头表达的内容，广义的语言包括狭义的语言和肢体动作。

1. 语言的特征

（1）目的性

语言活动是一种有目的的活动，人是为了满足某种交际的需要，达到某种目的才使用语言的。例如，简单的话语"喂"，它的目的是跟别人打招呼，引起别人的注意。

（2）离散性

人在说话的时候，他的语流好像是由一连串的声音组成，但实际上是由一系列离散的单元构成，既反映在音节、声音片段上，又反映在所表达的内容上。

(3)开放性

人们可以利用无限数量的句子来表达一定的意义,而表达的内容随人与人之间交流的场景随时进行变化。

(4)规则性

人的语言活动是受规则制约的,只有在一定的词汇和语法规则的范围内,人才能正确地表达和理解某种语言。

(5)社会性和个体性

语言是个体之间进行的交际活动。由于作为交流方式的语言是一种社会现象,它随社会的产生而产生,发展而发展。因此,运用语言进行的交际活动,也具有社会性,离开了社会生活和社会上已经形成的语言,人类个体就只能发出非语言的声音,不可能进行语言的交际。

小故事:不杀鸟人(出自《晏子春秋·外篇上》)

景公爱玩鸟,让烛邹为他管鸟,鸟飞跑了,因此景公要杀烛邹。晏子听说后赶来说:"让我说先说说他的罪过再杀他也不迟。"于是当着景公的面数说烛邹之罪,"第一,你为国君看管鸟,而让鸟跑了;第二,你让国君因为鸟的缘故杀人;第三,你让各诸侯国听说这件事,以为我们国君把鸟看得比人更重要。现在请把他拉出去杀了吧!"景公明白晏子在讽刺他,赦免了烛邹。

2. 语言的结构

语言是按层次结构组织起来的。语言表达的基本形式是句子。在句子的下面可分为短语、单词、语素和音位等不同层次。每个层次又都包含一定的语言成分和将这些成分组织起来的语言规则。如语音规则、缀词法规则、句法规则等。人们按照这些规则可以将音位组成语素,然后由词素组成单词,再由单词组成短语和句子。

(1)音位

音位是能够区别意义的最小的语音单位。一般来讲,音位和字母相对应,但是时常也有这种情况存在,即一个字母在不同的单词中,可代表不同的音位。另外,几个字母合并也可代表一个音位。

(2)语素

语素是语言中最小的音义结合单位,是词的组成要素。语素的种类较多。例如,既可以独立成词,也可以同别的语素组合成词的语素称为自由语素。

(3)词

词是语言中可以独立运用的最小单位。在口语中,词是语音和语义的结合体,同时它还传递构词法与句法的信息。在书面语中,词还具有图形信息。因此,词是图形、语音、语义、构词法与句法五种信息的复合体。

(4)句子

句子是独立表达比较完整语义的语言结构单位。根据乔姆斯基的转换生成语法理论,任何一个语句都包含两个层次的结构:表层结构和深层结构。

3. 语言的种类

语言活动分两类:外部语言和内部语言。外部语言又包括口头语言(对话和独白语言)、书面语言和身体动作语言。

(1)对话语言

对话语言是指两个或几个人直接交际时的语言活动,如聊天、座谈等。对话语言的特点是:

①对话语言是一种情境性语言。

②对话语言是一种简略的语言。

③对话语言是对话双方的直接交际。

④对话言话常常是一种反应性语言。

(2)独白语言

独白语言是个人独白进行的、与叙述思想、情感相联系的、较长而连贯的语言。它表现为报告、讲演、讲课等形式。独白语言的特点是:

①独白语言是说话者独自进行的语言活动。

②独白语言是一种开展的语言。

③独白语言是有准备、有计划进行的语言活动。

(3)书面语言

书面语言指一个人借助文字来表达自己的思想或借助阅读来接受别人语言的影响。书面语言的特点是:

①随意性。书面语言在用文字表在自己的思想时,它允许字斟句酌、反复推敲;在阅读别人写出的东西时,它允许反复阅读难懂的地方。

②开展性。书面语言要求用精确的词句、正确的语法和严密的逻辑进行陈述,既要避免词不达意,又要力戒“言过其实”和“空话连篇”。

③计划性。书面的计划性常常以腹稿、提纲等形式表现出来。

(4)身体动作语言

身体动作语言是利用身体动作来表达自己的思想和接受别人的影响,如舞蹈、手势等。利用身体动作语言表达自己的思想或接受别人的思想,往往需要接受专门的训练。

(5)内部语言

内部语言是自问自答的语言活动,或不出声的语言活动。它的特点是:

①隐蔽性。内部语言是一种不出声的语言它以语音的隐蔽性为特点。

②简略性。内部语言不是一种直接用于交际的语言，它不存在别人是否理解的问题，因而常常以十分简略、概括的形式出现。在内部语言中句子的大量成分常常被省略，如只保留主语和谓语。它可以用一个词或词组来代表一系列完整的陈述。

4. 语言的表征与加工过程

(1)语言的表征

表征是信息在头脑中存在的方式。根据信息加工的观点，当人们对外界信息进行加工时，这些信息是以表征的形式在头脑中存储的。

语言的表征就是语言材料所负载的信息在头脑中存在的方式。如“狗”的表征或许是“狗”的表象，或许是一个关于命题的命题。

表征既可以是词语的表征、也可以是句子的表征、课文的表征。

(2)语言的加工过程

语言的加工过程就是对输入的语言信息进行编码、转换、存贮、提取的过程。

根据语言加工过程中需要注意资源参与的程度，语言的加工可分为自动化加工和受控制的加工两种形式。自动化加工是无需注意资源的参与，不受人的意识控制的加工；受控制的加工是一种需要应用注意资源，受人的意识控制的加工。

根据语言加工时，各种成分间是否存在相互作用，语言的加工又可分为模块化的加工和交互作用式的加工。模块化的加工认为，语言各成分的加工是单独进行的，各成分间不存在相互的作用。交互作用式的加工则认为，语言各成分间的加工不是单独进行的，它们存在着相互作用。

二、情感过程

人在认识客观事物时，总是表现出一定的态度和体验，如满意、喜欢、厌恶、愤怒等，这些主观的心理体验，属于情感过程。

事业的成功，朋友的支持，家庭的团聚，使人感到愉快、兴奋和喜悦；工作的失利，朋友的讥讽，亲人的争吵，使人感到沮丧、痛苦和愤怒，这些都伴随着情感过程体验。情感在认识的基础上产生。“知之深，爱之切；爱之深，责之苛。”深厚、真挚的情感来源于对人、对事真切、深刻的了解，而情感又对认识产生巨大的影响。积极的情感能引起人们认识的积极性，使人进取；消极的情感会使人消沉、沮丧，窒息人们认识与创造的热情。

1. 情绪和情感的含义

情绪和情感是人对客观事物的态度的体验，是人对客观事物与人的需要的关系的反映。认知过程是人对客观事物本身的反映，而情绪和情感反映的则是客观事物与人的主观需要之间的关系。情绪和情感有积极与消极之分，这是有别于认知过程的另一特征。人对客观事物采取不同的态度是以该事物是否满足人的需要为中介的。一般来说，需要得到满足就会引起积极的情绪和情感，需要得不到满足就会引起消极的情绪和情感。例如，在旅客运输过程中，如果旅客的需要得到了满足，就会有积极的情绪和情感，而需要未得到满足时就会引起消极的情绪和情感，进而产生矛盾，甚至投诉现象。

2. 情绪与情感产生的基础

情绪和情感是由客观事物引起的，但客观事物本身并不直接决定情绪和情感，它对情绪和情感的决定作用是以需要为中介的。凡是符合人需要的客观事物，就会引起肯定的情绪和情感。例如，渴望学习知识的人得到一本好书感到满意，生活中遇到知己感到欣慰，看到助人为乐的行为感到敬慕，找到志同道合的情侣感到幸福等。这里高兴、满意、欣慰、敬慕、幸福等都是肯定的情绪和情感。凡不符合需要或妨碍需要满足的客观事物就会引起否定的情绪和情感。例如，失去亲人引起悲痛，无端遭到攻击产生愤怒，工作失误出现不满和苦恼，看到社会上某些不道德的行为感到气愤等等。这里的悲痛、愤怒、不满、苦恼、气愤等都是否定的情绪和情感。

同样的客体，在不同人身上引起的情绪反应可能会不同，甚至在同一个人身上，也会因主体当时不同的心理状况，而有不同的反应。情绪的产生以需要为基础、以期望为中介，通过认知评价决定。

3. 情绪与情感的区别与联系

情绪与情感是既有区别又有联系的两个概念。

(1)情绪与情感的区别

①情绪具有较大的情景性、激动性和暂时性，它往往随着情境的改变和需要的满足而减弱或消失。情感则具有较大的稳定性、深刻性和持久性，是对人对事稳定态度的反映，因而情感是个性结构或道德品质中的重要成分之一。

②情绪是情感的表现形式，通常具有明显的冲动性和外部表现，如高兴时手舞足蹈，愤怒时暴跳如雷等，情绪一般由生理、安全等较低级的需要所引起的，人和动物都具有的，情绪一旦产生，往往难以控制。情感则一般由自尊、认知等较高级的社会需要引起，常以内心体验的形式存在，比较内隐，如深沉的爱、殷切的期望、痛苦的思虑等，往往深深地埋在心底，不轻易外露。

(2)情绪与情感的联系

情绪与情感总是彼此依存，情感离不开情绪，稳定的情感是在情绪的基础上形成的，同时又通过情绪反映出来得以表达，离开情绪的情感是不存在的。情绪也离不开情感，情绪的变化往往反映情感的深度，在情绪发生的过程中，常常深含着情感，情绪与情感是不可分的。

4. 情绪与情感的两极性

一个人的情绪和情感往往表现为两极性的特点，在一定的条件下它们之间是可以相互转化的，下面的四个维度之间不同程度的组合构成复杂多样的情绪状态。

（1）从性质上，情感与情绪往往表现为肯定或否定相对立的两极性，如满意和不满意，喜悦和悲哀，爱与憎等。一般地说，人们的需要得到满足时产生肯定的情绪与情感，如高兴、满意、爱慕、欢喜等。人们的需要不能得到满足时则产生否定的情绪与情感，如烦恼、不满意、憎恨、忧愁等。肯定的情绪与情感是积极的、增力的，可以提高人们的活动能力。否定的情绪与情感是消极的、减力的，会降低人们的活动能力。

（2）从强度上，各类情绪与情感的强度是不一样的，在强弱之间又有各种不同的程度。例如，从微怒到狂怒的发展过程是：微怒→愤怒→大怒→暴怒→狂怒。从好感到酷爱的发展过程是：好感→喜欢→爱慕→热爱→酷爱。情绪与情感的强度决定于引起情绪与情感的事件对人的意义的大小。意义越大，引起的情绪与情感就越强烈，“爱之深，责之苛”。情绪与情感的强度也和个人的既定目的和动机能否实现有关。

（3）在紧张度上，情绪有紧张和轻松之别。紧张和轻松往往发生在人的活动最关键的时刻，紧张的程度既取决于当时情景的急迫性，也取决于人的应变能力和心理准备状态，通常紧张状态能导致人们的积极行动，但过度紧张也会使人不知所措，甚至使人的精神瓦解、行动停止。

（4）从激动性上，情绪与情感具有激动和平静的两极。激动是由生活中的重要事件引起的，它是一种强烈的、为时短暂的情绪状态，如激怒、狂喜、极度恐惧等。平静与激动对立，是一种平稳安静的情绪状态，在正常生活的情况下，情绪是平静的。平静的情绪是人们正常生活、学习与工作的基本条件。

同一件事对同一个人有时会出现两极的对立情感与情绪。例如，学习中遇到困难时，可能引起愁闷，也可能引起激奋。对立的两极在一定的条件下可以相互转化。转化的条件是人能否认识这种情绪的消极作用，并有意识地加以调节。客运服务人员应培养良好的对待工作、对待旅客的情绪与情感，学会控制和调节自己情绪，这是做好本职工作的基础。例如，想对旅客发火，如果想到与旅客吵架，可能会受到批评，扣发工资奖金。这时，火可能就不会发出来了。

5. 情绪的种类

人的情绪表现多种多样，千姿百态。按基本表现形态，可将情绪分为以下三类：

（1）心境

心境是一种微弱、平静而持续时间较长的情绪状态，如心情愉快、舒畅或心情烦闷、抑郁不快，在一个相当长的时间内有持续性。这种情绪状态倾向于扩散和蔓延，在心境发生的全部时间内，它影响着人的整个行为表现，好像自己周围一切都染上当时的这种情绪色彩。

心境在人的现实生活中有重要的意义，积极的、良好的心境能使人精神振奋，乐观地对待困难和挫折。消极的不良心境使人精神萎靡，意志消沉。培养良好的心境、克服消极的心境，是与意志、性格的锻炼分不开的。

(2)激情

激情是一种爆发式的、猛烈而时间短暂的情绪状态，如狂喜、暴怒、痛哭等，通常是由突然发生的对人具有重大意义的事件引起的。人能够意识到自己的激情状态，也能够有意识地调节和控制它。要善于控制自己的激情，作自己情绪的主人，培养坚强的意志品质、提高自我控制能力可以达到这个目的。只要具有正确的思想意识，遇事善于分析判断，在面临激动的情境时，命令自己"冷静"，以坚强的意志力克制自己，就可以使这种情绪减弱或得到控制。必要时采取转移注意力的方式，去做与激动情绪无关的事情，也可以暂时避免激情的爆发。激情具有积极性和消极性之分，必须学会控制消极的激情。

(3)应激

应激是出乎意料的紧迫情况所引起的急速而高度紧张的情绪状态。人在工作和生活中，往往会遇到突然发生的事件或偶然发生的危险，它要求人迅速地集中自己的智慧和经验，动员自己全部机体的力量，即时作出决定，以应付紧急情况，这时产生的特殊体验即是应激。例如，汽车司机、机械操作工人，不可避免要遇到一些紧急情况，使情绪处于应激状态。但是，长时间持续的应激则能引起精神创伤，危及身体健康。

因此，保持适度的应激状态，能更好地发挥积极性，使思维的判断力明确，增强人的反应能力。一个人要使自己能经常保持适度的应激状态，在相当大的程度上取决于人对出现的意外情况能迅速地做出判断和决策的能力，及具有果断、坚强的意志力等品质，而这些方面又都是可以通过实践锻炼而获得或增强的。

6. 情感的种类

情感是同人的社会属性需要相联系的主观体验，是人类所特有的心理现象之一。随着年龄的增长和社会生活的拓展，社会需要会越来越丰富，进而促进了情感的发展。人类高级的社会性情感主要有道德感、理智感和美感。

(1)道德感

道德感是根据一定的道德标准在评价人的思想、意图和行为时所产生的主观体验。道德感属于社会历史范畴，不同时代、不同民族、不同阶级有不同的道德评价标准。当人的言行符合道德标准的要求时，人们会对他产生爱慕、崇敬、尊重、钦佩等情感，自己也会产生幸福、自豪和自慰等肯定性情感。当人的思想和行为违背了道德标准的要求时，人们会产生厌恶、反感、鄙视、憎恨等体验；当人尽到了责任会感到心情舒畅，未尽到责任会感到内疚。道德感在工作中，表现为爱国主义情感、集体主义情感、责任感、义务感、事业心、荣誉感等，每个客运服务人员都应努力培养这些方面的情感。

(2)理智感

理智感是人在智力活动过程中认识、探求、评价事物时产生的情感体验，同人的认识活动的成就获得、需要兴趣的满足、对真理的探索追求及思维任务的解决相联系。例如，人们在探索未知的事件时所表现的求知欲望，认识的兴趣和好奇心，在解决问题过程中出现的迟疑、惊讶、焦躁以及问题解决后的喜悦、快慰，在评价事物时坚持自己见解的热情，为真理献身时感到的幸福与自豪，由于违背和歪曲事实真相而感到羞愧等等，都属于理智感。

理智感对于人们学习科学知识、认识和掌握事物发展的客观规律具有动力作用，这种作用的大小同个人已有的知识水平、学习的愿望有关。因此，培养理智感，应从学习知识，树立正确的人生观和价值观入手。

(3)美感

美感是根据一定的审美标准评价事物时所产生的情感体验。美感能够给人增加生活情趣，帮助人们以美丑的评价去赞扬美好的事物与心灵，蔑视与鞭挞丑陋与粗野的行为，从而促进人类文明的发展。人的审美标准既反映了事物的客观属性，又受人的思想观念和价值观念的影响。

美感作为情感的一种形式，是由客观情境引起的，即是对客观现实美的反映，这包括以下两方面的内容：

①自然景象和人类创造的特征。自然景象和人类创造的美的特征，能引起人们愉快的肯定的情感体验。但也存在丑的特征，如不成比例的造型，不协调的色彩等，能引起人们不愉快的否定的情感体验。

②人类的社会道德品质和行为特征，能够引起美的体验。那些为人善良、纯朴、诚实、坚强、公正坦率、不徇私情、有自我牺牲精神的品质和行为都是美的。而那些丑恶的品质和行为，如损人利己、虚伪、胆小怕事、两面三刀、狡猾奸诈等，会引起人们的厌恶、憎恨的情感体验。可见美感是按一定的标准，评价自然特征和社会行为特征时所产生的内心体验。我们应根据时代对美的评价标准，培养美感，将美在工作中体现出来，努力塑造环境美、仪表美、语言美。

7. 情绪和情感的功能

(1)适应功能

高等动物的情绪具有适应功能，表情的发展是情绪和情感适应功能发展的标志。婴儿的情绪和情感是随他们适应功能逐渐适应社会环境而发展起来的，笑对初生的婴儿而言只是一种生理上适应的反应，情绪的社会性参照作用是儿童以情绪为信号进行社会交往的典型例子。成人的情绪和情感具有适应功能。

(2)动机功能

人的各种需要是行为动机产生的基础和主要来源。积极的情绪状态会成为行为的积极诱因起正向推动作用；消极的情绪状态则起消极因素作用，会起反向推动作用。

(3)组织功能

积极的情绪和情感具有调节和组织作用；消极的情绪和情感则有干扰破坏作用，影响工作记忆、影响思维活动、影响人的行为表现。

(4)信号功能

面部表情、身段表情和言语表情都能显示主体的情绪状态。言语尚未发展起来的婴儿能通过观察周围成人的表情来调节自己的行为。情绪和情感的适应功能也是通过信号作用得以实现的。

小贴士:有用的"笑一笑"

被人误解的时候能微微的一笑,这是一种素养;受委屈的时候能坦然的一笑,这是一种大度;吃亏的时候能开心的一笑,这是一种豁达;无奈的时候能达观的一笑,这是一种境界;危难的时候能泰然一笑,这是一种大气;被轻蔑的时候能平静的一笑,这是一种自信;失恋的时候能轻轻的一笑,这是一种洒脱。

三、意志过程

人在与周围客观环境相互作用时,为处理和改造客观事物想办法、制订计划、采取措施和克服困难,这种为努力实现某种目标的心理活动过程,称为意志过程。在客运服务人员为旅客提供服务的过程中,尤其是直接的面对面的服务的过程中,面对各种问题和困难,需要坚强意志。

(一)意志的含义

意志是指人为了达到一定的目的,自觉地组织自己的行为,克服种种困难以实现预定目的的心理过程,是意识的能动表现。人在反映客观现实的时候,不仅产生对客观对象及其现象的认识,也不仅对它们形成这样或那样的情绪体验,而且还有意识地对客观世界进行有目的的改造。这种最终表现为行动的、积极要求改变现实的心理过程,就是意志过程。意志过程和认识过程、情感过程一样,也是人脑的机能。

意志包括感性意志和理性意志两个方面。意志是人类特有的心理现象,是在人类认识世界和改造世界的需要中产生的,也是随着人类不断深入地认识世界和更有效地改造世界的过程中发展的。

在旅客运输过程中,客运服务人员既然明确了让旅客满意的目标,就要克服服务过程中的各种困难,需要做出意志努力,而不是让"全心全意为旅客服务"成为一句空话。

小故事：不相信自己的意志，永远也做不成将军

秋战国时代，一位父亲和他的儿子出征打战。父亲已做了将军，儿子还只是马前卒。又一阵号角吹响，战鼓雷鸣了，父亲庄严地托起一个箭囊，其中插着一支箭。父亲郑重对儿子说："这是家袭宝箭，佩带身边，力量无穷，但千万不可抽出来。"那是一个极其精美的箭囊，厚牛皮打制，镶着幽幽泛光的铜边儿，再看露出的箭尾。一眼便能认定用上等的孔雀羽毛制作。儿子喜上眉梢，贪婪地推想箭杆、箭头的模样，耳旁仿佛嗖嗖的箭声掠过，敌方的主帅应声折马而毙。果然，佩带宝箭的儿子英勇非凡，所向披靡。当鸣金收兵的号角吹响时，儿子再也禁不住得胜的豪气，完全背弃了父亲的叮嘱，强烈的欲望驱赶着他呼一声就拔出宝箭，试图看个究竟。骤然间他惊呆了。一只断箭，箭囊里装着一支折断的箭。我一直刳着支断箭打仗呢！儿子吓出了一身冷汗，仿佛顷刻间失去支柱的房子，意志轰然坍塌了。

结果不言自明，儿子惨死于乱军之中。拂开蒙蒙的硝烟，父亲拣起那柄断箭，沉重地啐一口道："不相信自己的意志，永远也做不成将军。"

自己才是一支箭，若要它坚韧，若要它锋利，若要它百步穿杨，百发百中，磨砺它，拯救它的都只能是自己。

（二）意志行为

1. 意志行为的特点

（1）意志行为是自觉的、有目的的行动

意志行为以行动的明确目的性为特征，正是由于有了这种目的，人才能发动有机体作出符合目的的行动，并且制止某些不符合目的的行动。意志行为的水平以及效应的大小，是以人的目的水平的高低和社会价值的大小为转移的。一个人的行动越有目的，他的目的的社会价值越大，那么他的意志水平就越高，行动的盲目性与冲动性也就越小。中外许多著名的科学家、艺术家，他们之所以能在自己的领域中取得优异的成绩，一个重要的原因是具有明确的生活目的。

（2）意志行为和克服困难相联系

并不是所有的随意行为都叫意志行为，意志行为总是和克服困难相联系，人的意志行动总是与调动人的积极性去克服困难，排除行动中的各种障碍分不开。例如，一个人偶尔参加一两次晨间锻炼，这不是意志行为，但一个人坚持天天锻炼，风雨无阻，就需要坚强的意志努力。一个人能克服的困难越大，表明这个人的意志越坚强，反之则表明其意志薄弱。

困难有两种：一是内部困难，指思想上的困难，如存在相反的目的与愿望；二是外部困难，

指客观条件的阻碍，如缺乏工作设备、工作和生活环境比较艰苦、存在外在的干扰和破坏等。人的意志既表现在对内部困难的斗争中，也表现在战胜外部困难的努力中。

2. 意志行为过程

研究意志行为，主要是分析行为的心理方面，即心理对行为的调节过程。意志行为的心理过程分为确定决定和执行决定两个阶段。

(1)确定决定阶段

这是意志行为的开始阶段，它决定意志行为的方向，规定未来意志行为的轨道。决定的采取并不是瞬时完成的，它是一个过程，有着丰富的心理内容，体现出人的意志品质。

确定决定，包括行为目的的确定、行为手段的选择和行为动机的取舍等环节。行为目的是指人的行为所达到的目的是什么，行为手段是指借助怎样的具体行动去达到目的，行为动机则反映着人为什么要达到这一目的。

确定决定，是在面临复杂的情境时作出抉择的过程。从动力方面看，要求这个过程进行得迅速而有效，才有利于下一步执行决定的顺利实现。对人的意志过程而言，这就是意志的果断性。果断表现在迅速而合理地作出决策采取行动的能力上；反之，如果在各种动机之间，在不同的目的、手段之间摇摆不定，迟迟做不出取舍，那是优柔寡断的表现；如果确定决定缺乏合理性，不经深思熟虑就贸然抉择，那是草率的表现。

(2)执行决定阶段

该阶段是意志行为的完成阶段。在这个阶段里，人的主观目的转化为客观结果，观念的东西转化为实际行为，实现对客观世界的改造。决定一经确定之后，决定的执行便是意志行为实现的关键阶段。再好的决定，如果不付诸实施，就失去意义，也不再能构成意志行为。执行决定，常要求更大的意志努力。这是由于以下几个原因：

①执行决定的行为要求巨大的智力或体力，并要忍受由行为或环境带来的种种不愉快的体验。

②积极而有效的行为，要求克服人的个性原有的消极品质。

③执行决定过程中，与既有目的不符的各种动机还可能在思想上重新出现，引诱人的行为脱离预定的轨道。

④行为过程中总会出现意料之外的新问题、新情况，而主体又可能缺乏应付新情况、解决新问题的现成手段，从而造成人的行为的踌躇或徘徊。

⑤在行为尚未完成之时，还可能产生新的动机、新的目的和手段，它们会在心理上同既定目的发生竞争，从而干扰行为的进程。

上述各项因素，都是妨碍意志行为贯彻到底的困难，要求人作出意志努力。执行决定是使行为按照预定方向和轨道坚持到底的过程。从动力方面看，这一过程要求不能半途而废，要求行为不偏离基本方向，反映在意志品质上，就是意志的坚忍性。意志坚韧的人，不论前进道路上如何艰难险阻，决不放弃对目标的追求；不论行动中如何枝节横生，总是坚持既定的方向，百折不挠。

（三）意志与认识、情绪、情感的关系

认识、情绪、情感和意志是人的主观心理活动，分别反映了事实关系、价值关系和行为关系。人为了生存和发展就必须首先感知和了解各种事物的事实关系，其次要掌握这些事物对于人的价值关系，再要掌握每个行为的价值关系并且判断、选择、组织和实施一个最佳的行动方案。

1. 意志与认识的关系

离开认识过程，就不会有意志行为。人们在实现每一个具体的意志行为的时候，为了确立目的和选择手段，通常要审度客观的情势、分析现实的条件、回顾以往的经验、设想未来的后果、拟定种种方案、编制行动计划，并对这一切进行反复的权衡和斟酌，这些都依赖感知、记忆、现象、思维的过程。这些过程是意志活动的理智部分。

意志在认识的基础上产生，又对认识活动产生巨大的影响。首先，人对外部世界的认识，是有目的、有计划并需要克服各种困难的过程，如解决问题的思维活动，离不开人的意志努力，即离不开意志过程。其次，人对世界的认识，是在变革事物的过程中完成的，而一切变革现实的实践活动都是有意志的行动，都必须受意志过程的支配和调节。因此，没有意志，也不会有深入的、完全的认识活动。

2. 意志和情绪、情感的关系

人的情绪和情感是人活动的内部动力之一。当某种情绪或情感对人的一定行为起推动或支持作用时，情绪或情感可以成为意志的动力。如一个非常热爱他所从事的事业的人，会克服各种困难做好自己的工作；而一个人对所要达到的目标抱着无所谓或冷漠态度的人，不可能以坚强的意志去做好工作。

当人们在从事他所不愿做的事情时，情绪或情感也可能成为意志的阻力。“不乐意”的情感，对于这项活动而言，是一种消极的体验，它妨碍着意志行为的贯彻，造成意志行为的内部困难。由外部困难所引起的消极的情感体验，如困惑、焦虑、彷徨以至痛苦等，也能动摇人的意志。

意志受情绪和情感的鼓励，而且在对情绪和情感的调节和控制方面发挥巨大的作用。所谓理智战胜情感，就是意志对情感的调节作用。人们需要抑制过分的喜悦、愤怒或悲痛，而使情感服从于理智所确定的目的。一个意志坚强的人，常常是一个善于调节和控制自己情绪体验的人。

认识是情感、情绪的源泉，情感、情绪是意志的源泉。情感、情绪最初是从认识中逐渐分离出来的，又反过来促进认识的发展，意志最初是从情感、情绪中逐渐分离出来的，又反过来促进情感、情绪的发展。认识、情感、情绪和意志是相互渗透、相互作用、互为前提、共同发展的。

(四)意志的品质

人的意志品质,存在着巨大的个别差异。人的主要意志品质有自觉性、坚定性、果断性、自制性。

1. 自觉性

自觉性是指能否深刻地认识行为目的的正确性和重要性,并主动地支配自己的行动使之符合该目的的意志品质。有高度自觉性的人能够按照自然界和社会发展规律,提出自己的行动目的,不轻易受外界的干扰和影响,但能接受有益的意见,经常主动地使自己的行动服从于该目的。既不会鲁莽行动,也不会盲目附和。

与自觉性相反的意志品质是盲从和独断。盲从就是盲目地受他人的暗示或影响,高度盲从的人没有主见,不了解自己行为的意义,因而极易受他人的影响和怂恿,极易轻信他人。独断就是盲目地拒绝他人的意见或劝告,独断专行的人,对于他人的意见或劝告不论正确合理与否,一概顽固地拒绝,对于自己的决定总是自信不疑,一意孤行,而不顾主客观条件的变化。盲从和独断表现上不同,实质上都是缺乏自觉性的表现。

2. 坚定性

坚定性是指在完成艰巨任务时坚持不懈地克服困难的意志品质。有高度坚定性的人,有顽强的毅力,充满信心地为正确的目的而奋斗,不怕困难和挫折,善于总结经验和教训,既不为无效的愿望所驱使,也不被预想的方法所束缚。

与坚定性相反的意志品质是动摇性和刚愎自用。动摇性是遇到困难便怀疑预定目的,不加分析就放弃对预定目的的追求。这种人不善于迫使自己去达到预定目的,偶遇挫折便望而却步,做事见异思迁。刚愎自用是对自己的行为不作理智的评价,总是独行其是,这种人不能客观地认识形势。尽管事实证明他的行为是错误的,但仍然一成不改,自以为是。动摇性和刚愎自用实质上都是对待困难的错误态度,属于消极的意志品质。

3. 果断性

果断性是善于迅速地辨明是非,迅速地确定决定和坚决地执行决定的意志品质。果断不同于轻率,它是以周密考虑和足够勇气为前提的。果断的人对自己的行为目的、行动方向和可能后果,都有深刻的认识和清醒的估计。所以,当事态发展到最紧急关头时,能当机立断,及时行动,毫不动摇。

与果断性相反的意志品质是优柔寡断。优柔寡断者的显著特点是无休止的动机冲突,在确定决定时,迟疑不决,三心二意;紧急关头不认真思考,仓猝决定;作出决定后又反悔,甚至开始行动之后,还怀疑自己决定的正确性。优柔寡断是缺乏勇气,缺乏主见,意志薄弱的表现。

4. 自制性

自制性是善于控制自我、约束自我的意志品质。在意志行动中,欲望的诱惑,消极的情绪等都会干扰人作出决定和执行决定。有自制力的人能够驾驭自我,克服自己的欲望和情绪干扰，迫使自己执行已经采取的、具有充分根据的决定，或者奋力地进取，或者坚决制止某些行为。自制力是意志的抑制功能，易冲动、意气用事、不能律己，知过不改等都是缺乏自制力的表现。

与自制性相反的意志品质是任性和怯懦。任性的人不能够约束自我，常常言语伤人、行为放纵。怯懦的人则胆小怕事，一遇到困难就慌乱失措，畏缩不前。

如果一个人的某些意志品质是稳定的，这些意志品质就反映了他的意志发展水平。每个人的意志发展水平是不一致的。有些人的某些意志品质（如自觉性、自制性）发展水平高些，有些人的另一些意志品质（如坚定性、果断性）发展水平却较低。人们意志品质存在差异，是普遍的客观实际。

第三节　个性心理的一般性认识

现实的心理活动总是在一定的个体身上发生，个体的心理活动既体现着一般规律，又具有个别特点。在个体身上经常地、稳定地表现出来的特点，称为个体心理特征。个体带有倾向性的、本质的、比较稳定的心理特征的总和，称为个性。它包括两个方面：一是个性意识倾向；二是个性心理特征。本节主要从这两个方面对个性心理的一般性认识作简要的介绍。

一、个性意识倾向

个性意识倾向是指人进行活动的基本动力，是个性结构中最活跃的因素，表现在对认识对象和活动对象的趋向和选择上。下面主要从人的需要、动机、兴趣、期望、挫折、人性几个方面进行介绍。

（一）人的需要

1. 需要的含义

需要是个体在生活中感到某种欠缺而力求获得满足的一种内心状态，它是个体自身或外部生活条件的要求在脑中的反映。

(1)需要是对现实要求的反映

需要的形式和内容主要取决于所需对象的存在。当给予、改变或剥夺对象时，需要会发生相应变化，或因满足而消失，或因缺少而增强。从需要是对现实要求的反映来看，需要的特性表现在：

①多样性。由于人的社会实践活动范围极其广泛，在此基础上形成的需要也是多样的，有衣食住行等物质方面的需要，也有知识、交往、尊重、成就等精神方面的需要。

②结构性。多种需要之间相互关联、相互制约，形成复杂的结构体系，具有结构性和层次性。

③社会制约性。需要是主观感受和客观环境共同作用的结果，受所处社会条件的制约，由特定社会历史条件下的生产力水平、社会关系性质及个人的社会角色地位决定。

④发展性。社会历史条件的发展变化，会引起需要的内容范围以及满足方式的相应变化，人类需要不会停留在同一个水平上。随社会经济的发展，人的需要不断被满足后又产生新的需要，从而推动了人们不断寻求新的满足的方式和手段。

马克思认为，劳动力价值包括生存资料、发展资料和享受资料三部分。三种资料是需要的三种表现。劳动力价值的构成，可以反映出需要的多样性和结构性。劳动力价值的三个方面，在不同时期，每一需要的强度是不同的，它受社会与经济的发展水平制约。在社会经济发展落后时，生存资料的需要占主导地位；当社会经济发展相对发达时，发展和享受资料占主导地位。因此，劳动力价值也体现了社会制约性和发展性的特征。

(2)需要是个人的一种主观状态

需要是在内外条件的作用下产生、并为自己所感受和体验到的一种内心状态。从主观状态上，需要的特征表现为：

①对象性。需要总是表现在对具体事物的需求或追求。

②紧张性。需要使人感到某种欠缺，在希望需要得到满足而又未得到满足的过程中，常会体验到一种特有的紧张、不适感或无法实现的苦恼感等。

③驱动性。需要一旦出现，会成为一种支配行为去寻求满足的力量，推动人去从事某种活动，并使人保持这种行为，直到需要得到满足。

④起伏性。已经形成的需要一般不会消失，它作为一种实际上起作用的力量总是断断续续的，时而呈现活跃的动态，时而转入潜伏的静态。

例如，人对爱的需要，这是人最根本的需要表现之一。当一位小伙子到了一定的年龄，便会产生对姑娘的爱的需要。这种需要作用在具体的某个人身上，形成对具体人的爱慕。这时，他心里就会产生想和她在一起的愿望。可见到她或真和她在一起时，又心慌、脸红。想对她表达自己爱意，又怕对方拒绝。这些心理活动达到一定的程度，他最终受爱的需要的驱动，鼓足勇气向她表达了他对她的爱。如果他努力地使自己的心理平静下来，暂时没有表达，但随时间的发展，可能对她的爱还会活跃起来。从这些方面，可以说明需要的主观状态特征。

2. 需要的运动过程

人的需要是一个周而复始、循环往复的运动过程，这是人的动机和行为的一个客观规律。需要的运动过程如图 2-5 所示。

3. 需要的分类

人们的需要是多方面的，大致可分为以下三类：

(1)从人们需要的性质划分

需要可以分为生理需要和心理需要。

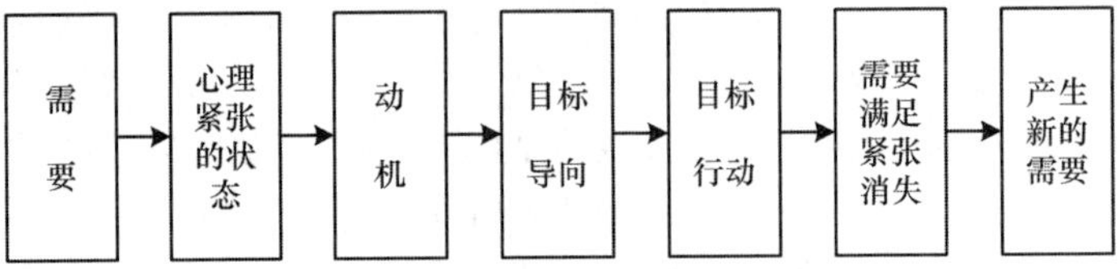

图 2-5　需要的运动过程

①生理需要，也称为物质需要，包括衣、食、住、行、安全等方面。这是人类生活的基本需要，是推动行为的强有力动力。

②心理需要，也称为精神需要，是除生理需要之外的其他需要部分，包括文化、成就、地位、归属等方面。

需要构成激发人行为的动机，是支配人行为的最有普遍意义的原因。

(2)从人们对需要的迫切程度划分

需要可以分为远期的间接需要和近期的直接需要。

①远期的间接需要是指那些比较概括的、抽象的、总体方面的需要，它常以理想、志向等形式表现出来。这种需要是促使行为比较持久的、稳定的动力，使人有明确的方向和目标。

②近期的直接需要是随远期的间接需要而产生的一系列具体的需要，这种需要是促使人行动的直接动力。

(3)从人们需要的范围划分

需要可以分为社会成员个体需要和社会成员共同需要。

社会成员的个体需要和共同需要之间表现为一致性和矛盾性，这种关系可划分为以下四种情况：

①社会需要和个体需要是一致的。一致的结果，使社会和个人融为一体，相互之间的关系比较容易处理。

②社会需要和个体需要之间部分一致，部分不一致。例如，遵守交通规则，它与个人安全的需要是一致的，但又与个人绝对自由的需要对立。这就要求通过各种外部控制，使一致部分处于需要结构中的主要地位，不一致部分处于次要地位，也能够使人较快地接受。

③个体需要与社会需要没有直接的联系。但事物是普遍联系的，通过分析，可将间接的联系转变为直接的影响，使人接受。

④个体需要与社会需要相冲突。冲突的核心是把个人的需要放在了突出的位置。由于人是生活在人群之中的，个体的需要应服从社会需要的总趋势，否则，他就不能被与他共同生活的人群接受。

4. 需要层次理论

美国心理学家马斯洛(A. Maslow)在 1943 年提出“需要层次理论”。

(1)需要层次理论的基本内容

需要层次理论把人的需要归纳为五个等级,如图 2-6 所示。

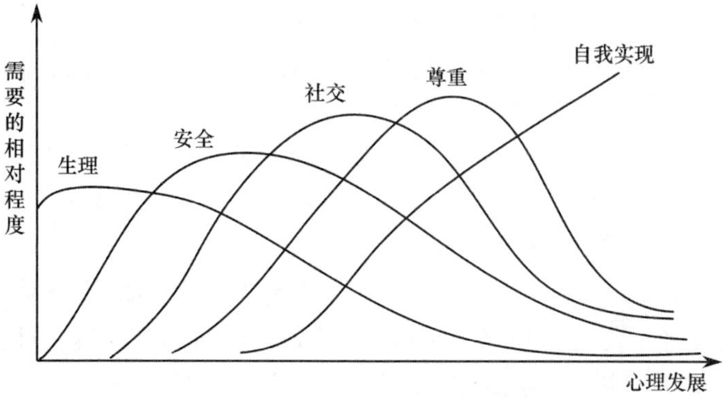

图 2-6 需求层次相关图

①生理需要。这是人类最原始、最基本的需要,包括饥、渴、冷、热等生理机能的需要,这些需要如不能得到满足,人类的生存就成了问题。

②安全需要。它可划分为两方面:一是生活中的安全需要,如生病、事故等;二是工作中的安全,如失业、职业疾病等。

③社交需要。它含有两个方面:一是爱的需要,人是希望伙伴之间、同事之间的关系融洽或保持友谊和忠诚,希望爱别人,也渴望得到别人的爱;二是归属的需要,人要有归属感,这是一种要求归属于一个群体的感情,希望成为其中的一员而可以相互关心和照顾。社交需要与个人的生理特征、经历、教育、宗教信仰有关系。

④尊重需要。人希望自己有稳定的地位,有对名利的欲望,要求个人能力、成就得到社会的承认。尊重需要可划分为两个方面:一是内部尊重,即希望在各种情境中,自己有实力,充满信心,能胜任工作,能独立自主,有自尊心;二是外部尊重,即人希望有地位,有威望,受别人的尊重、信赖以及高度评价。尊重需要得到满足,能使人充满信心,对社会满腔热情,体会到自己生活在世界上的用处和价值;尊重需要一旦受到挫折,就会使人产生自卑感、软弱感、无能感,使人失去生活的基本信心。

⑤自我实现的需要。自我实现的需要是指实现个人理想、抱负,将个人能力发挥到极限的需要。为满足自我实现需要采取的途径是因人而异的,有人想成为科学家,有人想当好教师,有人希望成为一个理想的母亲。

(2)马斯洛的观点

马斯洛认为:

①上述五种需要是按次序逐级上升的,当下一级的需要获得满足后,追求上一级需要就成

了驱动行为的动力。但这种需要层次逐级上升的过程中，并不是遵照“全有”或“全无”的规律，而是某种需要部分地得到满足。

②五种基本需要又分为高、低两种，生理需要、安全需要、社交需要属于低级需要，这些需要通过外部条件得到满足。尊重需要、自我实现需要是高级需要，通过内部因素使人得到满足，而且是永远不会得到完全满足的。

③五种需要既不一定是有意识的，也不一定是无意识的，一般情况下，是无意识的。对个体来讲，无意识的动机比有意识的动机更重要。但对于具有丰富经验的人而言，通过适当的技巧，可以把无意识的需要转化为有意识的需要。

④大多数人的需要层次是一个固定的系列，但因为人与人之间的个别差异，也存在例外：有些人把自尊看得比爱重要，这种人自高自大，想突出自己；具有天赋创造性的人，其创造性的驱动力似乎比其他相对的决定因素更重要；有些人的抱负水平可能永远压抑或低下，其需要停留在低层次上；病态人格的人可能永远失去“爱”的需要；有些某种需要长期得到满足的人，他们反而会对这种需要的价值估计不足；有些人受到许多其他因素的影响，不按自己的需要和愿望行事；有理想、有崇高社会标准的人，为了追求真理、实现理想，可能牺牲个人的一切。

⑤层次需要论的核心是自我实现，把优势需要上升为自我实现的人称为有理想的人。有理想的人往往表现出坚强的意志、百折不挠的决心。得到自我实现的人，他们的行为必须获得社会的承认，才能体现出行为的价值。因此，追求自我实现的人，他们的行为取向往往是和社会发展相一致的。

小故事：工作也是一种需要

有一个人死后，在去阎罗殿的路上，遇见一座金碧辉煌的宫殿。宫殿的主人请求他留下来居住。这个人说：“我在人世间辛辛苦苦地忙碌了一辈子，现在只想吃、想睡，我讨厌工作。”宫殿主人答道：“若是这样，那么世界上再也没有比这里更适宜居住的了。我这里有山珍海味，你想吃什么就吃什么，不会有人来阻止你。而且，我保证没有任何事情需要你做。”于是，这个人就住了下来。

开始的一段日子，这个人吃了睡，睡了吃，感到非常快乐。渐渐地，他觉得有点寂寞和空虚，于是去见宫殿主人，抱怨道：“这种每天吃吃睡睡的日子过久了也没有意思。我对这种生活已经提不起一点兴趣了。你能否为我找一个工作？”宫殿的主人答道：“对不起，我们这里从来就不曾有过工作。”

又过了几个月，这个人实在忍不住了，又去见宫殿的主人：“这种日子我实在受不了。如果你不给我工作，我宁愿去下地狱，也不要再住在这里了。”宫殿的主人轻蔑地笑了：“你认为这里是天堂吗？这里本来就是地狱啊！”

(3)层次需要理论的意义

①需要是一个从低级向高级发展的过程,这一过程的一般趋势在某种程度上是符合人类需要发展的一般规律的。例如,一个人从出生到成年,其需要的发展基本上是按马斯洛提出的需要层次进行的。

②需要层次理论指出了在每一时期都有一种需要占主导地位,而其他需要处于从属地位,这对人的管理具有启发作用。在管理的过程中,有重点地满足人心理处于主导地位的需要,会调动人工作的积极性,提高管理工作的效率。

③马斯洛的层次需要论对于人需要的分类比较全面、细致,基本包含了其他各种分类方法所划分的类型,因此受到普遍的重视。

5. 人的欲望

欲望是尚未得到满足而又强烈要求获得满足的一种需要。形成欲望的基本条件有两个:一是缺乏,有不足之感;二是期待,有求足之感。

(1)欲望的种类

欲望的种类有很多,与需要的种类基本相似,只是表现程度上存在差异。欲望大体上划分为:

①以属性划分:有形的欲望(以物质可以满足)和无形的欲望(以精神可以满足)。

②以时效划分:现在的欲望和将来的欲望。

③以弹性划分:弹性小的欲望(如生存必需的食欲)和弹性大的欲望(如奢侈欲,它不影响生存)。

④以个体需要分:生存欲望、发展欲望、荣誉欲望、舒服欲望等。

(2)欲望的特性

在欲望的形成和发展中,存在以下特征表现:

①欲望的无限性。随着生产的发展和科学的进步,人们的物质生活和精神生活的不断提高,人的欲望也没有止境。它是推动科学的发展和人类进步的一个重要动力。

②欲望的关联性。欲望不是独立的,而是相关联的,欲望之间存在密切的联系。

③欲望的反复性。欲望的反复性就是一种欲望满足后还会再产生。

④欲望的竞争性。两种或两种以上的欲望可能同时或先后产生,在竞争过程中,较有力的欲望代替其他欲望,或被迫使其他欲望趋于消失。

(二)人的动机

1. 动机的含义

动机是指引起个人行为,维持该行为,并将此行为导向某一目标,使个人需要满足的过程。例如,人在饥饿时便会开始寻找食物,直到寻找到食物,吃饱,行为才停止。

动机是促使人产生行为的原因,而动机的主要来源有两个方面:一是内在条件,即需要;二是外在条件,即刺激。行为是内在和外在条件相互影响的结果,会因时、因地、因情景及其个人内部的身心状况不同,而呈不同的表现。

需要引发动机,动机产生行为,行为的结果达到目标,四者之间的关系如图 2-7 所示。

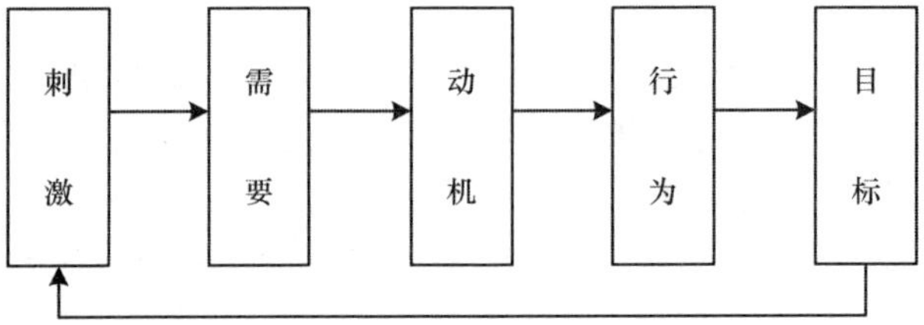

图 2-7　需要的运动过程

有的心理学家认为,从人的行为的产生来看,需要与动机,欲望与驱动力在某种程度上是同义词,而可以互换替代使用。

2. 动机的分类

动机是在需要的基础上产生的,需要的性质不同,引起的动机也不同。

根据动机的性质,人的动机可分为生理性动机和社会性动机。生理性动机以人机体自身的生理需要为基础;社会性动机以人的社会文化生活的需要为基础。

根据学习在动机形成和发展中所起的作用,可划分为原始的动机与习得的动机。原始的动机是与生俱来的,以人的本能需要为基础;习得的动机是后天获得的各种动机,是经过学习产生和发展起来的。

根据动机的意识水平,可划分为有意识的动机与无意识的动机。人的动机有一部分处在意识的水平上,人能意识到自己的行为动机是什么,也能意识到自己的行为在追求什么样的目标。

由于旅客运输心理学研究的对象是旅客和客运服务人员的心理活动和行为规律,根据动机的性质而划分的生活动机和社会动机成为旅客运输心理学对动机研究的重点。

(1)生理性动机

生理性动机的主要形式:

①饥饿。这是由于体内缺乏食物或营养引起的一种生理不平衡状态,表现为一定程度的紧张不安,甚至是饿的折磨和苦楚,从而形成个体内在的紧张压力,并使个体产生求食的渴望和展开觅食的活动。

②渴。由于体内水分不足而引起的一种生理不平衡状态,它能推动个体产生找水的活动。与饥饿相比较,渴更具有强的驱动力,一个人可以几天不吃食物,但不能几天不饮水。

③睡眠。由于机体疲劳产生睡眠的需要而引起的动机,它使个体由活动状态趋于休息

状态，这和其他动机总是推动机体趋向活动是不同的。实践证明，如果一个人的睡眠被剥夺几天，他就不能忍受，甚至出现精神错乱现象。睡眠与疲劳有关，越是疲劳越需要睡眠休息。

(2)社会性动机

社会性动机的主要表现：

①兴趣。兴趣是人们探究某种事物或从事某种活动的心理倾向，以认识或探索外界事物的需要为基础，是推动人们认识事物、探求真理的重要动机。人对有兴趣的事物表现出极大的积极性，会有力地推动行为。

兴趣的最高境界是达到"迷"的程度。目前社会上有很多的"迷"，如歌迷、影迷、球迷、集邮迷等等，不胜枚举。要成为一个"迷"，他有两个主要的特征表现，一是"累"，而他又不怕累。如球迷可以忍受累、渴、饿等，但不能错过一场球赛。二是"精"，是"迷"有所精。球迷能够说出各个球队的队员、教练，某两个球队在某时、某地的对阵人员，比分的多少，球是何时踢进的，由谁踢进的。这些方面对非球迷而言，简直是天方夜谭的事。如有人在客运服务中能达到"迷"的程度，他有什么做不好的呢？"迷"的基础是有兴趣，喜欢。因此，应加强对客运服务人员职业爱好的培养和训练。

②交往动机。交往动机是在交往需要的基础上发展起来的。当这种动机促使人们满足交往需要时，人们会感到安全，有依靠，增强生活和活动的勇气；相反，人们会感到孤独、寂寞而产生焦虑和痛苦。

交往动机反映了劳动和人类社会生活的要求，人要劳动，要参加社会生活，就必须与别人交往。如果没有交往，人类的社会生活就要解体，与自然的斗争也就会软弱无力。

③成就动机。人希望从事对自己有意义的活动，并在活动中取得完满的结果。成就动机的强弱影响成绩的大小，成就动机强的人往往会取得较大的成绩。成就动机的强弱影响人们对职业的选择，成就动机弱的人，愿意选择风险小，独立决策少的职业，而成就动机强的人，喜欢担任富于开创性的工作，并在工作中敢于自己决策。

人的成就动机是在生活环境的影响下产生的，其中家庭的特征与生活方式对个体成就动机的发展有重要意义。

人的成就动机推动人们去争取一定的社会地位、政治地位，在团体中受到尊重，享受权利与履行义务等，因而它和交往动机有着密切的联系。

④劳动动机。劳动需要引起劳动的动机，它推动人们去使用与制造工具，从事创造物质财富和精神财富的活动。劳动是一种基本的社会实践，人们通过劳动与其他人相互交往，结成一定的关系，并实现自己所设立、所追求的目标。因此，在一定意义上，离开劳动动机，人的成就动机和交往动机都不可能获得完善、和谐的发展。

小故事：孩子在为谁而玩

一群孩子在一位老人家门前嬉闹，叫声连天。几天过去，老人难以忍受。于是，他出来给了每个孩子25美分，对他们说："你们让这儿变得很热闹，我觉得自己年轻了不少，这点钱表示谢意。"孩子们很高兴，第二天仍然来了，一如既往地嬉闹。老人再出来，给了每个孩子15美分。他解释说，自己没有收入，只能少给一些。15美分也还可以吧，孩子仍然兴高采烈地走了。第三天，老人只给了每个孩子5美分。孩子们勃然大怒，"一天才5美分，知不知道我们多辛苦！"他们向老人发誓，他们再也不会为他玩了！

人的动机分两种：内部动机和外部动机。如果按照内部动机去行动，我们就是自己的主人。如果驱使我们的是外部动机，我们就会被外部因素所左右，成为它的奴隶。

在这个故事中，老人的算计很简单，他将孩子们的内部动机"为自己快乐而玩"变成了外部动机"为得到美分而玩"，而他操纵着美分这个外部因素，所以也操纵了孩子们的行为。

3. 动机的影响因素

对个人动机模式具有决定影响作用的因素，有以下三种：

(1)嗜好和兴趣

如果同时有几种不同的目标，同样可以满足个人的某种需要，则个人在生活过程中养成的嗜好和兴趣，会明显影响和导向他选择那一个目标。例如，同样为了解决渴的需要，有人喜欢喝茶，有人喜欢饮白开水。

(2)价值观

价值观的最终点是理想，它与兴趣有关，但价值观强调生活的方式和目标，牵涉到更广泛、更长期的行为。例如，有人以追求真理为目标，将自己的行为融合在社会发展的大趋势中，努力通过自己的行为影响社会的发展；有人则重视物质享受，对其他方面不管不问。

(3)抱负水平

抱负水平是指一种想将自己的工作做到某种质量标准的心理需求，一个人的嗜好和价值观决定行为的方向，抱负水平则决定行为达到的程度。个人抱负水平的高低，基于以下三个因素：

①个人的成就动机，遇事想做、想做好、想胜过他人。

②过去的成败经验，与个人的能力及判断力有关，过去从事某事经常成功，自然就提高抱

负水平。

③第三者的影响，如父母、教师、朋友、领导的希望或整个社会气氛指向较高目标，则个人的抱负水平自然也随之提高。有时，父母教育子女，提高他们的抱负水平时，会感到教育乏力。这时父母就该看看自己教育的方法是否符合影响抱负水平的因素表现。在客运服务部门内，也应从影响抱负水平的因素入手，提高教育的力度。

（三）人的兴趣

1. 兴趣的概念

兴趣是人们探究某种事物或从事某种活动的心理倾向，它以认识或探究外界的需要为基础，是推动人们认识事物、探究真理的重要动机。

兴趣是人认识需要的心理表现，它使人对某些事物优先给予注意，并带有积极的情绪色彩。例如，对足球感兴趣的人，总是对足球赛事以及足球明星的刊物、消息等优先加以注意；对音乐感兴趣的人，总是对乐器以及有关音乐的书籍、刊物等优先加以注意，甚至报纸上有关音乐的报道，别人议论有关音乐的事，对他都有很大的吸引力，并总是以积极情绪去探究领会和掌握它。

当兴趣不是指向认识的对象，而是指向某种活动时，这种动机叫爱好，如对体育活动、书法活动的爱好等。兴趣与爱好是和人的积极情绪体验联系在一起的。当人们兴趣盎然地进行某种活动、获得某种认识时，他们常常体验到快慰和满意等积极情绪。

人的兴趣在个体发育中出现得很早，它最初表现为个体对环境的探究活动。婴儿出生后，对环境中出现的新事物，即有惊奇和兴奋的反应。年龄稍大的儿童对新玩具，一般表现为注视、抚摩、摇晃、敲打甚至毁坏等。正是在个体生命早期具有的定向探究活动的基础上，才逐渐形成了人对事物和活动的兴趣和爱好。

2. 兴趣的品质

兴趣的品质主要包括以下几个方面：

(1)兴趣的倾向性

兴趣的倾向性指人的兴趣总是指向一定的事物。有的人对自然科学感兴趣，有的人对社会科学感兴趣，这就是人与人之间兴趣的倾向性不同。兴趣的倾向性不是天生的，其差异性主要是由于人后天的生活实践不同造成的。

(2)兴趣的广阔性

兴趣的广阔性指的是兴趣的广泛程度。如果一个人拥有广泛的兴趣，那么他的生活一定会丰富多彩，并且他本人也会拥有渊博的知识。例如，我国汉代杰出的科学家张衡，正是由于他本人有着广泛的兴趣，才使他不仅在天文学、地理学、数学、机械学方面有所成就，而且他在文学和绘画方面也很有造诣。他的文学作品在文学史上占有重要地位，同时他又是东汉六大画家之一。相反，如果一个人兴趣狭窄，就难免会知识贫乏、目光短浅、生活单调。但如果一个人的兴趣仅仅是广泛而无中心的话，则可能使其一无所长。

(3)兴趣的稳定性

兴趣的稳定性是指兴趣保持在某一或某些对象时间上的久暂性。有的人对事物的兴趣能够长时间保持稳定，可以做到数年乃至数十年如一日，不懈地努力和追求，最终取得成就。例如，居里夫人曾经说过："我的生活是不能离开实验室的。"达尔文也说过："我一生的主要乐趣和唯一植物就是科学工作。"与此相反，有的人则缺乏稳定的兴趣，做起事来半途而废、见异思迁，这种人很难在工作和学习中做出成绩。

(4)兴趣的效能性

兴趣的效能性是指兴趣推动认识深化过程所起的作用。有的人的兴趣只停留在消极的感知水平上，喜欢听听音乐、看看绘画便感到满足，没有进一步表现出认识的积极性，去理解它，掌握它；有的人的兴趣积极主动，表现出力求认识它、掌握它。因此，后者的兴趣效能高于前者。

3. 兴趣的分类

人类的兴趣是多种多样的，可以用不同标准对它们进行分类。

(1)根据兴趣的内容划分为物质兴趣和精神兴趣

物质兴趣表现为对食物、衣服和舒适的生活等的兴趣。对个人的物质兴趣必须加以正确指导和适当控制，否则会发展成畸形的、带有贪婪的形式。

精神兴趣主要指认识的兴趣，如对学习和哲学研究、文学、数学等的兴趣。

(2)根据兴趣所指向的目标划分为直接兴趣和间接兴趣

直接兴趣是指对活动本身的兴趣。例如，对学习过程本身的兴趣，对劳动过程本身的兴趣。

间接兴趣是指对活动过程结果的兴趣。例如，对通过学习取得职业的兴趣，对工作后的报酬的兴趣。

直接兴趣和间接兴趣在生活中都是不可缺少的。如果没有直接兴趣的支持，活动将变得枯燥无味，没有间接兴趣的支持，活动便不可能长久地持续下去，只有直接兴趣和间接兴趣正确地结合，才能充分发挥一个的积极性。

(四)人的期望

1. 期望的含义

期望是指一个人根据以往的经验，在一定时间内希望达到的目标或满足的需要的一种心理活动。这种心理活动的产生和形成是有条件的，它的变化有一定规律。

2. 期望心理的产生

人的需要是多种多样的，由于主、客观条件的限制，人的某种需要并不能一下子获得满足。但是，人的需要也不会因一时得不到满足就消失。在社会生活中，当人看到可以满足自己的目标时，就会受需要的驱动在心中产生一种期望。这时的期望处于萌芽状态，当根据自己以往的经验对达到目标的可能性进行一番分析判断后，期望才能正式形成（或否定取消）。期望的心理形成过程如图 2-8 所示。

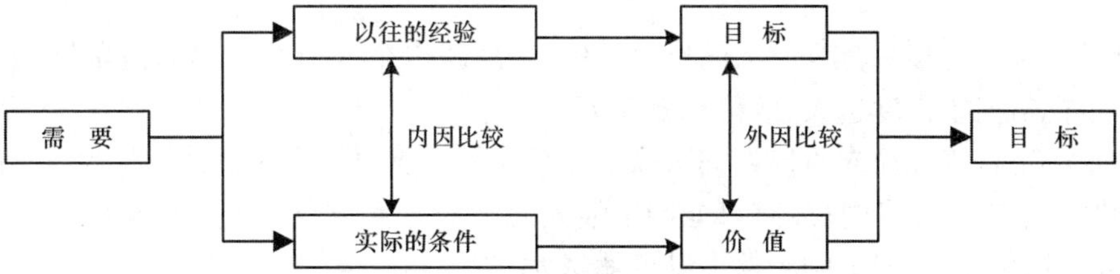

图 2-8　期望的心理形成过程

在人的期望的产生和形成过程中，一般都与目标、目标价值及可行性比较相联系。目标及目标价值是促使人们产生期望心理的外在因素；可行性比较，即个人能力及经验与达到目标所需的条件比较，是形成期望心理的内在因素。当外因通过内因起作用，出现能力及经验接近或大于客观要求时，人的期望心理便会产生和形成。

3. 期望的心理特征

期望心理一旦形成，不仅带有普通心理特征，还有着区别于其他心理现象的特征。

（1）表现为一定的期望概率

这个概率值是人的经验与能力的总和，但期望概率的大小并不同经验的多少成正比，一般说，经验丰富或比较成熟的人的期望概率主要表现在准确上。例如，新领导上任，人们对他有不同程度的期望。首先是根据自己以往的经验和印象，对他进行一番分析；其次把他的能力与解决现存问题所需要的能力加以比较、判断；然后人们根据各自不同的结论表现出对新领导不同的期望值。有的人期望值高，有的人期望值低。

（2）表现为一定的行为动力

期望心理是人的行为表现的内在动力之一，当期望成功的概率较高，成功后满足需要的价值大时，驱使行为表现的动力就愈大；反之，则小。

（3）期望心理随客观环境及目标的变化而变化

当客观环境发生了变化，会影响到人对期望概率的确定，目标价值的认证；会改变人的行为动力。如出现了新的目标，该目标比原有的目标更具有价值和高的期望概率，人的行为则表现为对新目标的追求上。

4. 期望理论

期望理论是美国心理学家弗鲁姆在 1964 年出版的《工作与激励》中提出的。他认为，人们采取某种行为的动力或激励力量取决于他对行动结果的价值评价和预期实现目标可能性的估计。当人们有需要，又有达到目标的可能性时，积极性才能高。激励水平取决于期望值和效价的乘积。

激励水平＝期望值×效价

期望值是个人对某一行为导致特定结果的可能性或概率的估计与判断，这种主观概率受个人的个性、情感、动机的影响，因而人们对这种可能性的估计不一样，有人趋于保守，有人趋于冒险。

效价是指个人对某一行为结果的价值评价，它反映着个人对某一结果或奖励的重视与渴望程度。重视与渴望程度越大，效价也就越大。

激励水平是直接推动或驱使人们采取某一行动的内驱力。当人对某一行为成果的效价和期望值同时处于较高水平时，才有可能产生强大的激励力量。当一个人对某项工作的期望值越大，效价也越大时，所产生的激发力量也就越大。

（五）人的挫折

1．挫折的含义

需要产生动机，动机引导人的行为指向目标。但这种指向目标的行为，由于受到社会、政治、经济的制约，并不是任何时候都能够达到目标的。在行为的过程中，受到阻碍而达不到目标的情况是常有的。挫折是当个人从事有目的的活动时，在环境中出现阻碍或干扰，使其动机不能获得满足时的情绪状态。

一般动机产生后，可能遇到的结果有：

（1）动机能够轻易获得满足，无需特别的努力即可达到目标。

（2）动机可能受到阻碍或延迟，但此过程给予个人许多解决问题的机会，人们经过对问题的解决而最终能达到目标。

（3）当一种动机行为正在进行时，突然有一个较大的动机出现，个人可能先满足后一个动机而暂时放弃前一个动机。

（4）实施动机的行为受到严重干扰或阻碍，个人无法达到目标而受到挫折，这时的心理表现为沮丧、失意，产生了挫折感。

挫折有弊也有利。从利的一面看，它引导个人的认识产生创造性的变迁，助人增长解决问题的能力，引导人们以更好的方法去满足欲望。弊的一面是，如果挫折太大，可能使人们心理痛苦、情绪骚乱、行为偏差，甚至引起种种疾病。

一个人遇到阻碍时，会产生对抗行为倾向，企图通过各种尝试行为，努力克服这种阻碍，如图 2-9 所示。第 1 种、第 2 种尝试没有成功，第 3 种尝试得到成功。

2．挫折的产生

（1）产生挫折的一般原因

阻碍达到目标的挫折情况，一般可划分为两类：

①外在因素。外在因素包括个人无法克服的自然因素的限制，以及在社会生活中所遭遇到的政治、经济、道德、宗教、风俗习惯等人为因素的限制。

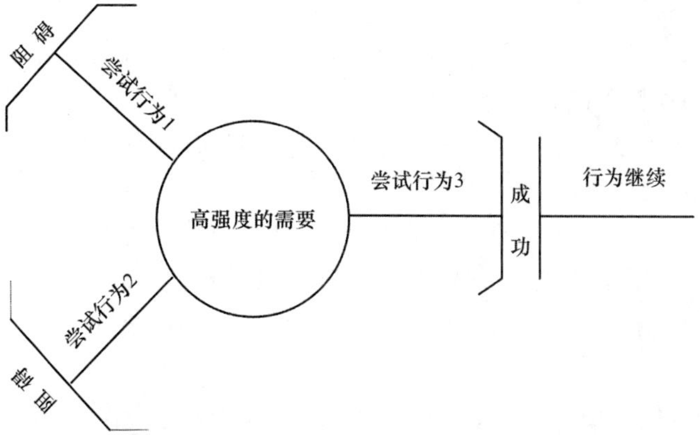

图 2-9　尝试行为满足或受阻碍

②内在因素。内在因素包括个人具有的智力、能力、容貌、身材及生理上的缺陷所带来的限制，以及个人在日常生活中，经常同时产生两个或两个以上相互排斥或对立的动机而无法同时满足所产生的限制。

内在因素对人的影响受外在因素的制约，通过外在因素的改变，可以消除因内在因素而产生的挫折。同时，内在因素能够相互调和、转化，有利于挫折的消除。

小故事：从关注身高到重视其他

在我小的时候，与同龄人相比，我总是矮很多。可我并没有感觉矮有什么缺点。当年龄增长到一定程度时，我意识到了身高不足的缺点，被人称为"三等残废"，我感到很自卑。再随年龄的增长，我消除了因身材矮小而产生的自卑心理。这种自卑心理的产生，是受社会因素影响的结果。而自卑心理的消失，则是内在因素加强作用促使心理转化的结果。因为，在处于重视身高的年龄，自己没有什么可以骄傲的东西，所以只能按照别人的安排，重视身高，与人比身高。由于年龄的增长，知识和经验增加，慢慢地意识到自己拥有别人没有的其他方面的优势，而且这些方面又正是社会所积极倡导的。我虽身材矮，但我拥有知识和能力，可以解决他人不能解决的问题。在身高方面，我是"三等残废"，但在其他方面，我却是一个巨人。我产生了新的意识：为什么要比身高而不用我的优势去与他人比呢？这样，由对身高的重视转变为对知识和能力的重视，也就消除了因身高问题而产生的挫折。

(2)产生挫折的组织原因

①组织管理方式。组织与管理环境不良,阻碍了个人需求与人格的发展,如组织内的不正之风,低的办事效率和拖沓的办事作风。

②组织内的人群关系。在不好的或过分强调竞争的人群内,会造成紧张的气氛,使人缺乏信赖,产生不满情绪。

③工作性质。工作对人的心理有两种重要的意义:一是能表现出个人的才能与价值,获得自我实现的满足;二是能使个人在群体中表现自己,以提高个人的社会地位。如果工作的性质不适合个人的兴趣及能力,则成为心理上的负担,分权的不当,大材小用或小材大用,都将构成工作人员的挫折。

④工作环境。工作场地的通风、照明、噪声、安全设施及卫生设备等,如不理想,直接影响职工的身体健康,也引起情绪上的不满,容易引起挫折。

⑤其他。如工作与休息时间安排不适当,偏低的工资,不公平的晋升制度等,都会影响职工的情绪。

(3)对挫折的容忍力

挫折的容忍力是受到挫折时避免行为失常的能力。挫折容忍力的高低,受下面因素影响:

①生理条件。一个身体健康,发育正常的人,对生理需要的容忍力比一个有疾病,生理存在缺陷的人高。

②过去的经验和学习。挫折的容忍力与个人的习惯或态度一样,可以通过学习而获得。因此,增加实践经历和阅历,可以提高对挫折的容忍力。

③对挫折的知觉判断。由于个人对世界认识的不同,即使客观的挫折情况相同,个人对此感到的威胁也不同,因此对每个人所构成的打击或压力也不同。

3. 挫折行为

人们受到挫折时会产生各种行为,一般表现为:

(1)情绪上的反应

①愤怒的攻击。愤怒的攻击包括两方面:一是直接攻击,即对构成挫折的人或物直接攻击;二是间接攻击,表现在责备自己,或把愤怒的情绪发泄在其他的人或物上。

②不安。不安表现在情绪上,出现不稳定、忧虑、焦急的现象。

③冷淡。将愤怒的情绪压抑下去,在表面上表现一种冷淡,无动于衷的态度,失去了喜怒哀乐的表情。

④退化。当人受到挫折时,其行为的表现比其年龄应有表现显得幼稚。如一个人在遇到挫折时,失去控制,像小孩一样哭闹。

(2)防卫的方式

个人为了减轻或避免挫折可能带来的不愉快与苦恼,在生活经验中学会某些适应挫折情况的方式，在性质上是防卫性的。

①合理化作用。当人遇到挫折时，给自己找出适当理由来解释，以此说服自己，感到心安理得。

②逃避作用。个人不敢面对挫折情境，而逃避到较安全的地方，包括逃向另一个现实、逃向幻想世界、逃向生理疾病等。

③压抑作用。将可能引起挫折的欲望以及与此有关的感情、思想等抑制而不承认其存在，将其排除于意识之外。

④代替作用。个人对某一对象所抱持的动机、感情与态度，若不为社会所接受，会将此种感情与态度转向其他对象以取代之。

⑤表同作用。个人为了迎合能够使其需要得到满足的人的要求，在思想及行为上模仿他们，将自己与他们视为一体，照着他们的希望行动，如此可以减轻挫折。

⑥投射作用。对一些自己不愿承认的，或者因为承认之后会引起内心的不安及厌恶感的动机，无意识中把它及与此有关的态度、习性等排除于本身之外，加到别人或物体上。例如，一个对别人抱有成见的人，却常常说别人对他有成见。

⑦反向作用。为了防止某些自认为不好的动机呈现于外表行为，常采取与动机相反方向的行动，抑制内心的某些动机。例如，过分的亲热和屈从，背后可能隐藏憎恶与反抗的动机。

(3)环境的不良适应

个人的思想、性格、行为习惯与其生活环境中所要求的社会规范、道德标准、价值观念等相符合时即为良好的适应，不相符合时为不良好的适应。不良好的适应使人产生挫折，主要表现在：

①攻击。对领导进行恶意的批评和制造谣言、发牢骚、出怨言，对同事采取不友善的态度等。发生这种问题，应追究原因，采取建设性对策，予以惩罚及加强控制不能解决问题。

②退化。对某一人物及组织的盲目性效忠，情绪缺乏控制，易受谣言影响，不能明辨是非，这要求对其进行判断力和自信心的培养和训练。

③固执。盲目排斥革新，不接受别人的建议，故步自封，明知方法无效，还一再的重复，对这种表现的人，需要让他认清形势和社会的发展趋势，开阔视野。

④冷漠。因需要长期得不到满足时所表现的因循苟且，得过且过，对任何事皆消极不感兴趣，自暴自弃等现象。

4. 避免挫折的措施

(1)对于因一般原因而产生的挫折，采取转移注意力的方法。

(2)因组织环境因素引起的挫折，需要改进组织环境，使其健康发展。

(3)提高对挫折的容忍力，增长知识、经验和生活阅历，都可以提高对挫折的容忍力。

在历史的长河中，人不过是沧海一粟。内外环境的一切因素，在其不能满足自己的需要而自己又无法使其改变时，人便容易产生挫折。面对挫折，人应该学会应付挫折的方法，以减轻自己生活的负担，使自己生活过得愉快、轻松。人毕竟要走很长的路，又何必为自己徒增烦恼呢？人生活在期望中，对未来的事物怀有期望。因有期望往往容易产生挫折，期望越大，越容易产生挫折。但人是在期望和挫折中不断进步的。

小故事：潘多拉的匣子

上帝创造了人。人类非常感激上帝创造自己的恩情，每年都虔诚地用自己一年内的最好的收获来祭奠上帝。有那么一年，上帝感到人类的祭奠不像从前那样虔诚和丰厚了，他便想给人类一个惩罚。他命令爱神创造了一个女人，名叫潘多拉。命令工艺之神制造了一个铁匣子。当爱神领着手捧铁匣子的潘多拉来到众神面前的时候，众神因潘多拉的美丽而震惊了，有的神流露出贪婪之心，有的神流露出嫉妒之心。上帝让每位神送一件礼物给人类，放在潘多拉手捧的铁匣子中，由潘多拉带到人间。爱神首先将一份礼物放进去，然后领着潘多拉走过每位神的面前，接受众神的礼物。爱神将潘多拉及装满神送给人类的礼物的铁匣子带到人间，临别时反复叮嘱潘多拉，不要打开铁匣子。潘多拉在人间生活了一段时间后，终于忍不住铁匣子的诱惑，将它打开。于是从铁匣子中迅速地飞出众神送给人类的礼物，那是贪婪、疾病、瘟疫、灾难、战争。最后，从铁匣子慢慢地飘出爱神的礼物，那是希望。这样，人类经历了无数的疾病、瘟疫、灾难、战争，但内心中一直满怀希望。人类经过疾病、瘟疫、灾难、战争的洗礼，满怀希望地重新走向和平、安宁和幸福。

（六）人性

1. 管理心理学的人性观

人性具有阶级属性和自然属性两方面的表现。哲学上所讲的人性主要是指人的一般本性和各个时代发生了变化的本性，是人类本性的最高概括。管理心理学讲的人性是指管理者对职工需要和劳动态度的看法，主要是从人的自然属性方面展开的。管理心理学认为人性的特点主要表现在以下几个方面：

（1）人有高度自我、自尊及求得生存的欲望。

（2）人是有智慧、有感情的动物。

（3）人受先天的遗传与后天环境的影响。

（4）人的欲望并不完全相同，同一欲望也有强弱的差别。

（5）人可能受到某种激励而要求上进，努力去实现某一目标或理想，甚至不惜牺牲自己的生命;也可能因为受到某种刺激而感到内心的空虚、情绪的不安,甚至感到人生毫无意义。

人有人的尊严与“自我”,这种自我的主要特征是渴望得到别人的尊敬。任何一种外界不良影响,都可能或多或少伤害一个人的自尊心。一旦自尊心受到伤害,就有可能进行反抗。这种反抗的行为即使不表现出来,也可能埋藏在心底,其结果可能形成情绪不安、工作消极、感到自卑或不合群,甚至导致有害的行为。

2. 人性的假设

从传统管理到现代管理,西方管理心理学家对人性做了四种假设:经济人、社会人、自我实现人、复杂人。

(1)经济人

传统管理思想认为,在企业内,人活动的主要目的是追求自身的利益,工作动机是为了获得经济报酬,泰勒称之为“经济人”。1957 年,美国心理学家麦格雷戈用“X 理论”这一名称归纳了经济人的假设,其要点是:

①大多数人生来懒惰,总想少干一点工作。

②一般人都没有什么雄心,不喜欢负责任,宁可被别人指挥。

③以自我为中心,对组织的目标不关心。

④人缺乏自制能力,容易受他人影响。

基于此,相应的管理观念认为,为了达到企业经营目的,追求生产的高效率,应将管理与作业分开,并运用严格的管理制度,也就是强制性的管理对人进行控制。

X 理论的管理特点是“胡萝卜”加“皮鞭”。“胡萝卜”的作用在于满足人的物质追求,保持行为动力;“皮鞭”的作用在于迫使人的行为与组织目标保持一致性。

(2)社会人

美国哈佛大学教授梅奥提出“社会人”的概念,其要点是:

①人的行为动机不只是追求金钱,而是人的全部社会需要。

②由于技术的发展及工作合理化的结果,使工作本身失去了乐趣和意义,使人们从工作上的社会关系去寻求乐趣和意义。

③与组织所给予的经济报酬相比,更加重视同事之间的社会影响力。

④工作效率随着上级能满足职工社会需求的程度而改变。

“社会人”的观点比“经济人”的观点,无疑是一个进步,它强调了人的社会性需求,突出了人际关系对个人行为的影响。相应于“社会人”假设的管理观念是:

①管理者除了应注意工作目标的完成外,更应该注意职工在各项工作过程中产生的各种需要,并设法给予满足。

②在控制激励工人工作积极性之前,应先了解他们对团体的归属感及对社会需求的满足程度。

③重视团体对个人的影响，建立团体的奖励制度，施行职工参与管理的民主管理机制，以满足职工的社会性需要与成就的需要，改变对职工的外部控制为工人的自我控制，使其为达到企业目标而努力工作。

(3)自我实现人

1957年，美国心理学家麦格雷戈提出“X理论”的同时提出“Y理论”用以概括“自我实现人”，它是对“社会人”的发展，其要点是：

①人的需要从低级向高级发展，低级需要满足后，追求高级的需要，自我实现是人的最高级需要。

②人们因工作而变得成熟，有独立、自主的倾向。

③人有自动、自发的能力，又能自制，外界的控制可能构成威胁，而不利于行为。

④个人目标与组织目标没有根本的冲突，有机会的情况下，它会自动地把个人目标与组织目标统一起来。

“Y理论”的管理要点是尽量把工作安排得富有意义，具有挑战性，使工人工作之后能引以为自豪，满足自尊。组织不用对工人进行激励，而是提供机会，由工人自我激励，而自然达到组织目标。

(4)复杂人

持“复杂人”人性假设观点的人认为，前三种对人性的假设都没有考虑人的个性，需求的差异性和客观环境对人的影响。“复杂人”的观点是：人不只是单纯的“经济人”，也不是完全的“社会人”，更不可能是纯粹的“自我实现人”，而应是因时、因地、因各种情况采取适当反映的“复杂人”。这被称为“超Y理论”，其要点是：

①人不但复杂，而且变动很大。

②人的需要与他所处的组织环境有关系，在不同的组织环境与时间、地点情况下，会有不同的需求。

③人是否愿意为组织目标作出贡献，决定于他自身需求状况以及他与组织之间的相互关系。

④人可以根据自己的需求、能力，而对不同的管理方式作出不同的反映，没有一套适合于任何人、任何时代的万能的管理方法。

与此相对应的管理理论即为“权变理论”。权变理论认为，管理实践按其本性就要求管理者在应用理论或方法时应考虑现实情况，要求管理者具有洞察人们个性差异的能力，能够随机应变地采取适当的管理方法。

二、个性心理特征

个性心理特征是指人们在生活过程中形成的某些稳固而经常出现的心理特征，包括气质、性格、能力等。

(一)个性的形成

1. 个性的特点

根据个性的定义,个性具有以下特点:

(1)独特性

每个人都有与别人不同的气质和能力,都有独特的性格与爱好。人与人之间存在个别差异。正如没有两片完全相同的树叶一样,世界上没有两个完全相同的人。

(2) 综合性

个性是一个人所有特点的综合反映,它包括一个人的能力、兴趣、气质、爱好以及性格方面的所有特点。

(3) 稳定性

个性是在一个人身上经常表现出来的比较稳定的特点,在一定的时间内保持相对不变。但个性的稳定性是相对的,一个人的个性一旦形成之后,随社会环境的变化和个人的发展,以及人与人之间关系的改变,也会有所改变,特别是年轻人的个性,具有很大的可塑性。

2. 影响个性形成的因素

一个人个性的形成,取决于两个因素:一是先天决定因素,即遗传因素;二是后天决定因素,即环境因素。遗传是个性形成和发展的前提和可能性,环境决定个性的发展方向和水平,特别是社会生活环境对个性形成的影响更为显著。一个人个性的形成与发展,是一个复杂的过程,主要是在社会实践中,经过长期的塑造而逐渐形成和发展的。

3. 环境对个性的影响

个性是在个体生理素质的基础上,在一定的历史条件下,通过社会实践活动形成和发展起来的。每个人生活在社会关系中,都要受到一定的社会生活环境的教育和影响,受到社会的制约。在社会关系中,主要的关系是生产关系,及由此决定的政治关系、法律、道德、艺术、科学、宗教关系等。人的个性是在社会关系的交往中逐步磨炼而形成的。

人对环境是能动的,在接受外界影响时表现出积极性和主动性。人在改造客观世界的同时改造自己的主观世界,改变自己的认识能力、气质、性格。

个性的形成和发展大致经历以下三个阶段:

(1)儿童时期

受父母、亲友的影响,大人是孩子的一面镜子,大人在孩子个性发展上打下的烙印,往往会影响他的一生。

(2)学生时期

受师长和同学的影响较深,使个性的发展按照一定的规范去实践。每个人的社会知识和自然知识主要是从学校开始一步步积累的。师长和同学对一个人个性的影响是与父母等同的，有时甚至比父母的影响还要明显。因此，加强学生时期个性的培养非常重要。

(3)走向社会

这是个性发展最复杂的阶段，一个人面对所有的社会关系，在处理各种关系时，个性也在不断地得到完善和改变。社会制度、政治形势、文化教育等，这些方面对个人个性的发展有着重要影响。

(二)人的气质

1. 关于气质

气质是人的个性心理特征之一，是指个人典型地表现于心理过程的强度、心理过程的速度和稳定性，以及心理活动的指向性特点等动力方面的特征。

(1)心理过程的强度是指情绪的强弱、意志努力的程度等。

(2)心理过程的速度和稳定性是指知觉的速度、思维的灵活程度、注意力集中时间的长短等。

(3)心理活动的指向性是指有的人倾向于外部事物，从外界获得新印象，有的人倾向于内部，经常体验自己的情绪，分析自己的思想和印象。

每一个人生来就具有一种气质。同有一种气质类型的人，常常在内容很不相同的活动中显示出相同性质的动力特点。一个人的气质特点不依活动的内容为转移，它使一个人的全部心理活动染上个人独特的色彩，表现出一个人生来就具有的自然属性。气质具有极大的稳定性，但在环境和教育的影响下，也会发生某些变化。

2. 气质的类型和特征

对气质的分类方法很多，比较常见的分类方法有以下四种：

(1)根据高级神经活动的强度、平衡性和灵活性等基本特征划分

高级神经活动划分为四种基本类型：不可抑制型、活泼型、安静型和弱型。四种基本类型对应四种气质见表 2-1。

表 2-1　气质类型及其表现和高级神经活动及其特征对照表

神经系统的特性及类型					气　质
强度	平衡性	灵活性	特性组合的类型	气质类型	主要心理特征
强	不平衡(兴奋占优势)		不可抑制型(兴奋型)	胆汁质	精力充沛，情绪发生快而强，语言动作急速而难于自制，内心外露，率直，热情，易怒，急躁，果敢
	平　衡	灵活	活泼型	多血质	活泼爱动，富于生气，情绪发生快而多变，表情丰富，思维语言动作敏捷，乐观，亲切，浮躁，轻率
		不灵活	安静型	黏液质	沉着冷静，情绪发生慢而弱，思维语言动作迟缓，内心少外露，坚毅，执拗，淡泊

续上表

神经系统的特性及类型					气　　质
强度	平衡性	灵活性	特性组合的类型	气质类型	主要心理特征
弱	不平衡(抑制占优势)		弱型(抑制型)	抑郁质	柔弱易倦,情绪发生慢而弱,易感而富于自我体验,语言动作细小无力,胆小,忸怩,孤僻

(2)按理智、情绪及意志的强度划分

气质分为理智型、情绪型和意志型。

①理智型:以理智来衡量一切并支配行动。

②情绪型:情绪体验深刻,行为主要受情绪影响。

③意志型:有较明显的目标,意志坚强,行为主动。

(3)按心理活动的指向性划分

气质分成内向型和外向型。

①内向型:重视主观世界,常沉浸在自我欣赏和幻想之中,仅对自己有兴趣,对别人则冷淡。

②外向型:重视客观世界,对客观的事物和人感兴趣。

(4)按人的情绪特征划分

气质划分为A型、B型、C型、D型和E型。

①A型:情绪特征不安定,社会适应性较差;性格粗暴,脾气急躁,争强好胜,急于求成;群众关系较差,容易和他人发生摩擦。如果修养较差,不注意改进,这种倾向更为强烈。

②B型:情绪特征和社会适应性都较为平均,但缺乏主导性;交际能力不强,智能不太发展;精力、体力方面都平常;平时不说好、不说坏;既不想当先进,也不甘落后。

③C型:情绪特征安定,社会适应性良好;不急不躁,性格温顺,较稳重,不得罪人,有一种老好人的味道;较被动,领导工作能力较差。

④D型:情绪特征安定,社会适应性强,群众关系好;有工作能力、领导能力、组织能力;工作认真负责,积极主动,肯动脑筋,能独当一面。

⑤E型:情绪特征不安定,社会适应性差;喜欢独自思考问题,不太与人交往,平时很少出门,有自己的偏爱和兴趣;在专业研究和业余爱好方面,有钻研精神,具有一定修养和专长;性格较孤僻、清高,常感"怀才不遇";对现实某些问题看不惯,又不想去改造。

A型基本加以否定,D型值得发扬。对于其他气质类型,应发扬其优点,克服其缺点。

在实际生活中,纯属于某一气质类型的人是极少的,大多数人表现为接近某种气质,又具有其他气质的特点,是多种气质的综合反映。

3. 气质对管理实践活动的意义

气质对人的实践活动有一定的影响。认识自己或别人的气质的特点，学会掌握和控制气质，在生活和学习中有很大的意义。

(1) 气质类型无好坏之分

作为人心理活动和行为方面的动力特征的综合，气质本身无好坏之分。任何一种气质类型都有积极的一面，也有消极的一面。例如，胆汁质的人精力充沛、生机勃勃，但又表现为暴躁、任性、感情用事；多血质的人灵活、亲切、机敏，但又表现为轻浮、情绪多变；黏液质的人沉着、冷静、坚毅，但又表现为缺乏活力、冷淡；抑郁质的人情感深刻稳定，但又孤僻、冷淡等。因此，要注意气质的培养，认清气质积极的一面和消极的一面，发挥积极的方面，克服消极的方面。

(2) 气质不能决定一个人活动的社会价值和成就的高低

任何一种气质的人都有可能取得大的社会价值和成就。例如，中华人民共和国的两位伟大的缔造者毛泽东和周恩来就是两种气质的人。毛泽东的气质表现为“粪土当年万户侯……数风流人物，还看今朝”的豪迈，以及“一万年太久，只争朝夕”的急进。周恩来的气质则表现为“面壁十年图破壁，难酬蹈海亦英雄”的坚毅和执著。

(3)气质影响人的活动效率

例如，要求迅速作出灵活反应的工作，对于多血质和胆汁质的人较为合适；要求持久、细致的工作，对黏液质和抑郁质的人较为合适。

(4) 气质影响人的情感和行为

气质对形成和改造人的某种情感和行为特点，或个性特征等方面，都具有很大的影响。例如，严厉的批评对多血质和胆汁质的人会促使他们遵守纪律，对黏液质和抑郁质的人可能使他们产生怯弱的后果。

气质是影响人心理活动和行为的动力特点，是人稳定的心理特征之一。了解一个人具有的气质类型，从个人角度，可以为自己选择最适合的职业，以及生活环境；从管理的角度，可以将具有某一种气质的人安排在他最适合的工作岗位上去，最大限度地发挥他的作用。虽然人的心理和行为不是由气质决定的，而是由社会生活环境和个人具体生活状态决定的，但气质是构成人各种个性品质的一个基础，必须充分重视。

(三)人的性格

1. 关于性格

性格是指一个人表现在态度和行为方面的较稳定的心理特征。性格具有两方面的表现，一方面反映人的动机和态度，如一个小气的人和一个勤俭的人，在行为方式上可能很相近，但动机和态度不一样；另一方面表现在人的行为取向上，从人的外在行为上表现出来，如从一个人的发笑中可以看出他的性格是豪爽还是拘谨。

人的性格受一定的思想、意识、信仰、世界观的影响和制约。由于具体的生活道路不同，性格会有不同的特征。性格是在生理素质的基础上，在社会实践活动中逐渐形成、发展和变化的，并具有一定的复杂性、独特性、整体性和持续性。

性格与行为有着密切的关系，要提高的人行为的预见性和控制力，掌握行为的规律性，对人性格的深入研究是必要的。

2. 性格的特征

性格是一个十分复杂的心理特征，包含多个侧面、多种多样的内容，这些特征在每一个人身上以独特的形式结合在一起，成为一个有机整体。以下从四个方面介绍性格的特征：

(1)对现实态度的性格特征

主要表现在处理各种社会关系方面的性格特征。

①对待社会、集体、他人的态度所构成的性格特征，主要有善于交际、富于同情心、为人正直、诚实、坦率等，或与此相反。

②对待劳动、工作、学习的态度所构成的性格特征，主要有勤劳、认真、细致、节俭、创造精神等，或与此相反。

③对待自己的态度所构成的性格特征，主要有谦虚、自信、自尊、严于律己等，或与此相反。

(2)性格的意志特征

主要表现在行为活动的习惯方式，以及对自己行为的调节和控制上。按照调节行为的依据、水平和客观表现，性格的意志特征可划分为：

①一个人是否具有明确的行为目标并使行为受社会规范约束的意志特征，如独立性、目的性、组织性、冲动性、纪律性、盲目性、散漫性等。

②一个人对行为自觉控制的水平方面表现出的意志特征，如主动性和自制力等。

③在紧急或困难情况下表现出来的意志特征，如镇定、果断、勇敢、顽强等。

④对待长期工作的特点方面表现出的意志特征，如恒心、坚韧性等。

(3)性格的情绪特征

当情绪对人的活动的影响，或人对情绪的控制具有某种稳定的、经常表现的特点时，这些特点构成性格的情绪特征。性格的情绪特征按活动的情况可划分为以下 4 种：

①强度特征：表现为人受情绪的感染和支配的程度，以及情绪受意志控制的程度。

②稳定性特征：表现为人情绪的起伏和波动的程度。

③持久性特征：表现为情绪在人身上和生活活动中停留的持久程度。

④主导心境特征：指不同的主导心境在一个人身上表现出的稳定程度。

(4)性格的理智特征

它是指人们表现在感知、记忆、想象和思维等认知方面的个体差异。

①在感知方面表现为主动观察型、被动观察型的区别。

②在想象方面表现为幻想家和冷静的现实主义者、具有现实感的幻想家和脱离实际的幻想家、主动想象型和被动想象型、大胆想象的人和想象被阻碍或受到限制的人、狭隘想象型和广阔想象型之间的差异。

3. 性格的类型

由于性格的复杂性，给性格类型的研究带来很大的困难，这里只介绍两种性格类型的划分。

(1)德国心理学家斯普兰格(E. Spranger)提出的按人类文化生活形式对人的性格的划分

他将性格类型划分为以下 6 种：

①经济型：以经济的观点看待一切事物，从实际效果来判断事物的价值。具有这种性格类型的人以获得财产、追求利润为生活目的。

②理论型：冷静客观地观察事物，根据自己的知识体系判断事物的价值，决定行为的取向。理论型的人以追求真理为生活目的。

③审美型：不大关心实际生活，而从美的角度判断事物的价值，强调内心的感受。

④权力型：重视权力，并努力去获得权力，总想指挥别人或命令别人。

⑤社会型：重视爱，以爱他人为其最高价值，有志于增长他人和社会的福利。

⑥宗教型：信仰宗教，有感于圣人的言行，坚信永存的绝对生命。

斯普兰格相信纯粹属于某种类型的人是没有的，多数人是各种类型的混合。斯普兰格按人们的生活方式划分人的性格类型，强调社会生活条件在性格形成中的作用。

(2)美国心理学家霍兰德(T. L. Holland)根据性格特征与职业选择的关系对性格划分

霍兰德认为，不同性格的人在职业选择上具有明显的差异。

①现实型：这种人不重视社交，而重视物质的、实际的利益，他们遵守规则，喜欢安定，感情不丰富，缺乏洞察力。在职业选择上，他们希望从事有明确要求，能按一定操作程序进行的工作。

②研究型：这种人有强烈的好奇心，重分析，好内省，比较慎重。他们喜欢从事有观察、有科学分析的创造性活动。

③艺术型：这种人想象力丰富，有理想，易冲动，好独创，他们不喜欢受程序化工作的约束，喜欢从事非系统的、自由的活动。

④社会型：这种人乐于助人，善交际，易合作，重视友谊，责任心强，他们愿意选择教育、医疗工作。

⑤企业型：这种人喜欢支配别人，有冒险精神，自信而精力旺盛，好发表自己的见解。他们愿意从事组织、领导工作。

⑥常规型：这种人易顺从，能自我抑制，想象力较强，喜欢稳定、有秩序的环境。在职业选择上，愿意从事重复性、习惯性的工作。

根据霍兰德的分类可以预测一个人的职业爱好和职业适应程度，因而对正确指导职业选择有较大实践意义。

4. 性格的本质

每个人的性格，是一个构造独特的世界，自成一个有机、复杂的系统，形成这个系统的各种元素有自己的排列组合方式。任何一个人，不管性格多么复杂，都是由相反的两极构成的。

(1)从生物进化的角度，有保留动物原始需求的动物性的一极，有超越动物性特征的社会性的一极。

(2)从个人与人类社会总体的关系角度，有适于社会前进要求的肯定性的一极，有不适于社会前进要求的否定性的一极。

(3)从人的伦理角度，有善的一极，有恶的一极。

(4)从人的社会实践角度，有真的一极，有假的一极。

(5)从人的审美角度，有美与丑，悲与喜，刚与柔，崇高与滑稽等等的性格两极的矛盾运动。

性格表现出的两极特性，其内容不是抽象的，它是由具体的、活生生的各种性格元素构成的。这些元素形成各种不同比重、不同形式的多重结构。

5. 影响性格发展的因素

影响性格的因素有很多，从性格的形成和发展来说，主要有生理性因素和环境因素。

小故事：巴尔扎克对自己的描述

就我所知，我的性格最最特别。我观察自己，如同观察别人一样；我这五尺二寸的身躯，包含一切可能有的分歧和矛盾。有些人认为我高傲、浪漫、顽固、轻浮、思考散漫、狂妄、疏忽、懒惰、懈怠、冒失、毫无恒心、爱说话、不周到、欠礼数、无礼貌、乖戾、好使性子，另一些人说我节俭、谦虚、勇敢、顽强、刚毅、不修边幅、用功、有恒心、不爱说话、心细、有礼貌、经常快活，其实都有道理。说我胆小如鼠的人，不见得就比说我勇敢过人的人更没有道理。再如说我博学或无知，能干或者愚蠢，也是如此。没有什么使我大惊小怪的。巴尔扎克的性格就存在于这种多重组合之中。

(1)生理性因素

生理因素对性格发展的影响是多方面的，下面重点分析三个因素：

①遗传。由于基因组成的千差万别和基因表现型的多态性，而导致外显性格的不一致性，构成人与人之间行为的差异性。遗传在人的生理构造中起重要的作用。性格是人心理的重要

特征，受心理活动的基础人脑的遗传影响。

②体格与体型。由于外表形象、个人体质的不同，而产生不同的性格。如体格健壮者，性格外向，比较活跃，富于进取精神；体格瘦弱多病，性格内向，沉静，胆小。

③性别。男人和女人除生理上有各种差异外，性格方面也多有不同。如男性比较具有好强心、进取心、创造力，对政治活动及团体活动较感兴趣；对艺术及美的欣赏则不如女性。男性对抽象理论及空间关系的领悟，对推理及逻辑的运用比女性有优势；女性则在语言及文字记忆方面比男性有优势。

(2)环境因素

人生活在一定的社会环境之中，环境由多方面因素组成。主要影响人性格发展的环境因素有以下四个方面：

①家庭。家庭是个人最早接触的学习环境，一个人的语言、知识、行动和生活习惯，多从父母学起。

②学校。学校教育对个体的身体、智力、知识与性格的发展具有十分重要的影响。

③职业。从事一种职业，除需要具备该职业的知识和技能外，还要具备该种职业所应有的兴趣、道德、志向、工作习惯、纪律等。因而，长期从事某种职业的人，就会逐渐养成从事该种职业的性格特征。

④社会文化。社会文化的内容十分广泛，如历史渊源、政治经济制度、宗教信仰、民族风俗等，这些因素潜移默化地影响人性格的形成和发展。例如，中国人性格中的家庭观念是经过两千多年的社会教育的结果，只要生活在中国人中间，就受家庭观念的影响。这不是说改变就能改变的。

小案例：双胞胎的不同性格

心理学家科瓦列夫对一对同卵双生的女大学生进行了四年的观察。她们的外貌非常相似，在同一个家庭抚养，在同一个小学、中学和大学（历史系）受教育。但在性格上两个人却有相当明显的差别：姐姐比妹妹好交际，也比较果断、勇敢和主动。在谈话和回答问题时，总是姐姐先回答，妹妹只表示同意或补充。

从生活史上了解到，原来在小的时候，由祖母经他们父母同意作出决定，在双生子中认定一个是姐姐，一个是妹妹。从早期的童年时代起，就责成做姐姐的要照管妹妹，对她的行为负责，作她的榜样。

6. 性格发展的过程

美国哈佛大学教授阿吉里斯长期从事工业组织的研究。研究结果表明。一个人由不成熟向成熟的转变过程中，性格会发生七种变化，如表2-2。这些变化是连续的，从性格的发展来看，健全的性格由不成熟趋于成熟。一个人的文化水平和性格可能使这些改变受到限制，但随着年岁的增长，人的性格总是有日趋成熟的倾向。

表2-2　性格的发展过程

不成熟	→	成熟
被动	→	主动
依赖	→	独立
少量的行为	→	能产生多种行为
错误而浅薄的兴趣	→	较深与较强的兴趣
时间知觉性短	→	时间知觉性较长
附属的地位	→	同等或优越的地位
不明白自我	→	明白自我，控制自我

（四）人的能力

1. 关于能力

能力是掌握和运用知识技能的条件并决定活动效率的一种个性心理特征是指一个人顺利地完成某种活动所必须的条件，在心理特征方面的总和反映。

人的能力总是与人的活动联系起来，能力实际上是个体从事活动的能力。能力表现在相应的活动中，如学习能力、认识能力、组织能力等，都是指从事相应活动的能力。能力与活动不是一一对应的关系，一种能力往往在多种活动中发挥作用。

一个人如果个性中具有完成某种活动所需的各种能力，并且能够把这些能力很好结合起来出色完成这种活动，那就是说这个人具有从事这种活动的“才能”。“才能”就是各种能力的独特的结合，是知识的灵活运用的过程。

如果完成某种活动所必备的各种能力在活动中能够得到最充分的发展和最完善的结合，并能创造性地、杰出地完成相应的活动，通常把具备这种能力表现的人叫做“天才”。天才离不开社会历史、时代的要求，离不开个人的勤奋和努力。

2. 能力的种类

能力与活动密切联系，不同的活动领域或不同性质的活动，对人会提出不同的要求，从而相应地使人形成各种能力。能力可以根据不同的标准进行分类，包括以下几种主要类型。

(1)一般能力和特殊能力

①一般能力是人从事一切活动所必须具备的一些基本能力的综合，如感知觉力、注意力、观察力、记忆力、思维力、想象力、创造力等，其中思维力是一般能力的核心。一般能力表现为认识能力，也叫智力。

②特殊能力是为了顺利地从事某种专业活动所必须具备的一些能力的综合，如数学能力、绘画能力等。

一般能力与特殊能力有机地联系，一般能力的发展为特殊能力的发展提供了更好的内部条件，特殊能力的发展也积极地促进一般能力的发展。

(2)模仿能力和创造能力

①模仿能力是人们通过观察别人的行为、活动，学习各种知识，然后以相同的方式作出反应的能力。

②创造能力是根据一定的目的，创造出有社会价值的、新的、独特的事物的能力。

两种能力是相互联系的，模仿性活动一般包含有创造性的因素，创造性活动也包含模仿性的因素，人的活动一般是先模仿、再造，然后才能有所创造。

(3)认知能力、实践活动能力和社会交往能力

①认知能力，如感觉和知觉能力、注意和观察能力、记忆和理解能力、思维和想象能力等，是人们完成活动的最基本、最主要的条件。

②实践活动能力，如技术操作、生产劳动等，是有意识地调节自己外部动作，作用于外界环境的能力。

③社会交往能力是参加社会群体生活，与周围人们相互交往，保持协调的能力。

三种能力相互联系。人是在实践活动和交往活动中认识客观世界，提高认识能力的。人又依靠对客观世界的认识去调节自己的实践活动和交往活动。

3. 能力与兴趣的关系

兴趣是人们力求认识某种事物或爱好某种活动的倾向。当一个人认识到某种事物或某种活动与需要有密切关系以后，就会努力地认识它，热情而耐心地对待它，这种努力地去认识、热情而耐心对待的心理状态，就是兴趣的表现。能力在有兴趣的活动中发展起来。兴趣具有驱动人行为的作用，而且人在行动中会心甘情愿地去忍受劳苦，并努力克服困难。在这一过程中，人的能力发展起来了。所以，通过提高人对客运服务的兴趣，可以达到提高客运服务人员素质，提高客运服务质量的目的。这需要认识兴趣的特点，才能使之有效地得到运用。

(1)兴趣以需要为基础划分为直接兴趣和间接兴趣

直接兴趣是由于实践本身的需要而引起的兴趣。间接兴趣则是对于某种事物本身并没有兴趣，只是由于某种实践的间接需要而引起的兴趣。

(2)兴趣与认识和情感相联系

没有对某一事物的深刻认识，就不会对这一事物有浓厚的兴趣，对某一事物没有深厚的感情，也谈不到对这一事物的兴趣。认识越深刻，情感越强烈，兴趣才会越深厚。

(3)兴趣具有社会制约性

这表现为人们所处的社会制度不同，阶级地位不同，其兴趣有不同的特点。不是每人的兴趣都是正确的。因此，客运服务人员需要培养积极、健康的兴趣。

小贴士：决定你前途的 12 种能力

1. 逆向思维能力。
2. 换位思考能力。
3. 总结能力。
4. 文字书写能力。
5. 信息收集能力。
6. 灵活处理问题的能力。
7. 目标调整能力。
8. 自我安慰能力。
9. 沟通能力。
10. 企业文化的适应能力。
11. 岗位变化的承受能力。
12. 能做好分外之事的能力。

你有这里面的多少能力？

4. 能力与知识、技能

人的能力有大小，人的知识有多少，人的技能有高低。

(1)能力与知识、技能的区别

知识是人们所掌握的人类改造自然和改造社会的历史经验；技能是人们通过练习而获得的动作方式和动作系统。它们表现了一个人已经达到的成就水平。

能力是顺利实现活动的心理条件，包括顺利掌握知识和技能的心理条件，它预示着人在活动中可能达到的成就水平。

因此，不能根据一个人知识的多少简单地断定这个人能力的大小，一个人的能力可能已经表现出来，也可能没有表现出来。同时，正确评定一个人的能力，不能用对知识的评定来代替对能力的鉴定。

(2)能力与知识、技能的联系

①能力是掌握知识和技能的前提，一个能力强的人比能力弱的人更容易获得某方面的知识与技能，他们付出的代价比较小。

②能力表现在掌握知识和技能的过程中，从一个人掌握知识和技能的速度和质量上，可以看出一个人能力的大小，能力制约着掌握知识和技能的快慢、深浅、难易和巩固程度，离开了人们掌握知识、技能的活动，能力无从表现，也无从得到鉴定。

③能力是在知识、技能的基础上发展的，能力作为顺利完成活动的心理条件，不能离开知识、技能的掌握，人在掌握知识和技能的过程中，同样发展了自己的能力。例如，人在观察自然与社会的过程中，发展了观察力；在掌握知识的过程中，发展了良好的记忆力；在探索事物本质和规律的过程中，发展了思考力。

知识、技能不同于能力，但熟练的知识和技能同样是人们顺利完成活动的必要条件，一个有经验的人比一个没有经验的人处理同样的事进展要快得多，成功的把握要大得多，完全没有某一领域知识的人，即使他在其他方面是优秀的，但在这个领域中也是无能的。因此，知识、技能是能力形成的基本要素，知识和技能经过概括化和广泛迁移而逐渐形成能力。

能力是掌握知识、技能的前提，是掌握知识、技能的结果，两者相互转化、相互促进。

5. 性格与能力的关系

性格和能力是在人的统一发展过程中形成起来的。

(1)性格的形成需要一定的能力为基础

一个人在接受教育和社会实践中发展了体力和智力，性格也在相应地形成。例如，在观察过程中，一方面发展着观察力，另一方面也形成着性格的理智特征。

(2)能力发展水平受性格特征的影响

一个人具有高度责任感、首创精神、热爱集体、严于律己、自信心强等性格特征，这些优良的性格特征表现在对待工作、对待集体与个人等方面时，对能力的发展具有很大的促进作用。如果一个人具有工作不负责任、不关心集体、缺乏自信心等不良的性格特征，则会使能力的发展受到很大的障碍。

(3)优良性格特点往往能够补偿某些方面能力的弱点

所谓“勤能补拙”，就说明性格对能力发展的补偿作用。电影《阿甘正传》在世界上获得很高的声誉。人们喜欢这部电影，其中一个重要的方面是喜欢阿甘这个人。他在生活中，经历了第二次世界大战之后美国的几乎所有的重大事件。这个人的智商不高，按他妈妈的说法，与正常智商水平只差一点点。但他的一切行为却是成功的。使他成功的最重要的原因是他对待生活和工作的执著和勤奋。

6. 能力的个别差异

人的能力是有个别差异的，能力的个别差异表现在质和量两方面。

(1)能力的质的差异

能力的质的差异表现在每个人可能具有不同的特殊能力，也表现在完成同一种活动时，不同的人可能以不相同的能力结合为基础。在一般能力上，人也具有个别差异。例如，同是观察力，有的人在观察中侧重于分析，对细节感知清晰；有的人则侧重于综合的感知，获得事物的整体印象，而忽略细节。同样是记忆能力，有人有较好的机械记忆能力，有人则善于理解记忆。又如，两个领导者都具有良好的组织能力，甲可能长于综合个人的技术能力、演说能力和人际关系能力等，乙可能长于综合调查能力、分析能力以及正确的决策能力等。

(2)能力的量的差异

能力的量的差异表现在能力发展水平和快慢上。能力水平以数量的形式表现，即智商。例如，正常人都具有记忆能力，但人与人之间的记忆力强度不同。

尽管可以从质和量两方面分析能力的差异，但质和量总是统一于能力整体之中。了解能力的质与量的差异性，在管理实践中，就能结合工作的要求，合理安排每一个客运服务人员的工作，做到知人善用，人尽其才。

一个人应能够了解自己的能力构成及能力优势之所在，善于发展自己的长处，补自己的短处。在我国历史上最被人喜爱的第一个平民皇帝汉高祖刘邦，当他统一天下，登上皇帝的宝座以后，很坦白地说："夫运筹策帷帐之中，决胜于千里之外，吾不如子房。镇国家，抚百姓，给馈饷，不绝粮道，吾不如萧何。连百万之军，战必胜，攻必取，吾不如韩信。此三者，皆人杰也，吾能用之，此吾所以取天下也。项羽有一范增而不能用，此其所以为我擒也。"

【专业术语】 心理过程　心理现象　个性心理　群体心理　个体心理　认识过程　情感过程　意志过程　个性意识倾向　个性心理特征

复习思考题

1. 从人的行为的角度说说如何调动旅客及客运服务人员的积极性?
2. 心理过程与个性心理的联系是什么?
3. 群体心理和个体心理的关系是什么?
4. 旅客是属于哪一类的群体? 这类群体具有什么样的特征?
5. 群体对个体有很大的压力，你认为该如何利用这些压力为旅客运输服务?
6. 研究旅客心理学，需要涉及哪些方面的基础知识? 它们之间的关系如何?
7. 心理过程包括什么? 在实际旅客运输过程中如何体现?
8. 感觉的基本特性是什么? 在旅客运输中如何利用感觉的特性提高旅客对运输服务质量的感知和评价?
9. 在实际工作中对表情和情绪的判断你有什么好的经验和建议?
10. 当旅客运输服务人员感到挫折后，管理人员应该如何做?
11. 性格和气质有何区别? 学习气质对你有什么指导意义?
12. 哪些动机是有利于客运服人员全身心地投入工作的?

知识窗

FPA性格色彩快速测试

说明：在最符合你的句子前打“√”。每组只选一个答案，请拿出纸和笔写下题目序号和对应的答案，做完全部三十道题目后，按提示分序号计算。

1. 关于人生观，我的内心其实是：

A. 希望能够有尽量多的人生体验，所以会有非常多样化的想法。

B. 在小心合理的基础上，谨慎地确定自己的目标，一旦确定会坚定不移地去做。

C. 更加注重的是取得一切有可能的成就。

D. 宁愿剔除风险而享受平静或现状。

2. 如果爬山旅游，在下山回来的路线选择上，我更在乎：

A. 好玩有趣，所以宁愿新路线回巢。

B. 安全稳妥，所以宁愿原路线返回。

C. 挑战困难，所以宁愿新路线回巢。

D. 方便省心，所以宁愿原路线返回。

3. 通常在表达一件事情上，我更看重：

A. 说话给对方感受到的强烈印象。

B. 说话表述的准确程度。

C. 说话所能达到的最终目标。

D. 说话后周围的人际感受是否舒服。

4. 在生命的大多数时候，我的内心其实更加欣喜于和希望多些：

A. 刺激。

B. 安全。

C. 挑战。

D. 稳定。

5. 我认为自己在情感上的基本特点是：

A. 情绪多变，经常情绪波动。

B. 外表上自我抑制能力强，但内心感情起伏极大，一旦挫伤难以平复。

C. 感情不拖泥带水，较为直接，只是一旦不稳定，容易激动和发怒。

D. 天性情绪四平八稳。

6. 我认为自己在整个人生中，除了工作以外，在控制欲上面，我：

A. 没有控制欲,只有感染带动他人的欲望,但自控能力不算强。
B. 用规则来保持我对自己的控制和对他人的要求。
C. 内心是有控制欲和希望别人服从我的。
D. 不会有任何兴趣去影响别人,也不愿意别人来管控我。
7. 当与情人交往时,我倾向于着重:
A. 兴趣上的相容性,一起做喜欢的事情,对他的爱意溢于言表。
B. 思想上的相容性,体贴入微,对他的需求很敏感。
C. 智慧上的相容性,沟通重要的想法,客观地讨论辩论事情。
D. 和谐上的相容性,包容理解另一半的不同观点。
8. 在人际交往时,我:
A. 心态开放,可以快速建立起友谊和人际关系。
B. 非常审慎缓慢地进入,一旦认为是朋友,便长久地维持。
C. 希望在人际关系中占据主导地位。
D. 顺其自然,不温不火,相对被动。
9. 我认为自己大多数时候更是:
A. 感情丰富的人。
B. 思路清晰的人。
C. 办事麻利的人。
D. 心态平静的人。
10. 通常我完成任务的方式是:
A. 经常会赶在最后期限前完成。
B. 自己做,精确地做,不要麻烦别人。
C. 先做,快速做。
D. 使用传统的方法,需要时从他人处得到帮忙。
11. 如果有人深深惹恼我时,我:
A. 内心感到受伤,认为没有原谅的可能,可最终很多时候还是会原谅对方。
B. 深深感到愤怒,如此之深怎可忘记?我会牢记,同时未来完全避开那个家伙。
C. 会火冒三丈,并且内心期望有机会狠狠地回应打击。
D. 我会避免摊牌,因为那还不到那个地步,那个人多行不义必自毙,或者自己再去找新朋友。
12. 在人际关系中,我最在意的是:
A. 得到他人的赞美和欢迎。
B. 得到他人的理解和欣赏。

C. 得到他人的感激和尊敬。

D. 得到他人的尊重和接纳。

13. 在工作上,我表现出来更多的是:

A. 充满热忱,有很多想法且很有灵性。

B. 心思细腻,完美精确,而且为人可靠。

C. 坚强而直截了当,而且有推动力。

D. 有耐心,适应性强而且善于协调。

14. 我过往的老师最有可能对我的评价是:

A. 情绪起伏大,善于表达和抒发情感。

B. 严格保护自己的私密,有时会显得孤独或是不合群。

C. 动作敏捷又独立,并且喜欢自己做事情。

D. 看起来安稳轻松,反应度偏低,比较温和。

15. 朋友对我的评价最有可能的是:

A. 喜欢对朋友述说事情,也有能量说服别人去做事。

B. 能够提出很多周全的问题,而且需要许多精细的解说。

C. 愿意直言表达想法,有时会直率而犀利地谈论不喜欢的人、事、物。

D. 通常与他人一起是多听少说。

16. 在帮助他人的问题上,我倾向于:

A. 多一事不如少一事,但若他来找我,那我定会帮他。

B. 值得帮助的人应该帮助,锦上添花犹胜雪中送炭。

C. 无关者何必要帮,但我若承诺,必欲完之而后释然。

D. 虽无英雄打虎之胆,却有自告奋勇之心。

17. 面对他人对自己的赞美,我的本能反应是:

A. 没有也无所谓,特别欣喜那也不至于。

B. 我不需要那些无关痛痒的赞美,宁可他们欣赏我的能力。

C. 有点怀疑对方是否认真或者立即回避众人的关注。

D. 赞美总是一件令人心情非常愉悦的事。

18. 面对生活的现状,我的行为习惯更加倾向于:

A. 外面怎么变化与我无关,我觉得自己这样还不错。

B. 这个世界如果我没什么进步,别人就会进步,所以我需要不停地前进。

C. 在所有的问题未发生之前,就应该尽量想好所有的可能性。

D. 每天的生活开心快乐最重要。

19. 对于规则,我内心的态度是:

A. 不愿违反规则,但可能因为松散而无法达到规则的要求。
B. 打破规则,希望由自己来制定规则而不是遵守规则。
C. 严格遵守规则,并且竭尽全力做到规则内的最好。
D. 不喜被规则束缚,不按规则出牌会觉得新鲜有趣。

20. 我认为自己在行为上的基本特点是:
A. 慢条斯理,办事按部就班,能与周围的人协调一致。
B. 目标明确,集中精力为实现目标而努力,善于抓住核心要点。
C. 慎重小心,为做好预防及善后,会不惜一切而尽心操劳。
D. 丰富跃动,不喜欢制度和约束,倾向于快速反应。

21. 在面对压力时,我比较倾向于选用:
A. 眼不见为净地化解压力。
B. 压力越大抵抗力越大。
C. 和别人讲也不一定有用,压力在自己的内心慢慢地咀嚼。
D. 本能地回避压力,回避不掉就用各种方法来宣泄出去。

22. 当结束一段刻骨铭心的感情时,我会:
A. 非常难受,可是日子总还是要过的,时间会冲淡一切的。
B. 虽然觉得受伤,但一旦下定决心,就会努力把过去的影子摔掉。
C. 深陷在悲伤的情绪中,在相当长的时期里难以自拔,也不愿再接受新的人。
D. 痛不欲生,需要找朋友倾诉或者找渠道发泄,寻求化解之道。

23. 面对他人的倾诉,我回顾自己大多时候本能上倾向于:
A. 认同并理解对方感受。
B. 做出一些定论或判断。
C. 给予一些分析或推理。
D. 发表一些评论或意见。

24. 我在以下哪个群体中较感满足?
A. 能心平气和最终大家达成一致结论的。
B. 能彼此展开充分激烈的辩论。
C. 能详细讨论事情的好坏和影响的。
D. 能随意无拘束地自由散漫,同时又很开心

25. 在内心的真实想法里,我觉得工作:
A. 如果不必有压力,可以让我做我熟悉的工作那就不错。
B. 应该以最快的速度完成,且争取去完成更多的任务。
C. 要么不做,要做就做到最好。

D. 如果能将乐趣融合在里面那就太棒了，不过如果不喜欢的工作实在没劲。

26. 如果我是领导，我内心更希望在部属心目中，我是：

A. 可以亲近的和善于为他们着想的。

B. 有很强的能力和富有领导力的。

C. 公平公正且足以信赖的。

D. 被他们喜欢并且觉得富有感召力的。

27. 我希望得到的认同方式是：

A. 无所谓别人是否认同。

B. 精英群体的认同最重要

C. 只要我认同的人或者我在乎的人的认同就可以了。

D. 希望得到所有大众的认同。

28. 当我还是个孩子的时候，我：

A. 不太会积极尝试新事物，通常比较喜欢旧有的和熟悉的。

B. 是孩子王，大家经常听我的决定。

C. 害羞见生人，有意识地回避。

D. 调皮可爱，在大部分的情况下是乐观而又热心的。

29. 如果我是父母，我也许是：

A. 不愿干涉子女或者容易被说动的。

B. 严厉的或者直接给予方向性指点的。

C. 用行动代替语言来表示关爱或者高要求的。

D. 愿意陪伴孩子一起玩的，孩子的朋友们所喜欢和欢迎的。

30. 以下有四组格言，哪组里符合我感觉的数目最多？

A. 最深刻的真理是最简单和最平凡的。

要在人世间取得成功必须大智若愚。

好脾气是一个人在社交中所能穿着的最佳服饰。

知足是人生在世最大的幸福。

B. 走自己的路，让人家去说吧。

虽然世界充满了苦难，但是苦难总是能战胜的。

有所成就是人生唯一的真正的乐趣。

对我而言解决一个问题和享受一个假期一样好。

C. 一个不注意小事情的人，永远不会成功大事业。

理性是灵魂中最高贵的因素。

忌浮夸铺张。与其说得过分，不如说得不全。

谨慎比大胆要有力量得多。

D. 与其在死的时候握着一大把钱，还不如活时活得丰富多彩。

任何时候都要最真实地对待你自己，这比什么都重要。

使生活变成幻想，再把幻想化为现实。

幸福不在于拥有金钱，而在于获得成就时的喜悦以及产生创造力的激情。

测试计算方法：

前 1—15 题合计数　　A(　　)　B(　　)　C(　　)　D(　　)

后 16—30 题合计数　　A(　　)　B(　　)　C(　　)　D(　　)

把两部分的数目汇总一起，就是你的性格色彩

红色　　　前 A+后 D 的总数(　　)

蓝色　　　前 B+后 C 的总数(　　)

黄色　　　前 C+后 B 的总数(　　)

绿色　　　前 D+后 A 的总数(　　)

红色优势

1. 阳光心态，积极快乐。
2. 激情澎湃，梦想万岁。
3. 热情开朗，喜欢交友。
4. 童心未泯，富有趣味。
5. 乐于助人，不记愁苦。
6. 善于表达，调动气氛。
7. 真诚信任，感染四方。
8. 乐在变化，创新意识。

红色的天然优势

1. 作为个体

高度乐观的积极心态。喜欢自己，也容易接纳别人。把生命当作值得享受的经验。喜欢新鲜，变化和刺激。经常开心，追求快乐。情感丰富而外露。天真有童心，富有趣味。自由自在，不受拘束。喜欢开玩笑和调侃。别出心裁，与众不同。表现力强。容易受到人们的喜欢和欢迎。生动活泼，好奇心强。

2. 沟通特点

才思敏捷，善于表达。喜欢通过肢体上的接触表达亲密情感。容易与人攀谈。发生冲突时，能直接表白。人越多越亢奋。演讲和舞台表演的高手。乐于表达自己的看法。

3. 作为朋友

真诚主动，热情洋溢。喜欢交友，善于与陌生人互动。擅长搞笑，是带来乐趣的伙伴。容易原谅自己和别人，不记仇。富有个人魅力。有错就认，很快道歉。喜欢接受别人的肯定和不吝赞美。

4. 对待工作和事业

工作主动，寻找新任务。富有感染力，能够吸引他人参与。激发团队的热情合作心和进取心，重视团队合作的感觉。令人愉悦的工作伙伴。打破沉闷工作环境的开心果。常在紧张气氛下展现幽默与化解冲突的能力。完成短期目标时，极富爆发力。信任他人。善于赞美和鼓励，是天生的激励者。不喜欢太多的规定束缚，富有创意。工作以活泼化，丰富化的方式进行。善于作秀以增添企业形象。积极，充满干劲。反应快，闪电般开始。

蓝色优势

1. 思想深邃，独立思考。
2. 成熟稳重，安全放心。
3. 情感细腻，体贴入微。
4. 一诺千金，忠诚情谊。
5. 计划周详，注重规则。
6. 讲究精确，迷恋细节。
7. 考虑全面，善于分析。
8. 执著有恒，坚持到底。

蓝色的天然优势

1. 作为个体

严肃的生活哲学。思想深邃，独立思考而不盲从。沉默寡言，老成持重。注重承诺，可靠安全。谨慎而深藏不露。坚守原则，责任心强。遵守规则，井井有条。深沉的理想主义者。敏感细腻。高标准，追求完美。谦和稳健。善于分析，富有条理。待人忠诚，富有自我牺牲精神。深思熟虑，三思而后行。坚韧执著。

2. 沟通特点

享受敏感而有深度的交流。设身处地地体会他人。能记住谈话时共鸣的感情和思想。喜欢小群体间的思想碰撞。关注谈话的细节。

3. 作为朋友

默默地为他人付出以表示关切和爱。对友谊忠诚不渝。真诚关怀朋友的境遇，善于体贴他人。能够记得特殊的日子。遭遇难关时，极力给予鼓舞和安慰。很少向他人表达内心的看法。经常扮演问题分析的角色。

4. 对待工作和事业

强调制度、程序、规范、细节和流程。做事之前首先计划，且严格地按照计划去执行。喜欢探究及根据事实行事。尽忠职守，追求卓越。高度自律。喜欢用表格，数字的管理来验证效果。注重承诺。一丝不苟地执行工作。

黄色优势

1. 目标导向，永无止境。
2. 求胜欲望，战胜对方。
3. 斗天斗地，敢说敢做。
4. 坚定自信，永不言败。
5. 控制情绪，抗压力强。
6. 坦率直接，实用主义。
7. 快速决断，敢冒风险。
8. 抓大放小，高效行动。

黄色的天然优势

1. 作为个体

不达目标，誓不罢休。不停地给自己设定目标以推进前进。把生命当成竞赛。行动迅速，活力充沛。意志坚强。自信，不情绪化，而且非常有活力。坦率，直截了当，一针见血。强烈的进取心，居安思危。独立性强。有强烈的求胜欲。不畏强权并敢于冒险。不易气馁，不在乎外界的评价，坚持自己所选择的道路和方向。危难时刻挺身而出。讲究速度和效率。敢于接受挑战并渴望成功。

2. 沟通特点

以务实的方式主导会谈。喜欢主导整个事情进行的方式。能够直接抓住问题的本质。说话用字简明扼要，不喜欢拐弯抹角。不受情绪干扰和控制。

3. 作为朋友

给予解决问题的方法，而非纠缠在过去。迅速提出忠告和方向。直言不讳地提出建议。

4. 对待工作和事业

动作干净利落，讲求效率。能够承担长期高强度的压力。强烈的目标趋向，善于设定目标。高瞻远瞩，有全局观念。善于委派工作。坚持不懈，促成活动。掌握重点执行。行事作风明快。天生的领导者。竞争越强，精力越旺，愈挫愈勇。寻求实际的解决方法。以结果和完成任务为导向，并且高效率。善于快速决策并处理所遇到的一切问题。富有责任感。

绿色优势

1. 中庸之道，稳定低调。
2. 乐知天命，与世无争。
3. 毕生无火，巧卸冲突。
4. 镇定自若，处事不惊。
5. 天性宽容，耐心柔和。
6. 笑遍天涯，冷面幽默。
7. 先人后己，与取先予。
8. 领导风格，以人为本。

绿色的天然优势

1. 作为个体

爱静不爱动，有温柔祥和的吸引力和宁静愉悦的气质。和善的天性，做人厚道。追求人际关系的和谐。奉行中庸之道，为人稳定低调。遇事以不变应万变，镇定自若。知足常乐，心态轻松。追求平淡的幸福生活。有松弛感，能融入所有的环境和场合。从不发火，温和，谦和，平和。做人懂得“得饶人处且饶人”。最求简单随意的生活方式。

2. 沟通特点

以柔克刚，不战而屈人之兵。避免冲突，注重双赢。心平气和且慢条斯理。善于接纳他人意见。最佳的倾听者，极具耐心。擅长让别人感觉舒适。有自然和不经意的冷幽默。松弛大度，不疾不徐。

3. 作为朋友

从无攻击性。富有同情心和关心。宽恕他人对自己的伤害。能接纳所有不同性格的人。对友情的要求不严苛，处处为别人考虑，不吝付出。与之相处轻松自然有没有压力。从不尝试去改变他人。

4. 对待工作和事业

高超的协调人际关系的能力。善于从容地面对压力。巧妙地化解冲突。缓步前进以取得思考空间。注重人本管理。善于为别人着想。以团体为导向。创造稳定性。用自然低调的行事手法处理事务。

第三章 旅客旅行心理活动与服务

【本章导读】 随着社会经济的发展和人民文化生活水平的提高，人们乘车旅行的需要不断增长。乘车旅行的目的有多种，如公出、旅游、探亲等，不同的旅行目的伴随不同的心理活动。旅行的目的能否顺利实现，很大程度上取决于运输工具所提供的服务水平对旅客需要的满足程度。为了满足旅客对运输服务的安全、迅速、方便、舒适等方面的要求，旅客运输部门需要在运输工具及客运服务质量等方面入手，树立运输企业的形象，提供全方位的优质服务。

第一节 旅客旅行心理现象概述

心理学提示人们，需要产生动机，动机在环境条件满足的情况下导致行为，而在行为的整个过程中又伴随着各种各样的心理活动，这些心理活动直接影响行为的结果。

旅客运输服务的过程，是围绕旅客从始发地到终到地移动而提供旅客所需要的各项服务的过程，客运服务项目的制定应考虑旅客心理的需要，并在实施中使旅客的需要得到满足，满足程度决定客运服务质量水平的高低。因此，旅客运输服务应以心理学为主要理论依据，通过对旅客旅行心理需要的研究，充分分析、了解和掌握旅客旅行中所伴随的各种心理活动，促使旅客运输部门针对不同的旅客心理需要，采取相应的服务方式，改善和提高客运服务质量，树立旅客运输企业良好的形象。与其他旅客运输工具相比较，铁路客运服务项目的合理确定，以及在实施过程中使旅客满足程度的提高，是旅客运输业市场竞争力加强的体现。

一、研究旅客旅行心理活动的目的

研究旅客乘车旅行心理活动的目的主要是为了了解和解决以下两个方面的问题：

1. 旅行中心里想些什么

旅客在旅行中心里想到的各个方面，一定程度上反映了旅客对运输服务部门的要求，只有了解了旅客心里想到的问题之后，才能提供使其满意的服务。

2. 根据旅客的需求运输部门采取相应的服务措施

根据旅客的需求采取相应的服务措施，会使服务更有针对性。从服务措施上，旅客运输服务部门可从两个方面入手：一是从硬件设备入手；二是从软件管理入手。

二、影响旅客旅行心理活动的因素

使旅行活动成为现实的旅客，是作为社会中个体的人与旅客运输系统相结合的那部分人群，这些人因旅行这一共同行为集合在一起，形成一个临时性的群体。在旅客群体中，每一旅客既表现出个性心理特征和倾向，又表现出共性心理特征和倾向以及群体的心理特征和倾向。旅客这一特定的群体，在旅行中所表现的一切心理活动，以及在心理活动支配下产生的一切行为结果，不仅受旅客运输系统这一特定的环境内的因素影响，同时还受运输系统外的其他因素的影响。影响旅客心理活动的主要因素有以下四个方面：

1. 环境因素

人生活在一定的环境之中，离不开环境的影响和制约。人生存的环境可划分为自然环境、社会环境和经济环境等方面。受环境因素的影响，形成了一个民族、一个地区特有的生活习惯、饮食习惯和旅行习惯。旅客将这些习惯带到乘车旅行中来，势必影响旅客旅行中的心理活动与行为，提出各种各样的需要。其中，经济环境对旅客旅行工具的选择，旅行中需要的种类及其满足的程度等方面起着重要的影响。

2. 个人因素

在个人的成长过程中，受环境的熏陶、教育以及在个人的发展中所形成的社会地位和身份，使每一个人形成具有相对稳定性的心理特征。这种条件在交通行为的过程中，会影响旅客的心理活动及其行为的结果。

3. 旅客因素

旅客因旅行的目的而形成一个群体，旅客之间在旅行的过程中必然要相互作用、相互影响、相互制约，从而产生旅客群体的一些心理特征和需要。

4. 运输工具及服务因素

运输工具的舒适性、经济性、安全性、快捷性以及运输部门所提供的服务质量，影响旅客对该运输工具的选择。

旅客旅行的心理活动受上述四个方面的综合作用。所以，在了解旅客心理时，需要用系统的方法综合考察每一因素及相互关系，这样才能把握心理活动的内涵。

三、旅客旅行的动机表现

旅客旅行的动机来自旅客为什么要乘车旅行，即旅行的目的是什么。由于旅行的过程中必然要花费一定数量的旅行费用，这往往是决定旅行能否实现的重要条件。根据旅行费用的来源和支付的形式，人们乘车旅行的动机可划分为以下两种：

1. 因公需要的乘车旅行

旅行费用由单位支付，如开会、出差、调动工作、通勤、体育比赛、供销业务活动、单位组织的外出旅行等。

2. 因私需要的乘车旅行

旅行费用由自己支付，如探亲访友、旅行游览、就医、就学、购物、个体商业者的商业活动等。

旅客的旅行动机和目的是不尽相同的。就以旅游者来说，有着不同的从事旅游活动的动机。在外国旅游者中，有的是为了观赏中国的名山大川、文化古迹、工艺珍品、风味特产，前来度假或休养身心；有的是出于社会调查的动机，渴望了解中国的社会风貌、人民生活；有的是前来进行学术文化交流、参加集会、进行经济贸易活动；有的是为了从事体育比赛或结婚旅行等。

第二节　旅客的决策与对服务的期待和感知

旅客运输是现代交通运输体系的一个重要组成部分。“赢得并留住旅客，实现最大的经济与社会效益”是所有客运企业生存与发展的重要目标之一。客运企业要赢得并留住旅客，就一定要让旅客感到满意。

一、旅客的决策

旅客产生旅行需求，就涉及旅行方式的选择，即旅客的决策。

（一）旅客决策的过程

在社会快速发展的今天，各种交通基础设施不断完善，人们的出行非常频繁，出行要求也越来越高。不同运输方式吸引力的差异不仅与自身的技术指标、服务水平和机动灵活性等因素有关，还与出行者的社会经济特征、行为状态和心理因素密不可分。旅客出行之前一般要考虑选择何种出行工具，这一复杂的过程可分为两个阶段。首先，旅客根据自己的出行目的、出行距离、收入水平、所在地区的交通条件等选择交通方式的技术经济特性；然后，再根据经济技术特性选择具体的某种交通工具或几种交通工具的组合。

旅客运输系统具有相对的封闭性和很强的可控性，因而旅客的出行决策更易受到系统管理者的影响，如客票约束（购票期限、票额等）、运营时刻等。旅客选择铁路作为出行方式后，会根据出行目的确定期望的出行时间，进而选择服务等级和客票组合（即行程安排），选择服务等级就是确定列车等级和席别等级，选择客票组合就是确定列车车次。显然，铁路旅客必须根据列车时刻表和出行信息，安排候车、转乘等。一般具体出行者不可能考虑所有的服务和客票组合，并进行比较，只能根据列车时刻表和期望的出行时间，在一个波动范围内进行比较和权衡，从而作出决策。而在旅客出行决策过程中，出行目的、出行费用、出行信息、出行时间、时间价值和舒适度（包括拥挤惩罚）等因素，都会对整个出行决策产生很大影响。

（二）旅客决策的影响因素

旅客的出行方式选择受供给属性和需求属性两个方面的影响。

1. 供给属性

供给属性是指外部运输环境特征。旅客所面对的运输供给条件不同则做出的方式选择决策也将有所不同。影响因素是多方面的，主要从运价、运行时间、交通工具的安全性、舒适性、准时性等来分析。一般来说，旅客在出行时会对旅客运输的供给属性进行比较，选择适合自己需求的出行方式。

目前，由于我国仍存在一定程度的时间性、地域性、方式性的运输短缺现象，在一定程度上使得旅客的出行方式选择发生了因短缺引起的强制性替代，造成供给属性对出行方式选择作用的扭曲现象。

2. 需求属性

需求属性是指从出行者自身利益出发来考虑出行方式的选择问题。影响旅客自身利益的因素很多，包括旅客的收入水平、出行目的、出行距离、出行时间价值、方式偏好、职业、年龄、性别等。一般旅客会结合个人的情况选择自身认为最满意的出行方式。

由于旅客出行方式选择问题涉及的对象是处于多变的社会经济环境中的人，因而问题就变得更加复杂。面对多种满足出行要求的方案时，旅客必须从中选择出最优的一个。但仅凭旅客自己的主观感觉往往很难做出正确的判断，这可能会给人们的生活、工作带来损失与不便。

二、旅客对服务的期待

客运服务质量优劣取决于旅客对服务的期待和实际感知之间的对比。从某种意义上讲，服务质量属于主观范畴，对客运企业质量优劣的评价在很大程度上由旅客期望所决定。

旅客期望受各种各样的因素影响，包括企业可控和不可控的因素。无论是对于最终消费者还是组织消费者、纯粹的服务还是产品附加服务、有经验的消费者还是没有经验的消费者，期望的类型和来源都是相同的。

1. 旅客运输服务

旅客运输服务是指为满足旅客的需要，运输企业在客运站和车上开展的经营活动的总称。

服务的实质是保证旅客在旅行过程中，以旅客需求为中心，提供安全舒适的乘载工具和良好的环境。具体表现在：买票便捷、旅行时间少、安全、正点率高、乘坐环境舒适、服务周到、态度好、票价合理等。因此，要求旅客运输企业防止一切旅客伤亡责任事故，列车正点到发；车厢内有现代化设备；配备高素质的列车服务人员，提供优质的服务；办理旅行手续便捷；收费规范，对团体客票给予优惠；为方便旅客售票，增设售票点，实现计算机售票、电话售票、网上订票；优化列车开行方案，提倡列车高密度、多等级，开行精品列车；全面提高旅客列车的旅行速度。

2. 旅客期望

旅客期望是指旅客心目中认定的客运服务应达到和可达到的水平，是旅客评价服务的关键。旅客期望依水平不同可以分为理想服务期望、适当服务期望和预测服务期望。理想服务反映旅客希望得到的服务；适当服务反映旅客愿意接受的服务；预测服务是旅客认为其可能得到的服务。

理想服务期望水平是指旅客希望获得的服务绩效水平，是旅客服务期望水平的上限，当旅客感知服务质量达到或超过这一水平时，旅客会很满意；适当服务期望水平是指旅客可接受的最低服务绩效水平，是旅客服务期望水平的下限，如果旅客感知服务质量低于这一水平，旅客会不满意；当旅客感知服务质量介于两者之间时，旅客承认并愿意接受服务绩效可能出现的差异，这一区域被称为容忍区域，该区域会因旅客、服务维度、初次服务还是服务补救等方面的不同而发生扩大或缩小，其中理想服务期望水平一般会由于经验的累积而逐渐上升，适当服务期望水平则会由于环境的影响出现上下波动。

高于理想服务水平，旅客非常高兴并感到吃惊，服务以积极的方式引起旅客的注意；低于适当服务水平，旅客感到受到挫折并对企业的满意度降低，服务以消极的方式引起旅客的注意。

3. 旅客期望与旅客满意对应关系

客运服务中旅客期望与旅客满意之间的关系，大致可分为以下三个层次。

(1)旅客的要求必须满足，对应的旅客期望是基本期望。旅客认为这类产品或服务是应当提供，也是应当得到的，不需要去明确表达这些期望。例如，列车内部的卫生环境，如果不好，会让旅客产生不满。

(2)旅客要求明显，对应的旅客期望是显性期望。旅客明确知道自己需要什么样的服务，并能够表达和想象出来，而且认为铁路客运企业应该清楚他们的期望，并能够满足他们。如果这个层次的旅客要求和期望得到满足，旅客会对企业的服务表示基本满意。因为旅客这类期望的高低是与旅客消费档次相关联，故可认为是价格关联期望，旅客支出愈多，其期望愈高，当然高的票价就会对应优质的服务。

(3)旅客期望得到额外的收获和满足。对应旅客期望是超值期望，旅客隐约希望得到这些不确定服务，但这些服务是什么样的，自己又说不清或想象不出，所以他们并不指望能够提供这些服务。正因为如此，即使企业没有满足旅客的这些期望，也不会影响他们对服务质量的感知。然而，一旦旅客得到这些服务，就会喜出望外，十分满意。

旅客的需求是因人而异并不断变化的，而且会越来越高，因此准确地把握旅客的需求是铁路客运企业运营管理的前提。

4. 影响旅客服务期望的因素

(1)影响旅客服务期望的可控因素和不可控因素

影响旅客服务期望的可控因素包括明确的服务承诺和含蓄的服务承诺。影响旅客期望的不可控因素包括忍耐服务的强化、个人需要、暂时服务强化因素、可感知的服务替代物、自我感知的服务角色、口头交流、过去的经历、环境因素、预测服务。

(2)影响容忍区域的因素

①不同的旅客具有不同的容忍区域。例如,体验惯了好的服务的旅客要比一般旅客容忍程度低,挑剔的旅客要比随和的旅客容忍力差。

②不同的服务维度导致不同的容忍区域。旅客对服务过程和结果的五个评价维度包括可靠性、响应性、保证性、移情性和有形性。五个维度容忍区具有各自不同的特征,使得最终顾客对总体服务质量容忍区的确定与这五个维度的容忍区位置及形状密切相关。

(3)影响理想服务期望的因素

影响理想服务的因素包括两大类:一是忍耐服务的强化;另一类是个人因素。

忍耐服务的强化,一方面受到派生服务期望的影响,指的是某旅客的期望受到另一群人期望的驱动;另一方面受个人服务理念的影响,个人服务理念是旅客对于服务的意义和服务提供商正确行为的根本态度。

(4)影响适当服务期望的因素

影响适当服务期望的因素包含五个方面:暂时服务强化因素、可感知的服务替代物、自我感知的服务角色、环境因素和预测服务。

①暂时服务强化因素通常是短期的、个人的因素,这些因素使旅客更加认识到服务的需要。迫切需要服务时个人紧急情况会提高适当服务期望水平,尤其在认为所需要的是可以接受的反应水平时。当初始服务失败时,对补救服务的适当服务期望将会提高。

②可感知的服务替代物指旅客可以获得服务的其他提供商,如旅客可选择铁路、公路、航空以及水运出行。旅客可感知的服务替代物的存在提高了适当服务的水平,缩小了容忍区域。

③自我感知的服务角色指旅客对所接受的服务水平施加影响的感知程度。明确说明期望的服务水平的旅客,可能对没有达到该水平的服务更为不满。旅客在服务中积极参与也影响该因素。旅客感觉到他们没有履行自己的角色时,其容忍区域会扩大。如果旅客在服务传递中对服务施加了影响,对适当服务的期望就会提高。

④环境因素指旅客认为在服务交付时不由服务提供商所控制的条件。一般而言,环境因素暂时降低了适当服务的水平,扩宽了容忍区域。

⑤预测服务指旅客相信他们有可能得到的服务水平。这种服务期望可以看做是旅客对即将进行的交易或交换中可能发生事件的预测。

(5)影响预测服务的因素

影响预测服务的因素:明确的服务承诺、含蓄的服务承诺、口头交流和过去的经历。

①明确的服务承诺是企业传递给旅客的关于个人和非个人说明,明确的服务承诺既影响理想服务水平又影响预测服务水平。

②含蓄的服务承诺是与服务有关的暗示,往往被与服务有关的价格和有形性控制。一般而言,价格越高,有形性印象越深,旅客的服务期望也越高。

③口头交流由当事人而不是企业发表的个人及非个人的言论,由于被认为没有偏见,所以是很重要的信息来源。专家、朋友和家庭也是可以影响理想和预测服务水平的口头交流的来源。特别对于旅客运输这种在购买和直接体验之前难以评价的服务中,口头交流非常重要。

④过去的经历。旅客在将经历与其最理想的服务进行比较。

三、旅客对服务的感知

旅客对服务的感知,即旅客对服务的感受和体验。旅客根据服务质量及其体验到的总体满意程度来感知服务。所以,质量、满意是研究者和管理者关注的焦点。

(一)旅客满意

旅客满意是广义上的感知方式,它不仅受旅客情感反应、成败的归因和公平感知的影响,还受到运输服务属性和特征的影响。

1. 旅客满意的含义

资深学者奥利弗在《消费者满意》中提出:满意是消费者对期待不一致的感知,它提供了一个与消费相关的实践的愉快水平。

对于服务企业而言,质量评估是在服务传递过程中进行的,在服务过程中,顾客与服务人员要发生接触,顾客对服务质量的满意可以定义为:对服务接受的感知与对服务期望的感知的比较。

旅客满意就是旅客根据其需要或期望是否被满足而对旅客运输服务进行的评价,没能满足需要和期望的旅客运输服务导致了不满意;超出需要和期望水平的旅客运输服务导致喜出望外。

衡量旅客满意度对运输企业来说至少有以下几方面的好处:

(1)有利于测定运输企业过去与目前经营质量水平,分析竞争对手与本企业之间的差距。

(2)了解旅客的想法,发现旅客的潜在要求,明确旅客的需要、需求和期望。

(3)检查企业的期望,以达到旅客满意和提高旅客满意度,有利于制定新的质量改进和经营发展战略、目标。

(4)增强运输企业的赢利能力。

(5)明确为达到旅客满意,企业在今后应该做什么,是否应该转变经营战略或经营方向。

(6)通过旅客满意度衡量把握商业机会,明白未来的需求或期望是最大的商业机会。

2. 影响旅客满意的因素

旅客是否对旅客运输服务感到满意受多种因素的影响,具体有以下四个方面:

(1)基本服务价值方面,主要包括站、车的设施设备是否完善,旅行的空间是否满足需要,到发是否准时,价格是否合理,客运服务人员的服务是否到位等。

(2)环境价值方面,主要包括站、车的环境舒适情况,场地清洁状况,是否拥挤,通风和温度控制情况等。

(3)形象价值方面,主要包括运输企业的信誉评价,品牌形象评价,客运服务人员的仪容仪表及精神面貌等。

(4)其他方面,主要包括旅客情感和投诉处理情况等。

运输企业不仅要考虑到与旅客互动中的基本因素,还要考虑企业有时候传递给旅客的微妙信息,这些信息是对客运服务产生了正面还是负面的感情。从根本上来说,这意味着运输企业使得他们在接受旅行服务过程中的感受如何。

当旅客出现不满意情况,进行投诉时,客运服人员应该及时、耐心地处理,尽最大可能补救。

3. 提高旅客满意度的措施

运输企业要使旅客全面满意,必须以旅客为中心,应做到以下几点:

(1)知晓旅客诉求,满足旅客全方位、人性化需要

在服务中,工作人员应了解旅客的需要,并全力满足。可能有人会说,旅客服务哪能面面俱到。其实,并不是要满足每位旅客的需求,而是要将旅客工作的出发点立足于旅客所想,在整条服务链上针对不同类型的旅客提供更为人性化的服务。例如,为老、幼、病、残、孕旅客开辟绿色过检通道,或是为旅客提供多档次、大众化的餐饮服务。

(2)学会尊重旅客的意见,提高旅客满意度

如果希望别人尊重你,首先要尊重别人和别人的意见。正所谓"种瓜得瓜,种豆得豆",企业生存长久之道也在于是否倾听客户声音,尊重客户意见。旅客在视觉、听觉、嗅觉、味觉、体感五项感知上常常会有独特的感受和意见,因此要给予其充分的尊重,并从中寻找服务的短板,不断制定服务改进措施,继而获得旅客的信任。旅客也会更愿意分享他们的出行感受,从而更加尊重运输企业,形成企业与旅客间的良性互动,达到和谐发展的共赢。

(3)加强与旅客沟通,赢得旅客理解和支持

唯有不断沟通才能把工作做好,化解尴尬和被动的局面。例如,遇到列车晚点等情况,在做好列车接发保障工作的同时,客运服人员需要在候车大厅尽量安抚旅客情绪。通过车站显示屏、广播等方式及时告知旅客列车信息动态,保证信息发布透明,将列车晚点带给旅客的不便降到最少,旅客的抱怨和不满才会减少。只有赢得旅客的理解和支持,才能更好地履行愉悦服务的职责。

小故事:沟通的重要性

一位教授应土著族邀请去讲学,因为没有进行沟通而闹出许多笑话。土著族来听课的人用土著族最高的礼仪接待了他——身上未着寸缕,脖子上戴着项圈,腰上缠了一圈树叶,而教授却西服革履。第二天土著人都衣冠楚楚,教授自己却入乡随俗了。

愉悦是一种美好的心理体验,也是值得旅客回味的。在为旅客服务的过程中,唯有感知旅客的利益、兴趣、知觉点,从旅客的角度出发,方能做到"愉悦服务、愉悦体验"。

(二)服务质量

服务质量是旅客对运输企业服务成分的感知,也是旅客满意的决定性因素。就纯粹的服务来说,服务质量可以是旅客满意的最主要因素。

1. 服务质量的定义

(1)服务质量

特定的产品或者服务的质量是顾客感知的服务质量。

在服务过程中,当感知超出期望时,服务被认为具有特别质量,顾客表示出高兴和惊讶。当没有达到期望时,服务注定是不可接受的。当感知与服务一致时,质量是满意的。

我们总是在改进顾客感知服务质量,但是实际上对顾客感知服务质量的内涵并不真正的了解。如果只片面地强调提高顾客感知服务质量,而对服务质量是如何被顾客感知的,怎样才能改进和提高等问题不加以界定,那么这种强调是没有意义的,它可能只是一种口号。

(2)服务质量与旅客满意的联系和区别

服务质量作为一个评估的焦点,反映旅客对特殊方面的感知;满意是一个更广义的概念,含义更加丰富;服务质量是旅客满意的一部分。

2. 服务质量的维度

研究表明,在顾客看来,质量不是一个一维的概念。换句话说,也就是顾客对质量的评价包括对多个要素的感知。根据PZB(英国剑桥大学的三位教授Parasuraman,Zeithaml,Berry,提出服务品质概念模式)1985年的研究,服务产品的顾客对服务产品质量将关注集中在十个维度方面:有形性、可靠性、反应性、沟通性、可信性、安全性、能力、礼貌性、理解顾客性和可获得性。经过验证这十个维度相互之间有重叠的地方,通过归纳与合并,1988年PZB将其归纳为可靠性、响应性、安全性、移情性、有形性五个方面。实践证明这五个维度之间有很好的独立性和与总体的相关性。五个维度的含义分别如下:

(1)可靠性

可靠性即准确可靠地执行所承受服务的能力，是指提供者一贯地、可靠地、精确地履行承诺的服务能力，如运输企业提供服务的及时性和其承诺的履行情况、服务提供者保存与管理记录的准确性等。可靠性被美国消费者普遍认为是服务质量感知最重要的决定因素。

例如，火车票上写的列车发出时间就是铁路系统对旅客的承诺。准时到发与车上服务相比更是一种核心服务，因此如果不能准时到发，那么列车上的服务得再好也很难使旅客在总体上感受到好的服务质量。

(2)响应性

响应性即自愿帮助顾客及提供便捷及时的服务，主要强调在处理顾客要求、询问、投诉和问题时的专注性和快捷性。

在旅客运输过程中，客运服务人员应积极快速的响应旅客的诉求和询问，这一方面需要服务人员自身努力，同时还需要管理者做好相关的培训。

小案例：反映性

美国比恩(L. L. Bean)邮政公司就是以反应性作为自己的服务特色。该公司成立了专门应对和处理顾客问题的顾客服务部，并加强了一线服务人员的反应性培训。为了增强服务反应性，该公司又将顾客服务部人员分成三组：一组人员专门解顾客电话，一组人员专门处理顾客电话中的问题，另一组人专门处理顾客信件。该公司发现这样的分工有助于增强反应性。

(3)安全性

安全性即服务人员的水平和谦恭态度及其能赢得顾客信任的能力，在顾客感知的服务包含高风险或顾客不能确定自己有能力评价服务的产出时，该维度可能特别重要。

(4)移情性

移情性即给予顾客关心和个性化的服务，也称作“人情味”。其本质是通过个性化的或者定制化的服务使每个顾客感到自己是唯一且特殊的。

例如，在端午节期间，客运服务人员自制五彩绳，为列车上的旅客免费发放，会使旅客在旅行中也感受到浓浓的节日气氛，产生积极的情绪。

(5)有形性

有形性即服务人员可以提供优良服务的有形证明，如设备与服务人员的外观、用以提供服务的工具和设备完好情况、服务人员的精神面貌等。

有形性是旅客感知服务质量的一个重要层面。有形性能加深和帮助旅客对运输服务企业其他四个层面的质量感知。

3. 服务质量的构成

服务或多或少是一种主观体验过程。在这个过程中，生产和消费是同时进行的。消费者和服务提供者之间就包涵很多个关键时刻在内的互动关系，它对服务质量的形成具有非常重要的影响。

旅客最终是通过运输企业提供给他的技术产出感知和提供方式来判断感知服务质量的，即包括技术质量(结果要素)和功能质量(过程要素)。旅客通过运输企业的服务，得到了空间的位移，实现了旅行的目的，这是属于技术要素，它无疑是旅客判断客运服务企业提供的感知服务质量的一个重要因素。

旅客在与运输企业交往过程中得到了他们需要的东西，对旅客而言的确很重要。但另一方面不能忽视的是旅客感知服务质量中的另一个要素——功能质量。旅客与服务者之间存在一系列的互动关系，包括不同的关键时刻，技术质量只能是旅客感知服务质量的一部分，而不能是全部。技术质量提供给旅客的是一些客观要素，旅客可以从最后的结果体验中感受它的质量；而功能质量是一个主观要素，旅客要与服务提供者在若干个关键时刻中接触才可以体验，是主观要素，是伴随着生产与消费而同时进行的。

旅客在与服务提供者接触过程中是存在着比较观念的。一方面同时消费的旅客会对旅客感知服务质量产生影响，在服务提供的过程中，旅客会吸收一些间接的体验，从而来对旅客感知服务质量进行评价；另一方面，旅客会与自身曾经经历过的同类服务进行比较，如买票排队时间的长短、服务提供速度的快慢、服务人员在服务过程中的态度的好坏等，这些都会影响旅客的整体评价。

总之，在旅客感知服务质量的要素中，应包括两个因素即技术质量和功能质量，这两个部分表明了“得到了什么服务”和“如何得到服务”。同时，我们应该理解功能质量不同于技术质量，它一般不能用客观标准来衡量，主要是依靠旅客的体验。

4. 服务质量问题分类

根据服务质量对旅客、社会造成影响的大小，对旅客造成的伤害程度及财产损失多少等，服务质量问题共划分为以下四类：

(1)服务质量反映：指未按服务质量的要求提供规定的服务内容造成旅客的不良反应，其影响较小或甚微。如旅客对车站设备、环境卫生、服务态度等方面的服务质量不满意而产生的不良反应。

(2)服务质量差错：指服务质量不符合规定要求，造成不良影响但未造成实质性后果或未构成旅客伤害的服务质量问题。

(3)服务质量事故：指服务质量不符合要求，造成旅客轻伤、物品损失较大及影响很大的质量问题。

(4)服务质量事件:指服务质量不符合规定要求,造成旅客重伤以上伤害、物品损失巨大及影响重大的质量问题。

例如,在铁路旅客运输过程中,旅客误乘、误降,列车晚点,旅客财产损坏、丢失、被盗等事故的发生,反映出铁路运输的服务质量仍有待改善和完备。服务中的两个关键因素是服务者和旅客,在不同场合和不同员工之间都存在着一个范围内的服务标准波动性,当这种波动超出合理范围后,就有可能导致旅客产生直接或间接的不满。

(三)服务接触

1. 服务接触的定义

在利用旅客感知服务质量寻求竞争时,必须特别注意服务的交付制度,就像确保产品质量需要在生产过程中严格控制一样,服务质量由对交付过程的控制所决定。事实上旅客与服务提供者在交付过程中,从最初接触到完成产品与服务的使用的所有服务联络点都可以定义为“接触”。因而,本书中将服务接触定义为旅客与服务系统发生关系的每一个瞬间。

从旅客的角度来看,当旅客与运输服务企业接触时,一项服务在服务接触或“关键时刻”中能够给旅客带来生动的印象,通常这种短暂的接触往往发生在旅客服务活动的一瞬间,也就形成了对其感知服务质量好坏的评价。

从运输企业的角度看,每一次的服务接触也提供了证明其作为合格运输服务提供商的潜力和提高旅客忠诚度的机会。

2. 服务接触的重要性

第一次接触时,旅客往往没有评价该组织的其他标准,会形成旅客对运输企业的第一印象。每一次接触对于建立旅客运输企业在旅客心中的完整形象起到重要作用。

小贴士:首因效应的影响

(1)它是有先入为主的特点,不管旅客对服务人员的第一印象是否正确,它总是以鲜明、最深刻的方式印在旅客的脑中。第一印象会造成认知上的惰性,形成对被知觉对象的固定看法。

(2)它不仅影响旅客心理活动,而且还影响服务交往,有时甚至影响服务工作能否顺利进行。

(3)服务人员第一印象深刻而又牢固,一旦旅客对服务人员产生不良的第一印象后,要改变它,是十分艰难的,往往要付出比前者大出几十倍的力气,才能动摇其印象。

不是所有的接触具有相同的重要性，有些特定的接触是实现旅客满意的关键，这些接触对于维系旅客关系至关重要。除了普通接触之外，还存在一些重要的接触，这些接触可能会把旅客彻底地、永久地赶走，或者可能使旅客保持对组织一生的忠诚。

例如，在旅客运输过程中，出现突发事故，如果处理不得当，使旅客的人身安全和财产受到损失，就很可能会永久的失去旅客；如果处理得当，及时安抚旅客，使损失降到最低，并积极进行补偿，就会得到旅客的谅解及肯定。

3. 影响服务接触中愉快或不愉快的因素

影响服务接触中愉快或不愉快的因素主要有四个方面：补救（失误之后）、适应能力、自发性和应对。

（1）补救是服务人员对服务传递系统失误的反映

补救是指服务传递系统发生故障时，服务人员被要求采取某种方式对旅客的投诉和失望做出反映。运输服务企业在与旅客接触中难免有过错。在发生服务过错时，如果能诚恳地认错并及时地采取补救的措施复原旅客所需的服务，就可能消解旅客的怨气，平息矛盾，转"危"为安。

一般旅客对铁路所提供的服务往往有较高的期望值，服务不当会使旅客产生过度的不满和抱怨，因此进行服务补救是铁路服务工作者必须重视的。在很多情况下，服务补救的有效性很大程度上取决于旅客与服务提供者之间的互动。铁路与旅客互动的渠道是很多的，如面对面交流、电话拜访，以及 E-mail、网站或是自动语音系统、投诉中心等。目前，铁路与旅客的互动还处在一个比较低的水平，基本上都是采用面对面的交流方式，限制了铁路对旅客信息的全面掌握。所以，与旅客建立起长期的互动关系，将提高旅客的满意度和忠实度，为铁路客运增加更多的客流。

（2）适应能力是服务人员对旅客需求和要求的反应

运输企业在与旅客的接触中如能重视和适应旅客个性化的、特殊的需要，那么就容易使旅客获得愉悦的感知。要能做到适应旅客个性化需要是不容易的。不少没有受过训练的服务人员，常常会对有个性化需求的旅客抱以反感态度和不愿以满足这种个人化的需求。而且服务人员这样做一般还并没有违反机构规范，因为大多数服务规范很难包括满足这种个性化需要的要求。但旅客对自己个性化需要是否能满足看得很重。因此，运输企业在制定服务规范和对服务人员培训时应当协调规范性和适应性之间的矛盾。

（3）自发性是服务人员主动提供服务的行为

服务人员在与旅客的接触中如能积极地、创造地提供某些"额外"的服务，或满足旅客某种潜在的和不好意思开口的需要，那么会使旅客获得非常愉悦的感知。旅客从这种服务人员自创性的服务中能够感知到自己受到关爱和尊重，感知到服务人员的"精神美"及"诚意服务"。

(4)应对是服务人员对问题旅客的反应

问题旅客是指由于旅客自身原因而引起的对客运服务不满意的旅客。旅客运输服务人员要处理问题旅客并使他们获得良好的感知。

①要提高警惕,要认识到旅客不是个个都愿意配合、愿意合作的。如果没有警惕性,那么一旦遇到问题旅客就会手足无措或就会做出不冷静的行为。

②要冷静,要耐心说服。关键要让问题旅客知道问题来自他自己,是所谓"庸人自扰"。

③要多表扬那些与服务人员配合良好和遵守公共规范的旅客,以教育问题旅客。

4. 服务接触中应做和不应做的行为

根据影响服务接触中愉快或不愉快的因素,将服务接触中该做和不该做的行为进行分类整理见表 3-1。

表 3-1　服务接触中应做和不应做的行为

主　题	应　做	不应做
补　救	承认存在的问题 解释原因 道歉 补偿 / 改进 安排被选方案 承担责任	不理睬旅客的要求 责备旅客 让旅客自己照料自己 降低档次 不承认任何错误 推卸责任
适应能力	认识到旅客需求的重要性 承认存在的问题 预计旅客的需求 尽量使旅客感到满意 调节服务系统 解释规定/政策	承诺但不实现 流露出不愿努力的情绪 使旅客尴尬 嘲笑旅客 回避责任 推卸责任
自发性	多给旅客点时间 预期旅客的需求 集中注意力,显示出心领神会 倾听旅客的要求 提供信息	流露出不耐烦的情绪 忽视旅客要求 嘲笑 / 叫喊 / 咒骂 从旅客身边偷偷溜走 歧视旅客
应　对	倾听 尽力使旅客感到满意 解释	仅仅个人地接受旅客的不满 让旅客的不满影响他人 不予理睬

第三节　旅客旅行的个体心理与服务

旅客乘车旅行的心理活动，贯穿了从他产生旅行的需要开始，到他到达目的地结束旅行为止的整个过程。旅客作为个体，心理活动既体现着一般规律，又具有个别特点。因此，本节对旅客旅行的共性、个性心理与服务作简要的介绍。

一、旅客旅行的共性心理与服务

旅客旅行的共性心理是指所有旅客在乘车旅行的过程中从开始买票到旅行终了，经过各个环节，遇到各种情况，所具有的相同的心理活动。一般来讲，人们出门旅行首先要考虑选择乘坐何种交通工具，其共性的心理主要表现为要对交通工具的安全、经济、迅速、方便等方面进行比较，然后再对舒适程度、服务质量等方面进行比较，分析那种交通工具的旅行条件优越，最后选定交通工具。旅客在旅行中的共性心理，是相当复杂的。下面对旅客共性心理活动进行一般性的分析。

共性心理需要可划分为总体方面的需要和各旅行阶段的需要。

(一)旅客旅行总体方面需要的表现

总体方面的需要是每一个旅客在整个旅行过程中(包括旅行的准备工作及乘车旅行)一直存在的需要，主要表现在以下几个方面：

1. 安全心理

旅客乘车旅行最根本的需要就是安全的需要，它包括人身安全和物品安全两个方面。为保证旅行安全，旅客常综合考察自然环境状况、社会治安情况和运输工具的安全性等内容，再作出是否旅行的决定。

当亲友出门旅行时，我们祝福他“一路平安”，这代表了出门旅行者最普通、最基本的共性心理要求。既然是“一路平安”，就是指旅客从离开家门，一直到目的地，包括旅行的全过程都平平安安。

“平安”就是不发生任何危及人身安全和财物安全的意外事故，也就是不会发生人身碰挤伤、摔伤、烫伤等伤害情况，旅行中所携带的财物、文件资料保持完整，不会发生任何丢失或损坏的事情。

在旅客运输服务过程中，努力实现旅客旅行安全心理要求，这是所有客运服务人员的首要工作。要求铁路运输部门加强社会、铁路沿线、车站和列车的治安管理，从技术装备上提高运输载体的安全性，从安全管理上提高客运服务人员对不安全因素的预测和及时处理等方面的努力。

2. 顺畅心理

送亲友出门旅行时，除了祝福他“一路平安”外，常说的另一句话是“一路顺风”，讲的是旅行中的顺利、愉快问题，这也是出门旅行者的一个共性心理要求。还有一句话“穷在家里，富在路上”，讲的也是旅行的顺畅心理问题。

旅客到车站购票，能够顺利地买到自己需要的车票；上车时，人虽然多，但能够顺利地找到座位；在用餐时间，车站或列车上能够提供经济、卫生、可口的食品；食用自带食品时，车站或列车能够随时提供开水；列车在运行途中，因某些原因，如铁路线路施工，意外运行事故等而耽搁，在这种情况下，能否保证列车正点到达终点站；准备换车时，有充裕的时间赶上接续换乘的列车等等。这些都是旅客出门旅行的顺畅心理要求。

要满足每位旅客的顺畅心理要求，做到时时顺畅、事事顺畅是不现实的。但是，从旅客运输服务管理角度，应尽最大的努力满足旅客的需要。在为满足旅客需要而做工作的同时，还要做好宣传工作。对旅客要有良好的服务态度，遇到不能满足旅客要求的事情，要进行耐心解释，使旅客明白为什么需求没有得到满足。在旅客旅行的过程中，由于运输部门的原因而发生的延误，影响到旅客旅行的顺利进行，旅客有权了解发生的原因，运输服务人员应把原因通告给旅客，让旅客心里有数，使其能够对自己下步的行为预先进行计划。

3. 快捷心理

随着社会的发展，人们的时间观念发生了重大的变化，“快捷”成为旅客一个主要要求。缩短旅行时间，迅速到达目的地，可以节约时间，同时减少旅行疲劳。

4. 方便心理

方便的需要表现在购票、进出站、上下车以及中转乘车等方面的便捷性。“方便”要求减少旅行中的各种中间环节，达到“快捷”的目的。法国巴黎的地铁公司曾经提出从城市的任何一个地点到地铁车站的距离不超过500米的口号，这是从最方便市民乘坐地铁的角度考虑的。虽然巴黎的地铁还没有达到口号中的程度，但这种思想是值得赞许的。

旅客出门旅行，希望处处能够方便，这是一种很普遍的共性心理。为了适应旅客的方便心理，需要采取一些措施。例如，售票处多开售票窗口，延长售票时间；旅客进、出站妥善安排检票口和检票人员；站内通道设置引导牌；列车上随时办理补票手续；及时通告到站站名；餐车将盒饭送到每节车厢和保证开水及时供应；保证厕所开放，随时提供洗漱用水；其他希望旅客运输服务部门提供的服务项目。从质量上，旅客希望运输服务部门提高办事效率，简化手续，改善服务态度等。

满足旅客的方便心理要求，其要点是使旅客感到处处、事事、时时方便，节省时间，能够使事情顺利办成。

5. 经济心理

经济心理表现在旅行需要的满足程度与所付出的费用和时间相比较，希望在一定的需要满足程度之下，所付出的费用和时间最少。但旅客在乘车旅行中对经济性的考虑，一般是将两个因素结合在一起：一是花钱的多少；二是由谁出钱，是自己还是他人。

6. 舒适心理

随经济的发展，人们生活水平的提高，旅客对旅行的舒适性的要求提到重要日程，对乘车环境、文化娱乐、饮食、休息睡眠等内容的要求相应提高。这种需要的强度和水平受多种因素影响，特别是旅行时间的长短往往是起决定作用的因素。

7. 安静心理

旅客出门旅行，离开家或工作场所，来到站、车，与其他旅客一起，共同旅行，一直处于动荡状态中。在嘈杂的环境中，尽量保持安宁，减少喧哗，动中求静，这是人之常情，是大多数旅客的共同心理要求，尤其是在人较多的候车室和车厢内，要求更为迫切。

要保持旅客旅行中的安静环境：一方面旅客本身要约束自己，不要大声说话，喝酒猜拳，来回走动等；另一方面客运服务人员有责任加强对乘车环境的管理，积极地组织诱导和制止不利于安静的事件，避免旅客大声喧哗、吵闹，更要避免与旅客发生口角、争吵，影响旅客休息。

心情安静与否，在一定程度上取决于人对环境的感受。一个井然有序的环境，可以使人心平气和，心情平静。因此，要求加强对环境有序性的管理，这种有序性包括两个方面：一是物的有序性，二是人的有序性。另外，保持站、车公共场所的清洁卫生也是有序性的一种表现。清洁、卫生的环境使人心里愉快，心情平静；脏、乱、异味弥漫空间的旅行环境，会使人心里烦躁，心情郁闷，而不能平静。

8. 被尊重心理

旅客的被尊重心理需求是指旅客希望自己的人格、习俗、信仰、愿望、要求受到客运服务人员的尊重，希望看到热情的笑脸，听到友善的话语。一旦人格受到屈辱，自尊心受到伤害，便会产生反感，甚至可能导致双方的冲突。

（二）旅客旅行各阶段心理需要的表现

在旅客旅行过程中，不同的阶段，存在不同的心理活动和需要内容。因此，需要对每一阶段的心理活动进行分析，实施有针对性的服务，以保证旅客的要求得到满足。旅客乘车旅行的心理活动过程可划分为以下八个阶段：

1. 旅行动机的产生

任何一种旅行都有它的动机，主要表现在出差、旅游或探亲等方面。在作出旅行决定时，旅客常常对旅行的各种情况进行综合分析，存在一定程度的旅行顾虑。

2. 旅行工具的选择

当旅客决定旅行后，就会考虑旅行工具的选择。旅行工具有铁路、公路、民航、水运等。对旅行工具的选择受旅行动机、旅行者身份、旅行时间、旅行费用以及旅行工具的安全性、舒适性、服务质量等方面的影响。

3. 购票

购票心理主要表现在以下两个方面：

(1)购票前的心理，反映在对乘车线路、车次及始发终到时间、购票时间、购票地点、购票手续、车票紧张情况等旅行信息的了解方面。

(2)购票时的心理，反映在对旅行信息的进一步了解和掌握上。希望售票窗口按时售票，有良好的秩序，不需排队，售票人员服务热情，售票正确无误，能够买到符合个人要求的乘车日期、车次、到站、席别的车票。希望提供预售、函订、电话预约、送票等多种服务。

4. 去车站

考虑从住地到达车站所需要的时间，以及对市内交通工具的选择。旅客常常担心赶不上车，所以总要提前一段时间到达车站。

5. 进入车站及上车

在车站等候上车时的心理活动表现为多种形式，主要反映为：

(1)能否顺利进入车站。

(2)希望办理物品托运的手续简单，迅速准确，在一个地方一次能够办完，不必增加搬运次数。还有人希望旅客运输部门提供接送业务。

(3)寻找指定的候车位置，担心候车位置不正确。希望检票地点明显，候车场所清洁、温度适宜、空气清新、照明充足，各种揭示牌简明，广播及时、清楚，夏季在室外有遮日光、避风雨的休息条件，候车时间长的旅客希望能够有专门的休息地点。还希望有适宜的用餐、购物、文娱活动场所等。

(4)信息不清楚时希望一次能够得到清楚、正确的回答，怕服务人员态度生硬，回答时不耐烦、不清楚。

(5)因提前到达时，等待时间如何消遣。

(6)候车旅客多时，担心进站台拥挤及车上无放物品之处；希望能按时、有秩序地检票，有秩序、按顺序上车。

(7)需要对随身携带物品寄存时，希望手续简单、寄存可靠、不发生物品损坏，希望寄存费用低廉。

(8)漏乘时对车次的变更及退票的处理。

6. 车上旅行

在列车上，旅客的需要表现在物品及人身安全、环境舒适、饮食方便、旅行中的消遣、对目的地基本情况的预先了解等。对长距离旅行的旅客来讲，这些需要表现得更为明显。

(1)在硬座车厢内乘车，希望能够迅速找到座位，放置好物品。希望车内卫生、整洁，不拥挤，饮水、饮食方便，服务人员热情，能够提前通报到站站名，有一定的娱乐设施。

(2)在卧车内乘车，希望乘车环境清洁、安静，得到舒适的休息，旅行途中不被干扰。

(3)在餐车用餐，希望用餐方便，卫生可口，质量好，价格适宜。也希望能够送饮食到车厢或买到其他经济食品食用。

(4)在沿途大站站台上购物，希望能够买到当地土特产品和风味食品。列车到站前，能够得到这方面的信息。

7. 到站下车及出站

旅客到达目的地车站后，考虑到托运物品的提取、城市交通工具的选择、饮食、旅馆等方面。希望能够有秩序、迅速出站；有亲友接站的旅客，希望能够很快见到迎接的亲友。

8. 继续乘车旅行

如果旅客在到站作短暂的停留之后继续乘车旅行，需要解决中转签字或重新购票，以及在停留地的住宿、饮食等方面的问题。

(三)旅客旅行心理需要的规律性表现

旅客旅行需要，无论是在总体的表现，还是在各阶段的表现，都呈现一定的规律性，概括为以下三点：

1. 需要的档次性

随需要的满足，需要的档次在提高。对于旅客来讲，在把乘车旅行的需要转变为行动前，总是先把需要水平定在一定的程度基础上。这样，在其行动时，就会出现以下两种情况：

(1)需要水平定得太高，旅行条件不允许，需要不能得到实现。如果出现这种情况，旅客的旅行受到挫折，旅客可能会产生两种反映：一是中止旅行，二是将需要水平降低。然后再看旅行条件是否允许。

(2)旅行条件能够满足需要水平的实现，这样旅客旅行的行为能够进行下去。但旅行能够进行下去的同时，旅客的下一步需要水平也会相应地提高。因此，需要的满足，经历了由简单到复杂、低级到高级、物质到精神的发展过程，相互联系又呈现阶梯式上升。

例如，旅客在对旅行条件分析的基础上，将车票需要水平定为硬座票。如果到售票处很容易地买到了车票，这时他就可能想到如能买到硬卧票多好；如果硬座票没有买到，而他又必须旅行，这时就会想到有张无座号票也行了。

2. 需要的强度性

旅行需要的强度受多种因素影响和制约，尤其是在旅行的目的、距离、时间以及服务人员的服务态度和质量等方面。

3. 需要的主次性

在旅客旅行的过程中，心理活动反映出的需要不是单一的，而是有许多种。各种需要之间又不是并列的、不分主次的关系。在旅行的每一阶段总有一种或两种需要处于主导地位，其他需要处于从属地位。例如，乘车前，购票需要是第一位的。车票买不到，其他旅行的所有需要都不能成为现实；买到车票后，有关乘车安全、生理等方面的需要则成为主导地位。

所以，要掌握旅客心理活动规律性变化，为深入细致地做好服务工作创造条件。

(四)满足旅客旅行共性心理需要的心理服务措施

为满足旅客旅行心理需要，提出全方位的心理服务思想。全方位服务思想就是将旅客旅行整个过程中产生的所有心理活动综合在一起考虑，使旅客的需要得到满足的一种服务思想。实施全方位心理服务可从以下三方面入手：

1. 延伸性服务

延伸性服务包括旅客进入车站前，及出车站后的所有方面。其主要服务项目包括以下三个方面：

(1)加强旅客运输服务信息的宣传与信息的咨询。根据旅客旅行的需要预先或随时提供旅客所需要的各种信息，沟通旅客和旅客运输部门之间的相互了解。

(2)做好与其他交通运输工具的协调配合，满足旅客集结、疏散、中转乘车的需要，加强旅客列车发生晚点等异常运行情况时对旅客的组织。

(3)加强旅馆、餐饮业的组织和管理，满足旅客住宿、饮食方面的需要。

2. 车站服务

车站服务项目需要从软件(即管理)，以及硬件(即设备设施)两方面入手。

(1)加强客运服务人员的职业培训与管理，提高客运人员的管理水平、业务能力和职业道德水平，提供周到、热情、使旅客满意的服务，保证对旅客的进出站、上下车的有效组织。提高中转签证、补票、退票及漏乘等方面的服务质量。

(2)改进铁路车站的设计。例如，改进车站的进出口，使其有利于旅客的进出；增加购物、饮食、饮水、洗漱、厕所、娱乐、休息等服务设施。

(3)采用先进的技术设备，如客票预售系统、旅客自动引导显示系统、列车到发微机通告系统、旅客信息咨询系统、广播系统、行包托运管理系统等，满足旅客对旅行信息、购票、上下车等方面的要求。

3. 列车服务

提高列车服务质量同样需要从软件和硬件两方面考虑。

(1)加强对列车工作人员的技能培训，提高列车工作人员的素质和服务水平，做到随时根据旅客的需要，提供满意的服务。

(2)改进列车的饮食供应，提供物美价廉的食品和饮料。

(3)从旅客列车车体的设计和运用方面考虑，提高车体的座位的舒适性，加强车厢内的通风、温度调节，增加车厢内的娱乐、广播电视设施；提高旅客列车运行速度，缩短旅客旅行时间。

对旅客共性心理需要的研究是旅客运输部门加强旅客运输管理，采取各种服务措施的基础。在旅客运输市场竞争不断趋于激烈的情况之下，提高客运服务质量，努力树立旅客运输企业的形象，是提高旅客运输企业竞争力的重要措施。客运服务质量提高的标准，就是从根本上满足旅客的需要。为旅客提供全方位的服务，需要对旅客心理活动进行系统的分析，了解旅客的需要，采取措施，这样会更为有效地解决旅客运输中存在的问题。

二、旅客旅行的个性心理与服务

人们在旅行过程中的共性心理，是大多数旅客在旅行时普遍的、通常的心理要求。但对于每个旅客来说，由于自身条件、旅行条件、个人性格、爱好、观念的不同，又必然会有不同的心理要求，这就是旅客旅行的个性心理需要。例如，学生的旅行心理，有的学生是好动不好静，也有的学生却是好静不好动；买卧铺票的旅客有的希望买到下铺，而有的旅客却愿睡中铺，甚至上铺。可见在旅客的共性心理需要中包含着个性心理需要，普遍规律中蕴藏着特殊性。

旅客在旅行过程中，当旅行条件发生变化时，心理要求也会随着变化。旅行者的心理活动除受自身条件制约以外，还受客观事物多变的影响。所以，旅客的个性心理与共性心理相比较，是十分复杂的。

客运服务人员在服务工作中，既要掌握旅客旅行的共性心理，又要探索和理解旅客的个性心理，才能避免服务工作的片面性和盲目性，才能做到更加主动、更有针对性地实现文明服务、礼貌待客。

由于广大旅客的个性心理复杂多变，形形色色，包罗万象，客运服务人员要全部了解、掌握是极困难的，而且也无这种必要。但我们应该注意综合一些具有较普遍、较典型、有代表性的个性心理，以便在日常服务中能够了解旅客的心理，提供有针对性的服务。

社会上的每一个人，都有可能成为旅客运输业的服务对象，从乘车旅行的角度，适当将市场细分，从研究每一类旅客的心理需要来了解这一类旅客旅行的个性心理需要，是有效地解决问题的出发点。

下面用七种分类标准对旅客进行分类，分析每一类旅客的旅行心理。从某种意义上讲，这种通过分类获得的某一类旅客的心理，对全体旅客来讲，它属于个性心理；但对该类旅客讲，它属于共性心理。

（一）根据旅客气质划分

旅客的气质，在整个旅行活动过程中会通过他们的言行表现出来。深入细致地观察旅客的言行，可以了解旅客的气质类型，从而可以有针对性地提供服务。

1. 急躁型旅客

急躁型相当于胆汁质。急躁型旅客对人热情、感情外露、说话直率而快、言谈中表现自信，这种类型的旅客容易激动，通常喜欢与人争论问题，而且力求争赢。他们对服务的评价易走极端。他们在旅行中常常显得粗心，经常丢失东西。在服务工作中，对急躁型旅客，言谈注意谦让，不要激怒他们，不要计较他们有时不顾后果的冲动言语，一旦出现矛盾，应当尽量回避。随时提醒他们别乱扔、乱放和丢失东西。

2. 活泼型旅客

活泼型相当于多血质。活泼型旅客表现活泼好动，他们反应快，理解力强，显得聪明伶俐。他们动作敏捷、灵活、多变。旅行中他们对人热情大方，喜欢与人交往和聊天，喜欢打听各种新闻。他们情感外露，并且变化多端，经常处于愉快的心境之中。在服务工作中，对活泼型旅客，同他们交往，尽量满足他们爱交往、爱讲话的特点。在与他们交谈过程中，不要过多重复，以免产生不耐烦。旅行中服务人员应主动向他们介绍车站设施及娱乐场所，以及各地风光和特产，以满足他们喜欢活动的心理。

3. 稳重型旅客

稳重型相当于黏液质。稳重型旅客平时表现安静，喜欢清静的环境。他们很少主动与人交往，交谈起来很少滔滔不绝和大声说笑，情感很少外露，使人猜不透他们想什么或需要什么。但稳重型旅客自制能力很强，做事总是不慌不忙，力求稳妥，生活有固定的规律，很少打扰别人。他们反应慢，希望别人讲话慢些或重复几次，自己讲话也慢条斯理，显得深思熟虑。他们的注意力比较稳定，对新环境不易适应，但一旦适应了又对乘坐过的列车或打过交道的服务人员产生留恋之感。在服务工作中，对稳重型旅客介绍或交代事情时，应当注意讲话的速度，重点适当重复一下。一般情况不要过多地与他们交谈。如有交谈，尽量简单明了，不要滔滔不绝，以免他们反感。

4. 忧郁型旅客

忧郁型相当于抑郁质。忧郁型旅客感情很少向外流露，心里有事一般不愿对别人讲，宁愿自己想。旅行中表现性情孤僻、不合群、沉默寡言，不喜欢在公共场合与人交往和聊天。这类旅客对事情体验深刻，自尊心强，很敏感，好猜疑，想象丰富。他们在遇到困难或挫折时，会表现得非常痛苦，如丢失东西，身体有病或与人发生纠纷后会长时间不能平静。他们讲话慢，有时又显得话很多，怕别人听不清楚产生误会，他们行动迟缓、反应慢。在服务工作中，对忧郁型旅客应当十分尊重，对他们讲话要清楚明了，和蔼可亲。尽量少在他们面前谈话，绝对不要与他们开玩笑，以免产生误会和猜疑。当他们遗失物品、生病时，应当特别关心和给予帮助，想办法安慰他们，使之感到温暖。

小案例：遇到看戏迟到的情景

胆汁质的人会与检票员争吵起来，甚至企图推开检票员径直走到自己的座位上去，并埋怨说戏院的时钟走得太快了，他不会影响任何人。

多血质的人知道检票员不会放他进去，因而不会与其争吵，而是愤愤跑到楼上寻找另一个适当的地方观看演出。

黏液质的人知道检票员不会让其从检票口进入，他想反正第一场戏不会太精彩，还是暂时到小卖部等一会儿，等幕间休息再进去吧。

抑郁质的人则会说自己老是不走运，偶尔来一次戏院就这样倒霉，干脆回家吧。

（二）根据旅客职业划分

人们在社会生活中，因职业不同，造成所处社会阶层和生活方式的不同，从而形成不同的心理特点和旅行需要。这种不同的心理特点，反映在乘车旅行生活中，便会对旅客运输服务工作产生不同的要求。因此，可以根据职业对旅客进行分类，分析不同的职业各自所具有的心理，从而了解不同职业旅客的心理活动，有针对性地做好服务工作。根据职业的划分，不同职业的旅客旅行中的心理表现为：

1. 工人

工人组织性、纪律性较强，在旅行时对旅行条件一般要求不高，比较重视旅行费用的发生。私人旅行希望少花钱，公出旅行希望能获得旅行补贴。因此，能有个座、吃上饭、喝上水就行，没有座位也能克服。工人旅客在旅行中一般都能自觉地遵守铁路的有关规定，维护站、车秩序，并能积极协助和支持客运服务人员工作。

2. 农民

随着经济的发展，农村改革与农民生活水平的提高，以及思想观念的变化，农民乘车旅行的次数和人数在增多。农民出门乘车旅行比较突出的特点主要表现在以下三个方面：

（1）出门携带物品较多。

（2）多数农民旅客因不常出门，缺乏旅行常识，在旅行中又很少提出要求。

（3）强调乘车的经济性，尽量减少旅途费用。

根据其旅行的特点，突出的个性心理活动是个“怕”字，怕事、怕别人询问、怕买不到车票、怕上不去车、怕坐过站。想问，但犹豫不决又不敢问。有些农民旅客听不懂站、车广播，听不清广播术语，不明白揭示的内容。所以，客运服务人员应多掌握和体贴农民旅客的个性心理，主动、热情地为他们服务。

3. 军人

一般来讲，现役军人具有较强的纪律性、自觉性和组织性，能够主动维护站、车秩序，支持服务人员的工作。军人旅客在旅行中顺畅心理表现得很明显，一旦发生问题，不希望在大庭广众之下处理。单独旅行时希望能买到预想的车票，能有个候车的地方。较注重文化生活，希望能听到新闻广播，看到书报。携带枪支文件的军人、干部，希望在站、车上不发生意外。

4. 干部

干部大多具有一定的旅行知识，他们突出地表现出方便和顺畅的心理需要。希望买到预想的车票，担心列车晚点，打乱旅行计划。喜欢有个整洁、卫生的乘车旅行环境，吃到经济可口的饭菜等。他们很注意客运服务人员的服务态度、服务作风、服务水平，十分关心旅客运输工作，常愿意提出意见和建议。

5. 学生

学生旅客主要指的是大、中专学生。学生处于青少年时期，精力充沛，思想活跃。在乘车旅行中，乘车心切，急于想到目的地，总是尽量减少在车站的滞留及等待乘车的时间，买到车票有座即可。旅行中的心理行为表现在喜欢聚集成群，好奇、好动；喜欢说笑、娱乐、热闹；爱看书、串座、串车厢；到站喜欢下车散步买东西；夜间乘车横躺竖卧；饮食不讲究，经济实惠即可。客运服务人员对他们的行为应礼貌地多给予提示，以免影响别人，或给自己增添麻烦。

6. 自由职业者

随经济的发展，行业不断增多，为人们提供了多种可选择的职业。在旅客运输中，自由职业者人数不断增加，这部分旅客给运输服务业提出了新的要求。自由职业者大体上分为三种：

(1)经济条件优越，旅行常识比较丰富的自由职业旅客

由于经济条件优越，个人经历和阅历比较丰富，在与他人交往中常以自我为中心，随心所欲，讲究行为的长远效果。这部分旅客的乘车旅行共同的个性心理是，追求旅行的舒适性，不注重旅行费用，如有软卧，不乘硬卧；有特快，不乘直快；有餐车供应饮食，不自己携带食物等等。这部分旅客一般喜欢与同行的其他旅客聊天，或与客运服务人员聊天，联络感情。

(2)从事长途商业贩运的自由职业者

这部分旅客流动性大，结构复杂。一般情况下，他们携带的物品或资金较多，共同的旅行心理是既怕有人找他们的麻烦，又想在旅行中取巧，获得一定的利益。例如，有些人携带超重物品、违禁物品，企图在车票上作文章，花钱雇人捎送物品，与客运服务人员联络感情，替他们办事等等。因为，一些做法属于违章行为，他们怕被察觉，在旅途中常担惊受怕，心事重重。对待这部分旅客中有取巧行为或违法活动的，要按法律和规章制度严格处理；对大多数正常经营的长途商业贩运的自由职业者，应该热情、礼貌地为他们服务。

(3)去外埠做工的自由职业者

这部分旅客大多数属于青年农民。其中有的外出多年,有一定的旅行常识,有的初次离家外出,缺乏旅行常识。他们在乘车旅行的过程中,比较突出的心理活动表现在要求旅行的顺畅上。一般不计较旅行的条件,只要能够买到车票、乘上车、顺利到达目的地即可,其他都是次要的问题,少许困难自己可以克服。客运服务人员对这部分旅客,应该体谅他们的旅行心理,从购票、候车、乘车旅行、出站等等多方面提供使其满意的服务,不能因为他们不提或少提要求,而忽略了对他们需要的满足。

7. 除上述职业以外的旅客

除上述按职业进行划分而谈到的旅客种类外,还有其他种类的旅客,如港、澳、台、侨胞,外宾,家属,城市居民,无职业者等各阶层人士,每一类旅客在乘车旅行中有一些共同的个性心理需要。通过分析这些共同的需要,可以有针对性地为他们提供服务,从而提高服务水平,创造好的经济效益和社会效益。

(三)根据旅行目的划分

旅客出门旅行,虽然有些人职业相同,但因旅行目的不同,其心理状态也会存在差异。同时,虽然职业不同,但旅行目的相同,也会有相同的心理活动表现。

1. 公出

公出旅客共同的个性心理要求是旅行条件能好些,希望能够买到卧铺;乘坐较快、较好的列车;换乘车次受公出的目的制约;时间性强,怕晚点;饮食要求经济实惠;在旅途中喜欢站车清洁、有序;爱看书、听广播,几个人聊天或玩扑克;比较关心旅客运输服务工作的改进和工作人员服务态度等方面的变化。

2. 旅游

随着人民生活水平的提高,以出门旅游为目的的旅客将越来越多。他们的共同的个性心理是盼望顺畅、便利,能够玩得愉快、高兴。但长途和短途旅游的旅客又有不同的心理状态。

(1)长途旅游旅客

因旅行距离长,对旅行条件要求较高,希望能够购买到预想的车次、车票种类,在站、车上休息好,希望能够多看到、听到沿途的风光和介绍,了解旅游景点的信息等。

(2)短途旅游旅客

多数利用双休日、节假日到近郊名胜、海滨、集市等去做一两天的短距离旅游,所以时间观念强,乘车要求条件不高,只要能够上车,车内拥挤一些也可以,希望夜行晨到,早行晚归,不超过计划旅行时间安排。

3. 探亲访友

这部分旅客从事各种职业,在全部旅客中占有一定的比例,尤其是在重要节日或较长时间假日期间,这类旅客人数较多。探亲访友旅客共同的个性心理表现在旅客出门最基本的平安、顺畅、便利、安静等方面。

4. 治病就医

乘车到外地就医，患者和陪同的家属心情都很沉重，一般有以下三种情况：

(1)重病患者

因存在生命危险，希望旅客运输部门给予方便、照顾。病人不离开担架，且担架放置平稳，陪护人员能够在病人身边，随时照顾病人。到站后能够迅速出站，前往医院等。

(2)病情不严重者

病情不严重者，有的有人陪同，有的无人陪同，一般能够自己照顾自己，但存在行动困难，希望得到照顾，能有一个坐、卧的地方，有餐、茶水供应，万一病情严重，能够得到车站、列车的应急处理。

(3)行动不便的残疾人

残疾病人外出，往往希望在进出站、上下车时能得到牵引扶持，在车站内、列车上能坐、卧，在饮食方面能够获得多方照顾。

5. 通勤通学

这部分旅客，每天要两次乘坐交通工具，乘车经验丰富，对车站、列车到开时间非常了解，时间观念强，往往按点上车，到站又急于下车；有些人常自认为情况熟、环境熟，有“应变”能力，图方便、好侥幸，忽略站、车的规定，于是违章违纪。客运服务人员要理解他们长期通勤通学，早出晚归的困难，对他们积极诱导，多同情、少强制，多服务、少指责，尽量为他们创造一些方便的旅行条件。旅客运输部门还可以和厂矿、学校签订协议，共同对通勤、通学人员的乘车问题进行管理，一起维护站、车秩序。

6. 旅行结婚

随着经济的发展，人民生活水平的提高，生活观念也发生了变化，越来越多的青年人喜欢采取旅行结婚的方式。结婚是一件愉快、高兴的事，常常图吉利、求顺畅、讲阔气。在旅行中，一般追求安静、舒适的乘车环境，不希望有他人干扰或影响他们正常、安静的旅行生活。对此实行礼貌、适当的服务显得很必要。而对他们过分的亲昵动作，有碍观瞻时，客运服务人员要正确理解，婉言相劝，不要进行不礼貌的干涉。

7. 其他

除上述旅行目的以外，还有疗养、参加体育活动、奔丧等等多种旅行目的。其共性的心理和相近目的的旅行者大致相同。

(四)根据旅行行程和旅行性质划分

1. 根据旅行行程划分

旅客因旅行行程不同，存在心理需要的差异。前面对长、短途旅游旅客的心理状态进行了分析，下面从铁路运输部门按照旅行行程对旅客的分类分析旅客所具有的个性心理。

(1)长途旅客

长途旅客指乘车时间在12小时以上的旅客。长途旅客一般要求能够买到直通车票、卧铺票,希望用餐、饮水供应方便,喜欢看书报、聊天或进行一些娱乐活动消磨乘车时间,以解除长途旅行中的疲劳和寂寞。

(2)短途旅客

因乘车距离较近,旅行条件较差也能够克服。短途旅客大部分在中间站上、下车,进出站的共同心理是图方便,喜欢横越线路,甚至在站内任意通行。因此,客运服务人员应对短途旅客的旅行安全或无票乘车现象多加注意,需要从车站进、出口设置,旅客进出站组织、引导等方面入手,加强管理工作。

(3)市郊旅客

市郊旅客是来往于城市近郊或邻近城镇之间的旅客,通勤通学是市郊旅客中的一种。这部分旅客乘坐火车,就如同乘坐市内其他交通工具一样,希望随时买票,随时上车;没有座位,站一会儿,乘车时习惯站在车门处,到站时急于出站,越方便越好。他们来去匆匆,没有什么要求。客运服务人员提供服务时,说话礼貌就可以使他们满意。

2. 根据旅行性质划分

(1)本地旅客

铁路运输部门称其为发送旅客。发送旅客按不同职业、不同旅行目的以及不同旅行行程,表现为不同的心理需要。

(2)换车旅客

换车旅客又称为中转旅客。换车中转产生的原因主要有以下三种:

①无直达列车,必须在某一车站换乘;

②为了在中途的某一站办事或基于缩短旅行时间着想,而在某站换乘;

③购买不到直达车票,只能换乘。

中转换乘比较麻烦,因此中转旅客共同的个性心理表现在:从始发站就能够买到直达目的地的车票;在换乘站有合适的接续车次;换乘手续简单,可以随时办理。

一般来讲,希望能在车上签字,下车后不再签证;必须下车签证的,最好不出车站;必须出站签证的,希望签证处标志明显,秩序良好,能够很快得到签证;签证完后,希望换乘方便,有候车休息的地方。在换车转乘时,旅客还担心列车晚点、签不上证、在换乘车站等待时间长等问题的发生。

(3)持公用乘车证旅客

铁路职工持公用乘车证旅行,从铁路角度看,他们属于路内职工,但对于旅客运输服务部门,他们同其他旅客一样,是旅客运输部门的服务对象。

铁路职工持公用乘车证乘车旅行,不需买票,他们因对旅客运输服务非常了解,熟悉有关客运管理的各种规定，在客运部门熟人多，在旅行中相对一般旅客具有一定的优越感。在旅行过程中，大多数人能够维持列车秩序。但也有一些人，不遵守客运管理的规定，在各种进、出车站站口，随意进出车站；不走通道，横越线路，只图自己方便；并且在车站内、列车上，喜欢找熟人、拉关系、走后门，好让客运服务人员为他们提供额外方便。

（五）根据旅客自身条件划分

旅客的自身条件是指旅客的年龄、性别、体质、籍贯等方面而言。

1. 不同年龄旅客

(1)老年旅客

老年旅客都有安静心理，因行动不灵活，体力差，喜静不喜动。旅行要求不高，不爱给客运服务人员添麻烦；在旅途中遇到困难，比较沉着。老年旅客是客运服务人员的重点服务对象，在服务中要多为他们提供方便，多给予照顾。

(2)中年旅客

中年旅客占旅客流量的较大比重。城市中的中年旅客一般具有丰富的旅行知识，农村旅客较差一些。中年旅客比老年旅客行动灵活，比青年旅客稳重。客运服务人员在满足中年旅客需要的同时，应虚心向中年旅客请教，接受他们对客运工作提出的意见和建议，据此改进服务方式，提高服务质量。

(3)青年旅客

青年旅客是指青少年、儿童旅客。他们乘车旅行的好奇心强，喜动不喜静，非常活跃，前面已经对他们共同的个性心理进行了分析。

2. 不同性别旅客

(1)男性旅客

一般来讲，男性旅客在旅行时比较好动、喜欢说笑、遇事不愿迁就，尤其是有女性、少年儿童、老年人同行时，要求较多、好强；但又表现为比较随便、慷慨，办事马虎、粗心。有些人喜欢在旅途中吸烟、喝酒、吃东西，喜欢娱乐活动等。

(2)女性旅客

相比之下，比男性旅客旅行要求少，只希望顺畅到站。带小孩的旅客更是宁可自己受累，不愿小孩受苦，也不愿麻烦他人；而且怕小孩吵闹，影响其他旅客休息。他们经济观念较强，多数在旅行途中省吃俭用。

3. 不同体质旅客

根据体质状况，大体可将旅客划分为正常健康型、体质较差或有一般疾病型、重病患者型三种。对不同体质旅客共同的个性心理，参照其他类型旅客的心理分析。

4. 不同籍贯旅客

根据籍贯不同，可将旅客划分为两类：当地旅客和外地旅客。

(1)当地旅客

对乘车环境和当地情况比较熟悉，心理上没有顾虑，旅行的问题少。

(2)外地旅客

对乘车环境和地域情况不熟悉，心理上顾虑较多，甚至听不懂地方口音，怕出差错。这部分旅客是客运服务人员重点服务对象，服务要热情、主动。

(六)根据旅行中的旅行情况划分

1. 没有买到车票，却又想乘车的旅客

这些旅客想方设法争取上车。客运服务人员应理解他们的心情，了解这些旅客急于上车的原因，如确有急事，应采取灵活机动方法，允许上车后补票。

2. 上错车、坐过站、下错车、中途漏乘等旅客

旅客在旅行中发生这方面的失误，旅客本身有一定的责任。但从另一方面，也反映旅客运输服务中出现的一些问题，服务做得不周到、不细致。在发生此类情况后，旅客心情焦急、慌乱，希望客运服务人员帮助妥善安排。客运服务人员应一面安慰，稳定情绪；一面积极想办法帮助解决，防止发生其他意外。

3. 超负荷列车中的旅客

在列车超负荷情况下，会带来许多问题。如，车厢内拥挤、旅客无座席、空气不流通、闷热、有异味等。这种情况下，旅客有怨气、心情烦躁，旅行时间越长表现得越严重。对有座位的旅客，对在其身边有长时间站立的旅客，会感到不舒服，造成休息不好。这时，应注意站车内的环境，尤其是保持适当的通风和适宜的温度；做好对旅客的组织，使站车内有序。

4. 携带“三品”进站上车的旅客

携带“三品”进站上车，有以下两种情形：

(1)不知自己所携带物品为“三品”，误带上车，看到、听到严禁旅客携带“三品”进站上车的宣传后，犹豫不决，不知如何处理。

(2)旅客有意将“三品”携带上车，他们担心被查出，对客运服务人员有害怕心理。

客运服务人员对那些在乘车时表现犹豫、徘徊，坐立不安的旅客，应主动观察和询问，既可以查出“三品”，防止意外事件发生，又可以了解到其他情况，提供适当的服务。

5. 丢失物品的旅客

旅客丢失物品之后，表现出着急、焦虑、埋怨、后悔、心情沉重、不知所措等心理活动和行为。客运服务人员要对丢失物品旅客进行安慰，注意旅客的动态，防止发生意外；同时积极配合公安人员寻找、破案。

6. 无票乘车或携带物品超重的旅客

在旅客中，常会出现买短途车票乘坐长途车、买站台票乘车、不买票乘车、借用公用乘车证乘车、越席乘车、持无效票乘车、携带超重物品乘车等情况。对待存在上述问题的旅客，要分析

问题产生的原因,判断是属于有意识还是无意识的行为。如果属于有意识行为,这些旅客常表现为心理惶恐不安,怕被发现。客运服务人员应坚持原则,按章处理,在处理中注意态度。

7. 对旅行条件不满意、不如意的旅客

在旅客旅行过程中,总会出现一些对旅行条件不满意的事情,如未购买到预想的车票、未购买到卧铺车票、托运行包受到限制、餐车用餐时对饮食或服务不满意等。在这种情况下,常表现出埋怨、气愤、不满情绪。对此,客运服务人员一方面检查自己工作中存在的问题,采取适当的方法改进;另一方面应耐心解释,争取旅客的谅解。

8. 遇到意外事件的旅客

遇到意外事件可能由两方面的原因造成:一是旅客原因造成的意外事件;二是旅客运输服务部门的原因造成的意外事件。对旅客运输服务部门造成的意外事件,如发生列车事故,遇到自然灾害等意外情况,会影响旅客正常旅行,甚至威胁旅行安全。这时,旅客焦虑不安,心情烦躁,希望运输部门尽快排除险情,恢复列车运行。客运服务人员应沉着、冷静,稳定旅客情绪,积极妥善处理。

9. 临时患病的旅客

旅行中生急病或女旅客突然分娩,本人身心痛苦、着急、忧虑,急盼工作人员帮助,这时客运服务人员要为之找医送药,妥善处置,有条件时允许在较大车站送医院处置。

10. 临时有急事的旅客

旅客临时有急事,表现心情沉重、忧虑、不安、慌乱,客运服务人员要认真观察,及时发现有急事的旅客,了解原因,体贴旅客的心情,帮助他们尽快解决存在的问题。

11. 在严寒、酷暑的气温下乘车的旅客

适宜的温度下乘车旅行,会减少旅行疲劳,使旅行轻松、愉快。严寒或酷暑都会增加旅客的生理和心理负担,尤其是长途乘车旅行的旅客。

在严寒环境下,旅客希望站、车有供暖系统,使站、车温度高一些,能够不在室外候车、检票,卧铺车厢有足够的防寒卧具。

在酷暑环境下,希望站、车内有空气调节系统,如空调或风扇,降低站、车温度,提供充足的开水和洗脸用水,能够买到饮料以及其他防暑降温物品。

12. 遇到天气发生突然变化的旅客

旅客随身携带衣服少,乘车旅行中突然遇到变冷的天气,心里会后悔、不安。在发生暴风、雨、雪时,担心列车受阻,影响到旅行的顺利进行,到站后不能及时换乘其他交通工具继续旅行。客运服务人员要说明情况,进行安慰,排除不安的心情。

13. 在昼夜不同时间下的旅客

在夜间,旅客希望安静,能够休息好而不被打扰;在清晨,希望有洗漱用水,吃好早点;午、晚餐及时供应;午餐后,能有段时间休息。客运服务人员应根据旅客在昼夜不同时间的要求,做好服务工作。

（七）根据旅客心理特征和行为表现划分

从无限量的旅客旅行的个性心理中，根据旅客心理特征和行为表现，概括一些旅客旅行的个性心理，可总结归纳出以下几种：

1. 逆向心理

这里指的是和旅客旅行共同的个性心理相反的心理现象。如有的老年旅客、妇女旅客特别爱动；有的长途、公出旅行旅客却偏愿坐硬座，不买卧铺票等。

2. 掩饰心理

有的旅客在旅行过程中，因受某种因素影响，强自掩饰自己真正的心理状态，总是以一种假象心理出现。如无票乘车，或持过期票乘车，害怕被查票时发现，但又故作镇静；已经携带“三品”上车，在乘警检查旅客携带品时，故意喜笑颜开，大谈检查“三品”的必要性。有些客运服务人员心细，警惕性高，察言观色，专门能识破这种假象。

3. 将就心理

有的旅客出门旅行怕惹是生非，只求平安到达就行。没有座位就站着；旅途喝不到开水就渴着；问事不理睬时，虽有不满心情，但不发怨言。客运服务人员应从旅客的将就心理中，找出自己工作的不足，改进服务质量。

4. 取巧和侥幸心理

少数旅客为省几个钱，或为个人方便，明知违反政策，违背规定的事，也办、也做，有一种等到被发现、被制止时再说的思想。如不买车票、携带品超重、站内任意穿越及走行、明知为“三品”仍然带上车等。客运服务人员应以高度认真负责精神，识破这种现象。

5. 恐惧心理

少数旅客有意识的违反国家政策、法令和铁路规定，如携带违禁品上车，刑事罪犯伪装正常旅客乘车潜逃等。他们在车上躲躲闪闪，精神紧张，从表情中反映出他们的恐惧心理。客运服务人员应密切监视他们的动态，果断、机智处理。

6. 忧郁心理

有的旅客因种种原因，如疾病、负债，出门找工作心中没有底，探亲又不知亲友的具体地址等，在旅行中表现出沉闷不语、愁眉苦脸、双目发呆的状态。发现这样的旅客，客运服务人员应主动关切、询问，尽力帮助解决。

7. 自卑心理

有的旅客初次出门，情况不熟；有的旅客在生理上有缺陷，造成自卑心理，遇到问题不好意思开口，不敢问。客运服务人员应对他们主动、热情地服务。

8. 急切心理

有的旅客因有急事要办，如探望患重病的亲友，需要赶乘其他交通工具等，急盼快到目的地，一旦火车晚点，就更加心急火燎，心慌意乱。发现有急切心情的旅客，服务人员要多加安慰，主动帮助他们安排好旅行事宜。

9. 好奇心理

不常出门的旅客，特别是青少年，好奇心强，喜欢串车、下车，东问西问等；当列车行驶在沿线风景独特的地区时，一些旅客感到新鲜，常会东张西望。对这些旅客，客运服务人员应多向他们介绍一些情况，稳定和满足他们的好奇心理要求。

10. 兴奋心理

有的旅客因有喜事，或在旅途中碰到高兴的事，表现兴高采烈，情绪激昂。客运服务人员对于过分兴奋的旅客，应婉言相劝，适当节制，以免由于兴奋过度而发生意外。

11. 其他

旅客的个性心理是多种多样的。除上述外，还有波动心理、强求心理、自尊心理、犹豫心理、喜悦心理、愤怒心理等，不再一一评述。客运服务人员应在实际工作中细心探索，多加掌握，尽力去满足旅客的心理要求，实现文明服务、礼貌待客。

(八)旅客旅行心理分类与旅行心理变化关系

旅客在旅行中除了最基本的共性心理以外，由于自身条件的差异，以及要经过许多不同的旅行过程，遇到不断变化的旅行情况，他们会产生各自不同而复杂的个性心理。旅客旅行心理分类见表 3-2。

表 3-2 旅客旅行心理分类

共性心理	安全心理		顺畅心理		迅速心理		方便心理	经济心理	舒适心理
个性心理划分								旅行条件	
职业	旅行目的	旅行行程	旅行性质	始发地	性别	年龄	体质	旅行过程	旅行情节
工人	公出	长途	始发	当地	男	老年	健康	买票	没买到票
农民	旅游	短途	换乘	外地	女	中年	较差	办理行包	上错车，坐过站
军人	探亲访友	市郊	公用乘车证			青年	患者	候车	下错车，漏乘
干部	治病							检票上车	带物超重，无座席
学生	通勤通学							问事，签证，寄存	携带“三品”
自由职业者	长途贩运							坐车，卧车，下车	丢失财物
其他	外流							餐车用餐	带物超重，无票乘车
	旅行结婚							购物	对旅行条件不满意
	其他							出站	遇到意外
									临时患病
									有急事
									严寒酷暑乘车
									气候突变
									昼夜不同时间

表 3-2(有下划线标记者)表示了一名工人旅客的旅行心理状态。其自身条件是工人→旅游→短途→始发→当地→男青年→健康;在买票、候车、检票、上车、下车、出站过程中属于正常,但却是处于无座席乘车旅行。前面已经分析过,属于这种具体情况的旅客,对旅行要求不高,其处于主导地位的心理便是旅客普遍的心理:安全、便利、顺畅、安静。

表 3-2(有点划线标记者)表示了一名家属旅客的旅行心理状态。其自身条件是家属→治病→长途→换乘→外地→女→老年→患者;很显然她和前面那位旅客的具体情况不同,其处于主导地位的心理是希望得到安静,急盼客运服务人员多加照顾。

旅客旅行心理变化关系如图 3-1 所示。

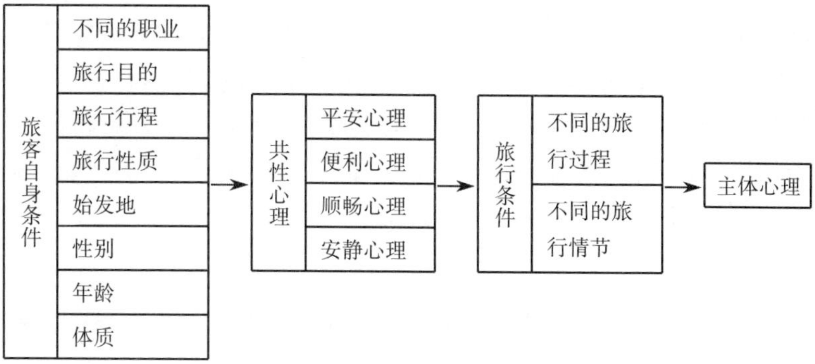

图 3-1　旅客旅行心理变化关系图

第四节　旅客旅行的群体心理与服务

一、旅客群体的特点

旅客在旅客运输服务部门内停留的时间多者几十个小时,少者十几分,旅客流动性比较大,人与人之间很少有思想交流,即使人与人之间有一些交流,也只是一般的聊天,不涉及思想深处的感受。因此,旅客群体有其独特的特点。

(一)心理的认知性

旅客群体是由于共同的需要,使每一个旅客都意识到其他成员的存在,也意识到自己是该群体的一员,大家都有同属于该群体的心理感受。

(二)行为的联系性

旅客群体成员由于利益上的一致或者目标的共同,在行为上必然产生相互影响、相互作用、相互补充,组成完整的行为系统,有时会形成统一的行为。

(三)利益的依存性

由于个体利益演变成群体利益。群体利益导致目标的共同性,旅客群体有着为全体成员共同接受的目标，这个目标往往使旅客团结一致。

二、旅客群体的类型

(一)松散大群体

旅客群体是松散大群体，没有形成统一的规范制约人的行为。在这一群体中，人们受社会舆论、道德和观念的制约，起作用的是公平感、正义感，当遇到涉及部分或全体旅客利益的事情时，才会形成一致的统一的行为。例如，当客运服务人员与某一旅客发生摩擦时，如果客运服务人员一直保持和蔼、礼貌的态度，对于周围不知产生摩擦原因的其他旅客，他们的行为有的可能站在该旅客的一方，有的可能站在客运服务人员一方，有的可能保持沉默不表态；但如果客运服务人员的态度比较强硬，不礼貌，则会造成周围的大多数旅客站在该旅客一方，联合起来对该客运服务人员进行批评、指责。因为，这时他们把该旅客所处的位置与自己进行了调换，即如果自己是那位旅客，遇到客运服务人员这样的态度，这是自己所不希望的，同情心及正义感使其他旅客结合在了一起。

(二)紧密小群体

在旅客大群体中存在一些相识或结伴同行的几个旅客所组成的小群体，尤其是一些旅行团体在一起旅行。由于相识，他们在日常生活之中有一定的思想交流，在旅行中，他们之间的感情要比与不相识的旅客之间的感情深得多。因此，在旅行中，他们成为行为一致的群体，尤其是他们其中的某位与其他旅客或与客运服务人员发生摩擦时，他们更加表现出态度与行为的一致性。

三、对旅客群体心理的服务

(一)加强对紧密小群体的管理

由于相同的旅行目的，紧密小群体内的各成员具有相同的言行，他们同行、同住、同食。因此，加强团体售票、团体候车、团体上车的工作，尽量使小群体成员无论站、车内都能在一起；避免与小群体内部人员发生争执，在他们中有人提出不合理的要求时，尽可能和蔼、礼貌地给予解释和说明；在遇到严重问题又必须解决时，在公正而讲道理的基础上，给予严肃处理。在列车上发生问题，如果车上不能解决，则到车站解决；如果在车站内发生问题，尽量把他们与其他旅客分离开，一方面可以避免对其他旅客产生坏的影响，另一方面可以削减他们的气势，使问题得以有效处理。

(二)用亲切、和蔼、礼貌的态度为大群体服务

由于大群体的一致行为往往是在旅客与旅客之间或旅客与客运服务人员之间发生冲

突时产生。因此，亲切、和蔼、礼貌的态度可以为旅客造成一个轻松、愉快的乘车旅行环境气氛，可以避免一些冲突的发生。客运服务人员一定要加强自身的修养，避免与旅客发生冲突。对旅客大群体的服务，要从旅客共性心理需要和旅客个性心理需要两方面提供相应的服务。

在解决旅客中的问题时，最好的办法是利用旅客群体内部的相互制约关系。例如，某位旅客吸烟，客运服务人员去制止。在语言的运用上，不是我如何让你做什么，而是你的行为会影响其他旅客的健康。这样就能将旅客和客运服务人员之间的关系转变为旅客之间的关系，会起到约束作用，也有利于问题的解决。

第五节　掌握旅客心理的方法与服务水平的提高

旅客们在旅行过程中，所有复杂纷繁的心理活动，取决于旅客本人的年龄、性别、职业、体质和旅行目的等自身条件，他们的心理活动流露于外，往往表现于衣着、外貌、言行、举止和表情动态之中。客运服务人员置身于广大旅客之间，经常不断的接触他们，只要具备一定的思想、文化基础与工作能力，并采用较好的工作方法，去努力探索与掌握旅客心理，就能更好地为旅客服务。

一、掌握旅客心理活动的基础

作为一名客运服务人员，内心真诚地希望为旅客提供最好的服务，满足旅客旅行需要。但有好的愿望，并不一定就能够变成现实。愿望需要一定的基础才能实现。一般来说，每一位客运服务人员在服务中需要的基础主要表现在以下五个方面：

（一）要有明确的思想基础

客运服务人员具备了全心全意为旅客服务的思想，有明确的服务观，有努力实现文明服务、礼貌待客的愿望，在实际工作中，就会自然而然地、主动地去探索和了解广大旅客的心理活动与需求，而不满足于一般化的服务。掌握旅客心理活动，目的是为了更好地为旅客服务，这是一个最重要的前提，要求客运部门各级干部，包括班、组长，都应以身作则，率先示范的去做到。

（二）要有正确的分析和判断能力

客运服务人员在探索和了解一部分旅客的心理活动与需求之后，还需通过分析和判断，达到正确掌握的程度，才能实现有效的、良好的服务。因为，心理活动特别复杂，有规律性、特殊性、短期性、长期性、突发性等的区别，需要经过分析和判断。所谓判断，是对各种心理的肯定与否定的思维形式。正确的判断来自丰富的知识、经验与敏捷的思路。客运服务人员对掌握的心理现象作出正确的判断,就能更好地满足旅客的心理要求。

(三)要细心、耐心,有耐力

掌握旅客心理,探索服务规律,还要细心观察。就是说要下工夫,花力气,才能了解旅客内心世界的活动。对那些有掩饰心理,外表很镇静的旅客,还有那些想得到客运服务人员帮助,但又不好意思开口的旅客,不细心观察是难以发现的。

旅客的心理状态虽很复杂,但毕竟和各种旅行条件有关联,一时没有了解到,就不能怕麻烦,要有耐心。如对无票旅客,一般在不查票时看不出来,一旦广播查票,或查票人员到车厢,才表现不安或有其他动作。

只有细心和耐心,才能正确掌握旅客心理,更好地做到优质服务,这个道理是再明显不过的。例如对无票乘车的旅客,有的也的确是因急忙上车,没有买票,不是有意取巧。

(四)要有迅速、果断的应变能力

探索、掌握旅客的心理活动,在时间允许时可以细心观察,耐心判断。但旅客运输是动态的,运输本身就意味着有时间性,列车要按照规定时间运行,正点到、开。所以,这就要求客运服务人员有迅速、果断的应变能力,在很短的时间内,分析、判断出某些旅客的旅行心理活动,从而根据实际情况,采取相应的措施,做好服务工作。

(五)要具备一定的科学知识

研究掌握旅客心理,要有较好的思想基础,具备一定的工作能力。但只有这些还不够,因为还需要具备许多科学知识,需要熟悉社会生活,要熟悉铁路客运业务知识,要懂得有关心理学、服务学、美学、语言学、政治经济学等学科的一些基本科学知识。所以,各级客运部门应高度重视,有计划、有目标地通过各种途径,努力提高职工素质,以适应提高服务水平的迫切需要。

客运服务人员应具备的服务观,也就是全心全意为他人服务的思想。多年来,我们一直批评主观为自己,客观也为自己的思想。也曾经开展过主观为自己,客观为他人的大讨论,并认为这种思想是不可取的。大力提倡的是主观为他人,客观也为他人的思想。但这种思想需要人具备最高的思想境界,而目前具备这样思想境界的人是少数,不是大多数。对所有客运服务人员都用社会倡导的思想进行教育和管理,常使个别客运服务人员产生抵触情绪,不能达到预期的目标。因此,审时度势,为帮助客运人员树立正确的服务观,并做好实际的客运服务工作,当前乃至在今后一定时期内,要在坚持思想政治的社会主义大方向,提倡培养主观为他人,客观也为他人的服务观的同时,引导他们起码实践纵然主观为自己,但客观一定是为他人的基本要求。也只有通过客观为他人,才能达到主观为自己的目的。

小故事：盲人和僧

佛教育弟子要成佛。这样，有无数的僧人步入成佛的艰难的路程。有位僧人，为求佛走了很多的路。有一次，在漆黑的夜晚，他步行在路上。这时，迎面他见到了一位提灯夜行的盲人，他感到很惊奇，问盲人："你又见不到灯光，灯对你夜行又有什么作用呢？"盲人便问僧人："在你夜行的路上，有多少人碰撞到你。"僧人说："有很多。"盲人说："可没有一个人碰撞到我，我虽然看不见灯光，但别人却能见到灯光。"于是僧人明白了，盲人提灯夜行，他照的是别人的路，其实也就是为自己照路。僧人因此而悟到了佛性，佛在哪里？其实佛离我们很近，佛就在自己的心中。成佛的路是主观为自己，客观为别人，是主观和客观的统一。

人都是有私心的，如果这一私心与社会的发展目标相一致，私心驱动下的行为可促进社会的发展，也是对社会有益的。多年来，政府为我们树立了很多的榜样，让我们去学习。榜样的工作性质不同、年龄不同、生活的年代不同，但他们有共同之处，就是他们的敬业精神，这种敬业精神在他们平凡的工作中体现出来。人的一生中，轰轰烈烈的事没有多少，绝大多数人是在平凡的生活中生活，用心地捕获每一个快乐的花絮，而这个花絮存在于人的工作之中。平凡的工作往往日复一日地进行。要想将重复的工作做好，是需要精神的。常讲到"做一件好事并不难，难的是一辈子做好事而不做坏事"。因此，在平凡的工作中，可以实现自己的需要，也可以满足他人的需要。

二、掌握旅客心理活动的具体方法

(1)从旅客的外表、服饰、携带品可以识别旅客的职业、民族和旅行目的。如军人穿军服，警察穿警服，少数民族穿民族服装，公出人员带公文包，长途贩运者携带大包、大兜装商品，旅游人员行李简单等。

(2)从旅客的外貌、形象和动作，可以识别性别、大体上的年岁、身体是否有重病或残疾、性格是否特别爱动、是本地还是外籍旅客等。

(3)从旅客的车票面可以识别是长途还是短程、是始发还是中转、是买票还是持公用乘车证等等，这些都可以从票面上了解掌握。

(4)从观察旅客的表情、神态，分析判断其心理活动。如有急切心理的旅客坐立不安，心慌意乱；有忧郁心理的旅客，愁眉苦脸，闷闷不乐；有取巧心理的旅客，精神紧张，回避工作人员等。

(5)通过接触、交谈,可以听出旅客是哪儿的人,从哪儿来;听出旅客的性格、情绪,对运输服务企业有哪些意见和要求;注意有掩饰心理的旅客,在言谈中给人以假象等。

三、针对性服务方式的改进

针对性服务的途径在于转变客运服务人员的服务观念,不断开拓服务新领域,寻求服务新方式,增添服务新内容,有的放矢,以满足不同旅客的不同需要。

(一)变体力型为智力型

为满足旅客旅行中物质和精神上的需要,客运服务人员不仅要付出大量的劳动,辛勤服务,同时,还须观察、了解旅客个性心理特征,分析、判断每个旅客具体在什么时候的具体心理需要,并想办法给以满足,做到想旅客之所想,急旅客之所急,帮旅客之所需,使他们高兴而来,满意而去。这是一项创造性的工作,一种高层次的服务,必须运用、开发客运服务人员的智力,使客运服务人员成为智力型的服务人员。

(二)变单一型为综合型

旅客除了购票、托运行李以及对旅行安全及生理等物质方面的需要外,还有一种精神范畴的高级需要,即社交和文化需要。这种高层次的需要,随着经济发展与人民生活水平的逐步提高,正在不断升级。精神需要的服务,有着广泛的领域、极其丰富的内容,有待去开发,有关服务措施应尽快建立,使客运服务工作成为一体化的服务。

(三)变执行型为需要型

旅客的心理需要是发展变化的,并因人而异,越是往高层次的服务,其差异性也越大。因此,单纯执行日常的客运服务作业过程和程序,或进行几项规定的服务就算完成任务,显然是不够的。要实现优质服务,还必须从旅客的需要出发,根据旅客的不同需要,进行针对性的服务,从执行型过渡到需要型。

(四)变传统型为科学型

客运服务工作有其规律性,与心理学、社会学、管理学、旅游学、历史学、地理学以及组织学等有着密切的关系。不言而喻,客运服务工作应建立在科学的基础上。由传统的服务方式向科学型转变,无疑是搞好针对性服务的一个重要方面。

(五)变物质型为精神型

满足旅客精神需要的重要性已多次谈到,这里再讲一个具体事例。有一位旅客,他对某饭店的赞誉话,说得很中肯:“这样的饭店,旅客花钱买到的已经不仅仅是食物,还有环境的愉悦、气氛的融洽、人与人之间的尊重和礼仪等诸多精神需求的满足。”这对客运服务部门来说不无启迪意义。

四、掌握旅客心理活动应注意的问题

(一)掌握旅客旅行的主要心理

前面已经提到，广大旅客的旅行心理极为复杂，客运服务人员不可能，也无必要去一一掌握，只要能在各个旅行环节中，了解旅客的主要心理活动，并据此去做好服务工作，就可以说是达到了掌握旅客心理的目的。

对于旅客旅行中的主要心理活动，首先要掌握的是与旅客旅行安全有关的心理活动；然后是与旅行公共秩序、卫生健康、饮食、饮用水供应、就寝就座、安静休息、上下车方便、检票、补票、站车设备完整、备品管理等问题有关的心理活动。

在诸问题中，要重点注意与集体有关的心理活动，同时掌握少数旅客、个别旅客的心理活动。在众多旅客中，首先要照顾好重点旅客，了解他们的主要心理活动和需求；对绝大多数不需要重点服务的一般旅客来说，他们的共性心理便是主要心理。例如，到餐车就餐，旅客的共性心理是希望经济实惠，菜肴多样化可供选择，卫生可口，等候时间不长。餐车以此为服务标准去工作，就是掌握了旅客的主要心理。俗话说"众口难调"，餐车供应要满足全部旅客的个性心理意愿，是不现实的。

(二)掌握旅客旅行的具体心理

人们的心理活动表现为抽象的和具体的两个方面，在一定条件下，两者又是相对的。如旅客们有的好静，有的好动，静和动的区别没有截然的界线，既是具体的，也是抽象的。但客运服务人员为满足旅客的旅行心理要求，又必须掌握具体心理，才有生命力，才会达到满意的效果。例如，有三名旅客在车上来回走动，表现好"动"的特征，经了解是他们带了一瓶白酒，想买点花生米之类便宜的下酒菜，列车员想法给办到了，他们三人非常满意。

要掌握旅客在旅行中的具体心理，要求客运服务人员的服务工作做深做细，甚至于需要提高警惕，增强责任心，才能无愧于自己的职责。

(三)掌握旅客心理，还必须注意从站、车的实际出发

每个车站和某次列车，经常吸引的客流都是带有规律性的。既然有规律，就有其客流特点，服务人员要按照客流特点，去掌握旅客的心理活动。如市郊列车的乘客，除了通勤、通学，便是跑短途做买卖的小商小贩，这些旅客与长途旅客需要的服务方法大有区别。

(四)掌握旅客心理，既要注意重点，又要考虑一般

既要掌握旅客的主要心理、具体心理，又要从站、车实际情况出发等，这都是为了要在有限的空间和时间内，把旅客运输服务工作尽力做得更具体些、更有实效些。并不是说要掌握重点，就可以不考虑一般；或者说要考虑全面，就难以再帮助重点了。

掌握重点和考虑全面是对立的统一。前者是从掌握旅客旅行心理的主要方法提出的，后者是从总体需要提出的。两者不仅不能偏废，而且只有同等重视，认真去做好，才能认真、完满地实现优质服务，达到满足旅客运输需求的目的。

【专业术语】 旅客期望 旅客满意 服务质量 服务接触 旅客的共性心理 旅客的个性心理

复习思考题

1. 结合实际，说说影响旅客旅行心理活动的因素有哪些？
2. 旅客对服务的感知过程和影响因素是什么？
3. 应该怎样提供运输服务去缩小旅客期望和感知之间的差距？
4. 假如旅客的期望“不现实”，运输企业应如何做？
5. 理想服务和适当服务的区别是什么？为什么需要理解这两类服务期望？
6. 描述一次火车旅行的接触层面。你认为该层次中决定你对铁路运输服务质量整体印象最重要的接触是什么？
7. 旅客决策受什么因素的影响？
8. 旅客的共性心理需求有哪些？
9. 如何为急躁型和忧郁型旅客服务？
10. 旅客群体有什么特点？如何为旅客群体服务？
11. 如何掌握旅客心理活动？

知识窗

巴黎机场的服务管理

“服务”是机场提供给客户的主要产品，可以说，机场管理实际是对服务过程的管理。巴黎机场将“以人为本”、“追求长远利益”、“对未来的把握”和“承担责任，贡献智慧”作为机场管理精神的核心，而“以人为本”更是核心中的核心。巴黎机场运营流程中的每一细节，都无不体现着“以人为本”这一服务理念，尤其在服务管理过程中，他们对服务管理对象（包括员工和顾客）心理所进行的深入系统的研究，值得我们借鉴学习。

一、巴黎机场以人为本的服务体现

1. 巴黎机场以客户为中心的服务质量管理体系

巴黎机场把服务质量作为组织机构的核心及经济效益的发动机，并从四个角度评价服务质量：一是旅客期待的服务水平；二是旅客能够看到的服务水平；三是机场愿意提供的服务标准；四是机场与旅客能够平等共同接受的服务标准。其评价的原则关键是价格与服务相匹配。他们对机场客户进行分类研究，认为客户的期待本来就不同，而且不断地变化，并用3S(Safe，Speedy，Smiling)来概括机场对客户的服务。

他们把航空公司的服务质量纳入到机场服务标准，通过PDCA循环，不断改善服务，并且以不增加成本为前提。他们认为要达成机场完美目标，最关键是企业每个员工都不断地执行计划，所有的合作伙伴都具有为达到完美目标而努力的概念，并提出了："无服务质量标准＝危机"。

为确保达到目标，巴黎机场将服务分成10个通用行动：

(1)改善客户的期待认识；

(2)建立一个服务政策，使承诺形式化；

(3)对改善服务能力作出承诺；

(4)完成"客户的需求是我们的任务"的执行，成功地管理残疾者的服务项目；

(5)资源管理的专业化；

(6)加强本公司的信息及衡量系统；

(7)执行一个服务质量的管理体制；

(8)让员工及承包商更注意服务质量；

(9)让合作伙伴更积极参与服务质量项目，与我们共同提供服务；

(10)使大家都知道我们的成绩。

他们通过调查、客户反馈意见书等了解客户期待得到的服务内容，改善对客户的认识。在处理安全与服务的矛盾时，处处以旅客的利益放在第一位。例如，一位机械员发现行李带有异常声响，可以有两种处理方式：一是立即停下行李带进行检查；二是避免高峰，最好是晚上进行检查。在一般情况下，他们采取的是第二种做法。在服务质量管理中，他们将服务质量的高低与员工的切身利益直接相关。例如，航站楼洁卫工作一直是机场的难点，巴黎机场把"凡是旅客对洁卫环境满意率85％以上，给此岗位工作人员奖金奖励"，明文写入了公司内部章程，而且严格执行，从而解决了此难题。

他们从登机流程研究每个阶段旅客心理压力的变化，并在不同的阶段所提供的服务有所侧重，形成良好的时间管理。通常旅客会担心堵车延误飞机而焦急不安，对经常乘机的客户来说，则希望控制甚至缩短办手续时间，掌握更多有效管理时间的信息。因此，更好地控制空间及时间是旅客的期待。另外，他们认为由于航空公司对出发旅客的服务十分重视，因此机场则需要更加关注到达的旅客，提高他们的满意度，为客户解决实际问题。这样就使到达旅客在候机的时候可以轻松地享受及消费。

同时他们认为，顾客购买我们的服务，要达到人与人之间满意的境界，还要使员工快乐地工作，及时鼓励员工，并形成习惯。“优秀成果不是一个行为，而是一个习惯。通过培训形成习惯能够获得优秀成果，不断重复的良好行为可以在顾客中树立我们的公众形象。”

总而言之，巴黎机场的服务质量管理体系十分完善，并对员工行为产生良好的激励作用，形成了良性循环。

2. 巴黎机场按顾客需求提供快捷方便的中转服务

巴黎机场与法航共同成功建设的世界性综合航空枢纽，称之为“蓝天计划”。戴高乐2号机场的枢纽项目的主要王牌是中转服务。戴高乐机场54%的旅客是中转旅客，其6个航站楼成为36个中转流程实现的基础，每个航站楼里都设有中转柜台，地面与空中的信息交流系统使机组能在下降的20～90分钟之前把中转的信息提供给旅客，提供给旅客的飞机到飞机的中转服务是20～45分钟，行李是20～80分钟。

戴高乐机场除了线路完善的机场专线巴士、轻轨列车、出租汽车等交通工具连接市区外，还有设在法航枢纽项目中心(2F、2D和2C航站楼之间)的更具辐射能量的高速火车，它们把半径400千米的城市连接起来。高速火车的存在，便利地实现了戴高乐机场的空陆转换，吸引了大量火车中转飞机的旅客。高速火车使巴黎机场短途的国内航班旅客分流了，将宝贵的“时间段”和运力支持国际航线和欧盟航线的发展，促进了法航枢纽项目的成功运作。

3. 巴黎机场温馨和谐的商业服务

据巴黎机场负责零售的管理人员介绍，机场形象调查主要从ASQ三方面进行。商业服务给机场形象所提供的贡献是一个现实，就如新加坡、迪拜机场，商业零售成为机场收入的主要来源。巴黎机场的整个商业规划是由机场负责，把商业流程放在旅客流程中，使到旅客购物更方便；建筑方面前3～5年设计，3年后不断修改，以符合市场发展，提供满足旅客需求的服务。

巴黎机场在布置商业区域时，注重营造愉悦的购物氛围，各负责人相互沟通并系统研究，在流程中一起捕捉商机。例如，在免税店前设一间花店，花店是不太赚钱的项目，但目的是为了吸引更多的客人到免税店。另外，他们将原来在免税店两头相对封闭单独的7～8家咖啡店打通，改为面向免税店的开放式咖啡座，使得两头咖啡座能够对望了解相互的客座情况。当一边咖啡座的客人满时，就可以会穿过免税店到另一头坐，这样就创造了更多旅客通过商业区的机会。巴黎机场商业服务理念是“使你的旅客成为高兴的消费者”。

4. 巴黎机场人性化的标识服务

巴黎机场在欧洲下辖14个机场，在巴黎实际主要管理戴高乐、奥利和勒布热三个机场。这三个机场在功能上定位明确，互为补充，构成了巴黎机场发展的稳健平台。为适应不断变化的环境，巴黎机场新使用的LOGO是机坪上一座带翅膀的铁塔，右上方是一个放射光芒的太阳。在LOGO的应用上，他们注重画面的视觉效果，在航站楼营造舒心的气氛。例如，在停车场的不同楼层分别设置了引人注目的大幅巴黎风景名胜画，旅客在欣赏画面的同时，便于区分辨认汽车停放的位置。进入航站楼，迎面相对的是达·芬奇的《蒙娜利莎》，让旅客感受到来到了艺术之都——巴黎。共有120个区域设置了机场的新标志，加大了旅客对巴黎机场的认知度，他们提出了“来自世界各国的旅客都是我们的贵宾”，要使到旅客感受到除了飞机驾驶员之外，机场工作人员所提供的服务同样是重要的，目标都是使其行程更为顺利。

综上所述，巴黎机场在提供各项服务过程中，始终关注顾客的需求，注重对服务管理对象的心理研究，并由此来赢得了卓有成效的经济效益和社会效益。

第四章

客运服务人员的心理修养与行为

【本章导读】 旅客运输服务工作是一项综合的系统工程。客运工作完成的好与坏，客运服务质量的高与低，一方面受站车设备的现代化水平、旅客运输管理方式和工作组织、社会状况和自然条件等多种因素的影响和制约；另一方面又受旅客运输服务部门服务人员的心理品质的影响和制约，而且这一因素是所有因素中最为关键和最为活跃的因素，无论是设备的使用、还是管理方法的制定，都需要客运服务人员去操作和实施，客运服务人员缺乏必要的修养，再先进的设备，再严密的计划，再科学的组织，也难以发挥其令人满意的效果。

第三章是从旅客的角度，分析旅客乘车旅行的共性和个性心理特征及需要，针对旅客的需要，旅客运输服务部门应采取哪些服务措施，以便满足旅客的需要。本章从客运服务人员应具有的认知能力、心理修养、工作动机及其培养角度入手，分析和研究提高客运服务质量的途径。

作为一名客运服务人员应具备高度的政治觉悟，高尚的道德情操，自觉的组织纪律性，强烈的事业心和责任感，广博的知识，成为精神文明建设的倡议者、实践家和组织者。从心理学的角度说，应该具有良好的心理修养，以适应旅客运输服务工作的要求。

第一节　客运服务人员的认知及其培养

人的一生中，有的人取得了辉煌的业绩，成为众人瞩目的精英人士。有的人却默默无闻，与成功无缘。其中一个重要的原因是一些人拥有关键能力，而一些人缺少关键能力，不具备核心竞争力。拥有一些关键能力，就获取了成功的门票，找到了成功的入口。培养提高关键能力，让你脱颖而出，改变一生。

一、认知分析

人们对客观事物的认知，是从自己的感知开始的。认知能力是人脑加工、储存和提取信息的能力。不同情景、不同语调、表情所表达的情感和语义是也是不同的，而客运人员应对的态度也是不同的。不同方位、不同距离的事件，客运服务人员需要留心观察周边事物，以便可以在较短时间内向旅客提供所需的服务。

（一）认知能力的培养的意义

进行认知能力培养，有利于帮助客运服务人员掌握方法，树立信心，提升能力。

1. 能够促进思维能力和学习能力的培养

培养认知能力的实质是培养人们对自己认知活动的自我意识、自我评价和自我调控能力。客运服务人员对客运相关知识的学习不仅仅是对材料的识别、加工和理解的认识过程，还是一个对该过程进行积极监控的调节的认知过程。大量的研究和实践证明，虽然学习能力强的人在知识水平方面与学习能力差的学生相比并无绝对优势，但是在认知能力的发展水平上却不可同日而语，他们能够更加清晰地意识到自己的认知加工策略，有意识地调节自己的认知过程，更有效地使用知识工具和策略方法。

2. 促使自觉地调控学习活动，顺利达到目标

认知能力发展水平较高的人在知识学习过程中，不仅重视所学的内容，而且随时关注自己的学习过程。由于认知是把学习主体——自己的认知活动作为意识的对象，因此，培养认知能力能够促使人自觉地监控和调节自己的学习过程，使其在观察能力、思维能力、创造能力和自学能力等方面都能顺利达到学习目标的要求。

（二）加强认知能力学习的策略

在树立了正确观念的基础上，要想更进一步加强对认知能力的培养，更需要从培养策略上进行改进。

1. 明确目标，了解认知知识

设立目标并有针对性地了解新事物的特点，强化目标意识，懂得用目标激励学习的自主性。通过目标强化和目标激励主动地解剖自我，认清自我的知识基础、思维方式以及自身与目标的差距，进而选择相应的学习策略，制定合理的实施计划。实施计划的制定有利于明确目标和责任，有利于激发动力，变被动为主动。

2. 丰富认知体验

不断丰富对目标的认识和自身的认知体验，有利于对认识事物的理解。可以通过创设具体情景提问、考察性问题等方式，使自己能够清楚明确自己是否达到了认知要求。通过采取合作学习的方式，既能拓宽知识的深广度，也能够让自我畅谈工作中的心得，反馈自我工作方法的有效性，大家互相取长补短。

总之，需要采取适当、可行的策略，培养认知能力，使人们逐步完成从“要我工作”到“我要工作”的转变，最终达到目标。

小故事：用心去悟

在南北相对的两座大山上，各有一个寺院。每天早上，两个寺院分别派一个小和尚到山下的市场去买菜。两个小和尚年轻气盛都不服对方，在市场上相遇，经常或明或暗地较劲，互试机巧。南寺院的小和尚问："你到哪里去？"北寺院的小和尚答道："脚到哪里，我就到哪里。"

南寺院的小和尚听后无言以对。买了菜，回到寺院向师父禀告，师父说："下次你碰见他的时候，还用同样的话问他，如果他还是那样回答，你就说：'如果你没有脚，你到哪里去？'这样你就能击败他了。"

第二天早上，南北寺院的小和尚又在菜市场相遇。南寺院的小和尚又问道："你到哪里去？"北寺院的小和尚答道："风到哪里，我便去哪里。"

这出乎意料的回答使南寺院的小和尚无从回击，又站在那里，一时语塞。回到寺院，师父见小和尚满脸晦气，便问道："难道我教给你的方法不灵吗？"小和尚便将早上的事如实地说了出来，师父听了哭笑不得，对小和尚说："那你可以反问他：'如果没有风，你到哪里去？'"

第三天早上，南寺院的小和尚又碰见了北寺院的小和尚了，于是问道："你到哪里去？""我到市场去。"南寺院的小和尚又没有话了，因为他不可能说："如果没有市场，你到哪里去？"

师父知道这情况之后，叹道："观晚霞悟其无常，观白云悟其卷舒，观山岳悟其灵奇，观河海悟其浩瀚……学贵用心悟，非悟无以入妙。别人的东西永远是别人的，只有悟出的东西才是自己的。"

二、能力分析

人的能力总是与人的活动联系起来，能力实际上是个体从事活动的能力。能力表现在相应的活动中，例如学习能力、认识能力、组织能力等，都是指从事相应活动的能力。能力与活动不是一一对应的关系，一种能力往往在多种活动中发挥作用。

一个人如果个性中具有完成某种活动所需的各种能力，并且能够把这些能力很好结合起来出色完成这种活动，那就是说这个人具有从事这种活动的"才能"。"才能"就是各种能力的独特的结合，是知识的灵活运用的过程。

如果完成某种活动所必备的各种能力在活动中能够得到最充分的发展和最完善的结合，并能创造性地、杰出地完成相应的活动，通常把具备这种能力表现的人叫做"天才"。天才离不开社会历史、时代的要求，离不开个人的勤奋和努力。

（一）能力的诱发

一个人具有顺利完成某种活动的能力，但能力作用的发挥需要一些诱发条件，这些诱发条件表现在环境、参与、设疑等方面。

1. 环境诱发

营造氛围使人们能够更好地接受新知识，使人们敢想敢说、善想善说，这样他们对新知识、新事物的获取将是积极主动的，不但能体会到成功的乐趣，而且能树立起学习的自信心，管理者给予适当的鼓励和支持，他们思维会得到充分的拓宽。从学习氛围，乃至生活氛围去营造一个环境，诱发人们去思考，通过在现实生活中学习判断，增强个人的能力强度。

2. 参与诱发

管理者应该注意引导下属懂得主动参与，积极地去学习相关的知识和技能。参与其中和旁观者相比，效果是不同的，要让人们参与其中，进而诱发各种能力。

3. 设疑诱发

创设问题情境，激励质疑问难。只有疑才有思，有思才能学到真正的知识。创设问题情境，设疑问难，是培养能力的重要方式之一。

(1)激趣设疑，诱发思维。文字表述比较抽象、内容比较枯燥乏味，须激趣设疑，使人们感到新奇又难以理解，从而诱发人的思维。这样带着疑问学习知识，效果更佳。

(2)变序设疑，启发思维。这种设疑，打破事物发展顺序，先“果”后因，把事物某个紧要部分提到前面，从而形成悬念，以此启发思维。如在一些新知识学习前，先设定一些需要解答的问题，可以启发人们积极思考问题。

(3)层层设疑，训练思维。设计的问题一个接一个，一问套一问，互相串联。这种紧紧地抓住注意力，促使他们立即进入思维状态。层层设疑，可以促使不断地进行判断推理，始终处在积极思维状态。

（二）能力的形成

影响能力的因素（图 4-1）有很多，其中素质、知识、技能、教育、社会实践、勤奋等对能力的影响最为显著。其中素质是能力的自然前提，与能力的形成和发展有密切关系。但能力的形成和发展，主要还是决定于人的经验，特别是教育和长期从事的实践活动。此外，兴趣、性格等，也是影响能力的形成和发展的重要条件。通过对素质形成因素的培养，可以进一步促进能力的形成。

1. 素质

素质是形成人们之间天生差异的解剖生理特征，其中最主要的是神经系统和脑的特性。素质是能力发展的自然前提，离开这个物质基础，就谈不上能力的发展。但素质本身不同于能力，只有在以后的生活实践中，解剖生理素质在活动中显露并发展起来，才逐渐形成能力这样的心理特征。

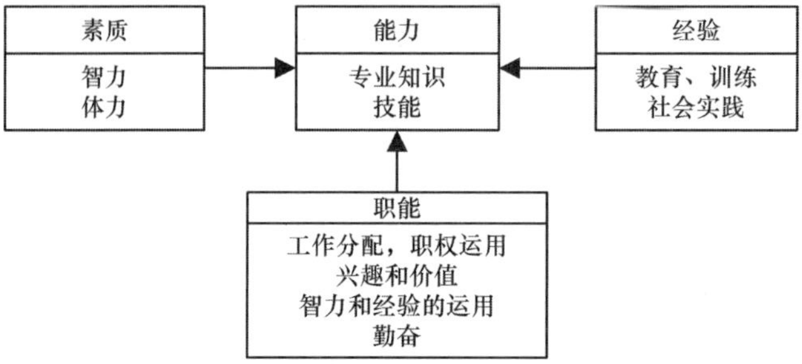

图 4-1　影响能力的因素

(1)个人素质

一个人的素质是智力和体力的综合反映，也是他的内在心理活动和外在行为表现的统一。素质的获得是通过主动的自我修养以及被动地接受环境教化共同作用的结果。

为了提高旅客运输服务质量，客运服务人员应具备以下的素质：

①持续的学习欲望和良好的学习习惯。学习无处不在，只要你愿意学习，处处都有机会。而且在同样的机会之下，每个人的收益也会有极大的不同。客运服务人员需要培养自己的自我学习能力，学习的方式有很多种，通过书本了解旅客服务知识以及旅客的心理，在实际工作中增强自己的实践能力，以及突发事件的处理能力。

②永不言败、坚忍不拔的意志。成功很难，放弃却很容易，在追逐成功的道路上，一定是布满荆棘的，也一定是崎岖的，只有永不言败的人，才会苦尽甘来，体会到属于成功者的喜悦。因为客运服务人员面对不同的人群，存在着很大的变异性，在工作中难免会遇到一些困难，不要轻言放弃，在失败、困难面前不要气馁，要懂得坚持，有时候成功可能就在下一秒钟。

③有勇气积极主动承担责任。当你要承担一个任务时，须积极主动地、千方百计地努力去完成，千万不要到最后告诉上级“没完成”。上级要的是“说到做到”，最好还能给他一点惊喜——“做的比说的好”。任何“做不完”的工作都会有许许多多客观的理由，过程很重要，但结果更重要，因为客运企业往往更关心结果。

“做不完”的理由归纳起来不外乎有以下几种：

a. 难！难？不正好给予了你接受挑战、表现自我能力的机会吗？做好了这件事，你的能力可能会有大的提升、你的价值也就让上级刮目相看了！

b. 变！情况变了？变是永恒的，你应该随时应变、随需应变，否则，要“人”来干什么？让机器去干好了。

c. 紧！时间不够？关键在于你是否调动了所有可以调动的资源、你的时间安排是否合理，工作效率是否足够高。

d. 自身水平不够！水平不够？这是唯一可以说得过去的理由。但要注意，如果你要告诉上级这个理由的话，你应该提早一些，10 日要完成的事情你不能到了 9 日才说“我做不了”，你应该给予上级足够的提前量，让他可以安排其他人来做。如果不幸地做错了什么事，应该主动地承担责任。领导最恼火的事就是看到出了问题，但下属都表示“不关我事”。正确的方法是积极分析问题，找出问题症结之所在，让自己、也让公司在将来不再犯同样的错误。应记住，“失败的教训和成功的经验同样珍贵”。

④良好的组织和协调能力。良好的组织和协调能力决定了一个人在事业发展中有没有前途，但这种能力是书本上学不到的，要真正掌握这种能力，还需要多参加社会实践。

分享、合作才能使人更快进步，世界冠军是在竞争中产生的。在一个你追我赶的竞争环境中，谁有不懂的地方都会及时得到指点，谁有困难时都有几双真诚的手无私地伸到你的面前，帮助你走出困境，不断前进。

⑤善于处理好人际关系。要想赢得尊重、赢得信任，唯一的、最佳的方法就是真诚。如果你得不到别人的信任和支持，一个人再努力也会事倍功半，赢得伙伴的信任是成功的必备条件之一。当别人有急事的时候你能主动伸出手帮他一把，他会对你感恩一辈子。这样的事例我们听到了许多许多，但真的事到临头的时候大多数人却往往熟视无睹、置若罔闻。

从现在开始，真诚付出，力所能及地帮助别人，奉献自己的爱心，会让你受益无穷。同时也不要拒绝别人的帮助。能坦然地接受别人的帮助也是一种自信、一种良好的心理素质——相信自己不会辜负他人！

⑥拥有良好的品质。在日常生活与工作中，不斤斤计较、不取巧、不偷懒，踏踏实实做好本职工作，愿意吃苦，愿意吃亏，这样的人谁都愿意跟他做朋友。先付出，展示出你的价值来再求收获，这种收获将会是大收获。

(2)企业素质

人有素质，企业也有素质。企业的素质主要通过以下方面表现：

①满足社会需要的能力，即为满足旅客需要的能力。

②有效利用各种资源的能力，资源的有效利用可以降低成本，从而达到提高效益和竞争力的目的。

③扩大再生产的能力，以寻求企业的发展和技术进步，即利用现代科学技术的成就，提高运输服务中的科技含量，更好地满足旅客的需求。

④竞争与协作能力，在运输市场中，各种运输方式之间存在竞争，但每一种运输方式的适用范围具有一定的互补性，彼此之间需要合作，以克服自身的不足，这样，竞争中求协作，是促使各种运输方式发展的有效措施。

2. 知识与技能

知识是能力形成的理论基础，技能是能力形成的实践基础，能力的发展是在掌握和运用知识、技能的过程中实现的。同时，能力在一定程度决定一个人在知识、技能的掌握上可能取得的成就。人的能力有大小，人的知识有多少，人的技能有高低之分。

知识是活动的自我调节机制中一个不可缺少的构成因素，也是能力结构的一个不可或缺的组成部分。客运服务人同需要掌握知识并能够运用旅客运输服务的知识指导自己的活动和实践。例如，客运服务人员需要掌握铁路相关知识以及对事件的处理方法。

技能是人们通过练习而获得的动作方式和动作系统，技能直接控制活动的动作程序的执行。它们表现了一个人已经达到的成就水平。技能是自动化了的活动方式，是一种运用。例如，我们能够又快又准确地算出一个多位数的乘法题目，这是运算技能强。又如，尽管我们可能不知道什么是汉语拼音，但是我们能说标准的普通话，这说明我们普通话的知识有欠缺而技能强。

能力是顺利实现活动的心理条件，包括顺利掌握知识和技能的心理条件，它预示着人在活动中可能达到的成就水平。例如，我们说某人的工作能力强，我们使用的是一种赞许的口吻，说明他的工作效率高，完成得又快又好，我们是根据效果评定的。然而你应该知道，此人在工作中是综合运用了自己的知识与工作技能，才能达到这个效果。

通过增加知识和训练技能，有助于提高人的能力水平。

3. 教育

教育是掌握知识和技能的具体途径和方法，对能力的发展同样起着主导作用。教育不仅使人掌握知识和技能，而且通过知识和技能的传授，促进心理能力发展。客运服务人员的职业教育，对现代企业来讲显得特别重要。客运服务人员必须掌握多种知识、技能，并能进行综合运用。

4. 社会实践

能力是在改造客观世界的实践活动中形成和发展起来的，劳动实践对各种特殊能力的发展起着重要的作用。不同职业的劳动，制约着能力发展的方向，如财务人员的珠算技能，机务人员对红绿颜色的识别力，这些方面是同职业的特殊要求分不开的。不同的实践向人们提出不同的要求，人们在实践和完成任务的活动中，不断地克服薄弱环节，从而使能力得到相应的发展和提高。“世事洞明皆学问，人情练达即文章。”说的是社会实践对人的作用。

社会实践活动，旨在培养意志品质，丰富生活经历，提升综合素质，增强综合能力，以应对生活中的风雨挫折、艰辛坎坷、荆棘磨难，强壮起来，能够在面对问题时不惊慌、不怯场，及时正确地做出解决问题的方法。

5. 勤奋

勤奋是获得成功的必由之路，要使能力获得较快和较大的增长，没有主观的勤奋努力是根本不可能的。世界上许多政治家、科学家和发明家，无论他们从事的领域有多么不同，他们的共同点是长期坚持不懈、刻苦努力、顽强地与困难作斗争。没有刚毅顽强、百折不挠的意志力，任何成就都不能取得，也无从谈起能力发展。

勤奋可以弥补很多的不足，也可以做出很多意想不到的成就，勤奋的人会比懒惰的人拥有更可贵的品质，更多的成果，勤能出智慧。

小故事：勤奋铸就成绩

古希腊德摩斯梯尼，小时口吃，登台演讲时，声音含混，发音不准，于是每天含着石子，面对大海朗诵，无论春夏秋冬，坚持五十年如一日，终于成为全希腊最有名气的演说家。

屈原洞中苦读。屈原小时候不顾长辈的反对，不论刮风下雨，天寒地冻，躲到山洞里偷读《诗经》。经过整整三年，他熟读了《诗经》305 篇，从中吸收了丰富的营养，终于成为一位伟大诗人。

蒲松龄草亭问路。清代文学家蒲松龄在路边搭建茅草凉亭，记录过路行人所讲的故事，经过几十年如一日地辛勤搜集，加上自己废寝忘食的创作，终于完成了中国古代文学史上划时代的辉煌巨著《聊斋志异》。

（三）能力的提高

能力的形成受多种因素的影响，通过这些因素可促进能力的获得并得到提高。提高能力的方法有很多，主要的方法有：

1. 牢固地建立起不畏惧失败的信念

所有的成功者并非平步青云一帆风顺的，他们大多也都是从失败的阴影中走出来，依靠坚韧不屈的精神，最后成为赢家。

开端良好，路子也看得准，这并不等于用不着艰苦创业就可坐享其成。勇于面对失败，善于解决矛盾，则无往而不利。困难是人生所面临的一个阻碍，同时又是强者的敌人，只有在坚忍磨炼中，才能不断地淘汰竞争者。有许多人，因为一生中没有常同困难搏斗的机会，而又没有充分的“困难”足以刺激其内在的潜伏能力，而默默无闻。阻碍恰恰可以锻炼我们“克胜阻碍”的种种能力，人不遭遇种种阻碍，他的人格便不会得到凝聚和升华。所以一切的艰难困苦都足以锻炼我们的意志和能力，也在无形中考验着我们的心态。

有过失败并不可怕，因为失败足以唤起一个人的潜能，从而使他获得成功，并成为他将失望变为希望的动力。有些环境不顺利，到处受排挤的青年，往往是扎实的，而那些自小环境顺利的人，却反而经不起风浪。上帝在为一个人关上一扇门的时候，往往会同时给他打开一扇窗户。

2. 在思考中积极的进取

外国有句谚语：有一天好好思考，胜过一周的蛮干徒劳。积极思考会使我们在面临弱势的情形时仍能寻求最好的、最有利的庇护。积极思考指的是，在看待事物时，应考虑生活中既有好的一面，也有坏的一面，但我们更重要的是要强调其好的方面，从而产生良好的愿望与结果。积极思考是一种健康的人生态度，同时也有利于扩展你的希望，并克服你意识里所有消极的东西。

我们不能像鸵鸟一样，只顾把头埋在沙堆里，不肯面对现实。我们并不否认消极因素的存在，只不过我们不应允许自己沉溺于自我的颓废和消极中。积极思考要求我们在生活的一时一事中学会积极进取的态度。

当然，仅有思考还是不够的，有了思考的同时，我们还必须有实现思考的坚强毅力和决心。如果徒有思考，而不拿出行动来实现愿望，也只会是竹篮子打水一场空。我们在思考的同时辅之以艰苦的努力，我们的思考才会具备更大的价值和意义。

3. 不轻易为拒绝所打败

分析历史上那些成大功、立大业的人物，他们都有一个共同的特点，不轻易为拒绝所打败和退却，不达成他们的理想、目标、心愿，就绝不罢休。华特·迪斯尼为了实现建立“地球上最欢乐之地”的美梦，四处向银行融资，可是被拒绝了 302 次之多。今天，每年有上百万游客享受到前所未有的“迪斯尼欢乐”，这全都出于一个人的决心。

多方努力去尝试，不要惧怕拒绝和失败，凭毅力去追求所期望的目标，最终必然会得到自己所要的，可千万别在中途便放弃希望。这句话说来简单，但我们相信你一定会从内心同意，就从现在起拿出必要的行动，哪怕那只是小小的一步。

4. 该出手时就出手

对大多数人来说，行动的过程中最怕的就是犹豫不决、进退两难，即碰到问题，总是不能当机立断，思前想后，从而失去最佳时机。每个人的成功都取决于某个关键时刻，这个时刻一旦犹豫不决或退缩不前，机遇就会失之交臂，再也不会重新出现。

与其费尽心思地把今天可以完成的任务千方百计地拖到明天，还不如用这些精力把工作做完。而任务拖得越后就越难以完成，做事的态度就越是勉强。在心情愉快或热情高涨时可以完成的工作，被推迟几天或几个星期后，就会变成苦不堪言的负担。

三、客运服务人员具有的主要能力

（一）感觉与知觉能力

1. 培养感觉与知觉能力的重要意义

感觉与知觉能力在人们日常生活中起着重要的作用。人们的知识经验不同，需要不同，期望不同，对同一事物的理解也可能不同。感觉和知觉能够指导人们对事物的理解更迅速、更完善。

（1）感觉与知觉提供了内外环境的信息

通过感觉与知觉，人们能够认识外界环境，从而了解事物的各种属性。通过感觉与知觉，还能认识自己机体的各种状态，有可能实现自我调节。没有感觉与知觉提供的信息，人就不可能根据自己机体的状态来调节自己的行为。

（2）感觉与知觉保证集体环境的信息平衡

人们从周围获得必要的信息，是保证机体正常生活所必需的，但信息超载或不足，都会破坏信息平衡。信息超载使人产生“冷淡”的态度，信息不足时人们会产生不安和痛苦，甚至无法忍受。

（3）感觉与知觉是一切较高级、复杂的心理现象的基础

记忆、思维等复杂的认识过程必须借助于感觉与知觉提供的原始资料，人的情绪与情感体验，也必须依靠人对环境和自身内部状态的感觉与知觉。

因此，必须加强感觉与知觉能力的培养与训练。一方面给别人一个好的感官印象，另一方面为进一步了解别人造就一个好的基础。

2. 感觉与知觉能力的培养

客运服务人员面对旅客，在为旅客提供服务的过程中，感觉和知觉得最基本的能力，当你感受到了需要，并能正确地认知这个需要，才能采取正确的行动。对感觉和知觉能力的培养和训练，可以从以下几个方面着手：

（1）多观察，增加感受经验

在日常工作中，有意识地观察旅客的行为表现，分析行为表现所代表的意义，反复认证判断的结果，进行规律的总结，有助于提高感觉和知觉能力。

（2）多学习，增进情景触动

对事物的感觉和知觉，常常与自身的知识相结合，知识面的宽度和深度一定程度上影响感觉和知觉的内容、速度等反映。多学习知识，可以帮助增强感觉和知觉的范围。

（3）多练习，增强反身能力

一些事物就在眼前，而我们常常视而不见，其原因时我们意识中就没有对这个事物的概念，如果经常性地训练自己对某一事物的认知，当它出现时，哪怕“白驹过隙”也会捕捉到，这是训练的结果。

（二）注意与观察能力

1. 培养注意与观察能力的重要意义

客运服务人员要适应复杂多变的工作环境，清晰地反映旅客和工作中的情况，提高认识活动的效果，就必须具有良好的注意力和观察力。

小案例:一个实验

1954 年,加拿大麦克吉尔大学(McGill Univ Canada)的心理学教授博克森进行了"感觉剥夺实验"。实验中实验对象带半透明的护目镜,只能透过光线而看不见图像。棉手套和卡片纸做的护腕剥夺了受试者手指的触觉。听觉刺激被一只围在头上的 U 形枕头和一只始终嗡嗡作响的空调机控制了,实验对象在小房间里尽可能长久地躺在床上,吃喝都由实验者安排好了,用不着实验对象移动手脚。

实验对象每忍受一天的感觉剥夺,就可以得到 20 美元的酬劳,在 20 世纪 50 年代的美国,这可是相当可观的一笔收入。实验刚开始的时候,实验对象还能安静地睡着,但没过多长时间,实验对象就开始失眠、不耐烦,他们急切地想寻找一点刺激,他们想说话,唱歌,用手套互相敲打等。

结果表明:随着被隔离时间的延长,受试者很难集中注意力并变得容易激动。此外,还会产生幻觉。隔离状态下的脑电波比隔离前明显减慢。刚解除隔离状态时,实验对象常产生感觉失真,脑电波要过几小时后才能恢复正常。

客运服务人员在工作中必须保持良好的心境、情绪状态和工作兴趣,以便对具有一定刺激(音响、气味、活动)和新奇、意外的事物(某些旅客的不寻常动作、神态),对具有美感及道德感、感情色彩的对象(如优美的乐曲)这些刺激能引发注意的因素,随时给予"注意",并从无意注意向有意注意转化。一个客运服务人员,要特别锻炼自己的有意注意能力,在客运服务的整个过程中,总会遇到一些并不使人感兴趣而又必须做好的工作,需要通过有意注意强制自己的精力集中在这些工作上。一般来讲,对工作和活动的目的越明确,完成任务的欲望越强烈,就越能将自己的注意指向这项工作上来。缺乏注意力,就会"视而不见"、"充耳不闻"。

对于客运服务人员,在日常工作中,尤其是超员比较严重、站车秩序不好的情况下,有良好的注意力和观察力,才能发现"问题",如发现携带危险品及其他禁止物品上车,发现并安置特殊旅客等。只有发现问题,了解问题产生的原因,才能及时采取措施使问题得到有效的解决。例如,有的列车服务人员具有较强的注意力和观察力,比较丰富的知识,能及时发现旅客的异常表情和行为,并了解到旅客的外部表现是由于内心的哪些难处造成,通过对其难处的解决,使其旅行愉快。因此,对客运服务人员良好注意力和观察力的培养,有其重要的意义。

2. 注意能力的培养

注意是心理活动对一定对象的选择性指向和集中。注意并不是一种独立的心理过程,而是心理过程的一种共同特征。注意有两个特点：一是指向性，人在同一时间内不能感知很多对象，只能感知环境中的少数对象，为了获得对事物的清晰、深刻和完善的反映，人在每一瞬间，心理活动或意识会选择性地指向某个对象，而离开了另一些对象；二是集中性，表现为同一时间内各种有关的心理活动共同集中于一定的对象，而且维持着这种指向，使活动不断地深入下去，如在剧院看戏，心理活动集中于舞台上的演员的动作、台词、表情、服饰等，而撇开了剧场内的观众，直到剧终。

注意可分为无意注意和有意注意，在实际工作中往往不能截然分开，两者是可以相互转化的。例如，一个人偶尔为某种活动所吸引而去从事这种活动，后来才意识到它的重要意义，于是自觉地、有目的地去从事这种活动，并且在遇到困难和干扰时仍保持对该活动的注意，这是无意注意转化为有意注意。在刚开始做某项工作时，由于对它不熟悉、不感兴趣，往往需要一定的努力才能把自己的注意保持在这项工作上，经过一段时间后，对这项工作熟悉了，发生了兴趣，就可以不需要意志努力而继续保持注意，这是有意注意转化为无意注意。但这种无意注意仍然是自觉的、有目的的，只不过不需要意志努力，这种无意注意也叫"有意后注意"，即事先有预定的目的，但不需要意志努力的注意。

对于客运服务人员，通过"有意后注意"的培养，可以养成一种职业的敏感性和职业习惯，它们在发现问题，进而解决问题中起到重要的作用。

(1)努力锻炼，提高注意的稳定性

这可以从以下几个方面考虑：

①认识自己从事的工作的意义和目的，树立正确的学习动机，为未来的发展努力学习，用理想的目标激励鼓舞自己，使其具有强烈完成本职工作的欲望，如售票人员明确工作对旅客旅行、对铁路收入、对路风建设的重要意义，有强烈的对旅客负责、急旅客之所需的责任感，就能稳定地将自己的注意力集中在取票、收款和提高售票速度和收款的准确性上。

②培养对工作应有浓厚的兴趣，激发好奇心和求知欲。如果对客运服务工作厌烦，就难以将注意力稳定在对旅客的服务上。

③要学会排除干扰，干扰有外在的，如无关的声音、不正常的情况等；有内在的，如疲劳、不好的情绪等。对外在干扰，要尽快适应或想办法消除、减轻它，以创造良好的工作环境，对内在干扰，主要是自控，保持良好的心境，抑制消极情绪的发展。

客运服务人员为了使自己能自觉、稳定地将注意集中在工作上，应合理安排自己的工作和休息，使生活有合理的节奏。下班后安排好家务和业余生活，以保持旺盛的精力，避免由于健康等主客观因素影响工作中注意的稳定性。

(2)扩大注意范围

扩大注意范围是对客运服务人员的要求，注意范围大，能够全面地观察到站车内旅客的情况，对旅客的手势、表情、语言等能敏捷地注意到并迅速地做出反应，及时、主动地为旅客服务。

客运服务人员的注意范围与其知识、经验、对工作的熟悉程度以及对环境的适应能力有密切的关系，对某种事物越熟悉，工作经验越丰富，注意范围就越大。注意范围受任务要求的制约和影响，任务多，注意范围会增大。因此需要在知识、经验、对工作的熟悉程度以及对环境的适应能力等方面进行锻炼和培养。

(3)合理分配“注意”

注意的分配是建立在对工作内容熟悉的基础之上的，因此客运服务人员应刻苦钻研本职工作的规律性和提高工作技巧，合理地对工作内容进行顺序组合，并在此基础上加强对注意分配的训练。

3. 观察能力的培养

(1)观察与观察能力

观察是有目的、有计划、比较持久的知觉。在观察的时候，观察者要预先提出一定的目的和任务，拟出一定的计划，按计划仔细地察看知觉对象，就它的方方面面提出问题，从中寻求某种答案。观察者在观察时会注视、搜寻、比较、分析每一个细节，观察过程总是包括积极的思维活动。因此，在观察的过程中必须有非常稳定的有意注意来组织知觉，以免关键性的、具有重要意义的现象从观察者的视野中溜掉。

观察能力最可贵的品质是从平常的现象中发现不平常的东西，从表面上好似无关的东西中发现相似点或因果关系。在观察能力的发展水平和类型上，人与人之间存在差异。

(2)观察的步骤

对事物的认识，通常不可能一次完成，需要反复观察了解，一般情况下，观察的完成需要经过以下几个步骤：

①掌控表象。通过人体的感官(如眼睛、耳朵等)直接感知、摄取事物的表象信息，使众多的表象信息汇入脑海，并形成一个整体，储存在人体记忆里。

②区别差异。事物不同，拥有的特点也不同，即使是相同的事物，也存在差异。要想对事物有着更清晰地了解，需要对事物表象进行比较分析，得出事物的区别差异在哪里，进而能够更好地观察事物。

③抓住要点。在第二步比较表象的区别差异的基础上，根据观察中对事物表象的认识和把握，抓住事物最具典型、最具有表现力的表象特征，通过这些表象要点可以准确地呈现出事物的形象。

(3)观察能力的培养

观察能力是通过培养和训练而获得的，是个体通过自己的实践活动逐步形成和发展起来的。观察能力取决于对观察对象的兴趣、个人的相关知识、生活阅历和经验，以及观察的方法、观察的训练等因素。

在观察时，明确观察的目的任务，激发观察兴趣，准备必要的知识，确定观察的方法和步骤，严格按照计划有系统、有步骤地进行观察，养成良好的观察习惯，进行反复的观察训练，就能获得满意的观察结果。

①制定文字观察计划。明确观察的目的任务，按照一定的计划带有特定目的展开观察活动，为了科学地进行观察，一定要制定观察计划，并形成文字，这样可以保证观察活动有序地进行，便于对观察进度的掌握。而且文字计划可以便于后期查询时作为参考。

②立场公正客观。观察的目的是为了获得事实，所以需要观察客观地描述观察所得到的信息，在观察的过程中不能戴上“有色眼镜”。在观察的过程中，不能让已有的经验阻碍你的观察的视角，在观察的事实面前，我们应该像一个小学生一样，放弃一切先入之见，恭恭敬敬地朝着大自然指的路走，客观、实时地记录所观察到的现象。

③全面看待事物。观察事物应该全方位，不能片面和简单化。观察对象的表象可能多种多样，所以在观察对象时，应注意从不同的角度把握其各种属性，从而获得全面的信息。不能“瞎子摸象”，一定要全面、深入地观察。

④认真细致，不浅尝辄止。观察是针对某一研究对象的表象现象，并不涉及到所有的研究对象，其只能观察记录对象事物的具体的性质和特点，无法得到观察对象的共性。因此在观察的过程中应认真仔细记录观察对象的每一个环节，不能浅尝辄止。

（三）记忆与理解能力

1. 培养记忆与理解能力的重要意义

在旅客运输服务工作中，离开良好的形象记忆能力，就记不清旅客，尤其是重点旅客的相貌特征；缺乏语义记忆或语言逻辑记忆，就记不清站名、票价、作业程序等；缺乏运动记忆，就不能很快掌握各种作业技巧；缺乏情绪记忆，人就会变得麻木。因此，培养和锻炼良好的记忆能力，是做好旅客运输服务工作，提高服务质量的重要基础。

2. 记忆能力的培养

(1)提高记忆能力的方法

很多人在工作和学习中，都会感觉到自己的记忆力有些吃力，其实这并不是因为自己的记忆力下降，而是没有掌握到记忆方法。一个好的记忆方法，会让我们在工作与学习中，做到事半功倍。如果没有一个好的记忆方法，就是再好的记忆力，我们也会感觉到吃力与疲劳。为提高记忆能力，可以采取以下办法。

①明确识记目的，提高记忆的信心。识记的目的、任务是否明确，对记忆效果有很大的影响。明确识记目的有利于调动一个人的识记积极性和针对性，人们在全部的识记活动过程中会集中在所识记的对象上，且采取多种方式方法去识记。一个旅客经常乘车旅行，除了他旅程的始发站、中转站、终到站及中途特别有名的大站以外，对多数中间站一般是记不住的，因为他没有必要，没有记住它的目的。但一名列车服务人员，不论自己执行乘务的列车经过的路线有多长，小站数量有多么多，有些站名如何不顺嘴，他都必须记住它，因为这些是他们的工作任务

之一，为了更好地服务客户，他们需要有目的地记住他。

有明确的识记目的，还需要有信心，即“相信自己能够记住”。有了信心，识记态度就积极，注意力容易集中，抗干扰能力就会提高，思维及联想的能力就活跃，记忆力就会得到良好的发挥。记忆效果不好，常常和记忆状态，如情境、情绪、紧张度等不佳或记忆信心不足有关。每当学习新的知识，内心中总会产生一定的阻力，觉得很难。但下定决心去学习，增强学习的自信心后，又觉得没有什么难的地方了。

②利用记忆的最佳时间。一天之中不同的时间阶段，有不同的记忆效果。一般地讲，一天中有四个时间阶段记忆效果最好，称为最佳记忆时间。第一阶段是清晨起床后的一小时左右，此时学习可以防止前摄抑制作用的干扰，即学习过的材料对识记后学习的材料起干扰作用。第二阶段是上午八时至十时左右，此时人的精力上升，处在旺盛期，这段时间记忆容量可增大，效率会提高。第三阶段是傍晚六时至八时左右。第四阶段是临睡前一小时左右。这两段时间后摄干扰作用小，即后学习的材料对先学习的材料起干扰作用小。可以利用最佳时间记忆难记的学习材料，效果可能会更好。

不同的人，记忆的最佳时间可能不同，有人睡前记忆效果好，有人早晨起床后记忆效果好。只要有意识地去实验、总结，都能找到最佳记忆时间。客运服务人员需要记忆的内容很多，如规章制度、站名、票价等，要学会利用最佳时间，去记忆对本职工作最为重要的材料。

③运用科学的记忆方法。记忆是有规律的，人们研究出的快速记忆法，就是对记忆规律性的初步认识和掌握。但任何好的方法都必须与记忆者本人的具体情况相结合，才能收到效果。常用的、比较行之有效的记忆方法有以下几种：

a. 感官并用记忆法。在记忆材料时，如果只用一种感觉器官，记忆效果差，同时运用多种器官，会大大提高记忆效率和效果。多种感官并用，在大脑中容易形成多方面的网络联系，使记忆的对象在脑中留下更深刻的印象。

b. 分析记忆法。分析记忆就是对需要记忆的材料进行归纳，分段、分类、分散记忆。一般讲，每次记忆的信息量相对减少，信息内容较为集中、单纯，心理负荷相对减轻，记忆效果会提高。例如，记忆一篇全面介绍北京历史、现状、发展前景的材料，可以对材料进行分析，把地理位置、文物情况作为一段，历史情况作为一段，现状作为一段，发展前景作为一段。分段后，一段段记忆，然后再结合起来贯通记忆，这样的分析记忆会优于整体连续记忆的效果。

c. 特征记忆法。这种方法用来记人、地方、具体事物较为有效。人的相貌特征总有差别，每个人有区别于任何他人的特别之处，这些不同之处就是该人的特征。一个地点也总有不同于其他地点的特点。只要善于发现特征，认真观察，就能提高记忆效果。

d. 提纲记忆法。一般文字性材料，总有个结构，有个逻辑框架，抓住记忆材料的主要环节，就能纲举目张，较快地记住这个材料。

e. 其他。记忆的方法还有很多，例如图表记忆法、编顺口溜记忆法、心象联想记忆法、自测回忆法等。在记忆一种材料时，灵活运用各种记忆方法，可提高记忆效果。

④记忆要有浓厚的兴趣。兴趣是增强记忆力的催化剂。一个人对他所感兴趣的信息和对象，会产生高度集中的注意力与观察力，精神上更加亢奋。对地理感兴趣的同学，由于伊拉克战争的吸引和关注，会非常熟悉伊拉克的地图，以及它的地形地貌及周边环境。

⑤要保持高度的注意力。只有专心致志，聚精会神，信息和对象才会在大脑皮层中烙上深深的印迹；反之，注意力不集中，无意注意过多，会使人记忆力下降。

⑥要遵循规律，及时复习。记忆与遗忘是对立统一的，人的遗忘是有规律的，表现为最初遗忘的较快，几天后会重新想起来，以后逐渐慢慢地遗忘。因此，在遗忘到来之前，必须及时地复习，以便大大提高记忆的持久性。首先要有简练的复习提纲，依纲复习，"纲举目张"；其次要将及时复习、集中复习、分散复习相结合。

⑦要有良好的心理状态。心理学实验证明，心情舒畅、精神饱满的人，记忆效果就好，反之则差。如何保持良好的心理状态呢？一要树立正确的人生观、价值观。二要客观地评估自己和他人。三要有遭受挫折的心理准备。四要善于调控和转移注意力。五要积极参加公益的集体活动。

(2)培养良好的记忆品质

我们不能笼统地评价某个人记忆的好坏，因为记忆的好坏表现在各种不同的品质方面，要正确地评价一个人的记忆，得具体分析他记忆的各种品质。

①识记的敏捷性。对于不同材料，有人很快就能记住，有人需要很长时间才能记住。记忆的这种品质表现非常明显。但需要注意的是，有人记得快，忘得也快；有人记得慢，忘的得慢。所以要想评价一个人的记忆，必须将识记的敏捷性与其他记忆品质结合。

②保存的持久性。有的人能够把识记的事物长久地保存下来，而有的人会很快地把识记过的东西遗忘。一般说，识记的敏捷性和保持的持久性之间有着正相关的关系。但也有可能，有的人记得快，但不持久，有人虽慢，却牢固。

③记忆的精确性。精确性是记忆的一个重要品质，如果一个人的记忆很不精确，那么其他的品质也就没有多大价值了。

④记忆的准备性。这是指能够及时地从记忆的存储中提取所需要的知识经验的能力，这是知识运用于实际的重要品质。记忆的准备性主要取决于记忆的东西组织得是否系统和熟记的程度，以及是否善于运用追忆的方法去寻找线索。

3. 理解能力的培养

(1)关于理解

理解是运用已有的经验、知识去认识事物的种种联系，直至认识其本质、规律的一种逐步深入的思维活动。无论是初步地、不完全地或比较完全地认识事物的联系，认识其本质和规律，只有不限于单纯通过感知觉或记忆的直接认识，而是通过思维活动，一般就可以称为理解。

理解是掌握知识的重要环节，有些知识需要记忆，而在理解的基础上进行，记忆的效果就高。

理解一般也称为了解或领会，理解常以问题解决的方式来进行，对提出的问题所给予的回答，可以表现出理解的不同程度或不同水平。理解事物时，须运用过去已有的知识经验，或在已有的知识经验基础上，掌握新的知识经验。词与直观形象的结合，在理解中有着很大的作用，在某些的情况下，词的表达说明还不足够，必须借助直观形象的辅助。

对事物的理解力是认识事物本质所必需的，在信息传递的过程中，缺乏对信息的理解，就不能有效地利用信息。例如，同事给一个手势，没有理解这个手势的含义，就不能做它所指示要做的事情。

根据对象及其特点，理解可以划分为：对言语的理解、对事物类属性的理解、对因果关系的理解、对逻辑关系的理解。

理解又可分为直接理解和间接理解。直接理解不需要思维过程，常和知觉过程融合在一起，如对母语和身边熟悉的事物的理解。间接理解则需要经过复杂的思维过程，间接理解大多数是针对复杂、陌生的事物。

(2)促进理解的条件

①丰富有关感性材料。任何思维，无论它是多么抽象的和多么理论的，都是从分析经验材料开始，而不可能是从任何其他东西开始的。因此，必须为理解提供感性材料，才能使理解得到提高。

②注意新旧知识的联系。理解是以旧知识、旧经验为基础的，某一思想只有在它构成一个人经验中的一个环节时才能被他领会或理解。过去知识经验的的有无或多少，对理解能否顺利地进行，有着重要的影响，对新知识的理解依赖于旧的经验。

③创设问题环境，激发积极思维。思维是由问题开始的，因此需要安排适当的情境，不断提出问题，激发思维活动，用自己的思考来寻求了解，发现问题要点，获得各种知识。

(3)提高理解能力

①提升自己的基础知识掌握能力，所有的难题都是基础只是演变后产生的。

②多参加社会实践，在实践过程中掌握基础理论的运用，以及对实践处理能力的加强。

③注意的发散思维联系，看你的创新意识，一个问题可能会有多种解决方法，选择一种最合适、最有效率的。

如此反复，就提升你的理解力的，换句话说，看待问题，或是看题目，要深入骨髓的去想，透过现象看到本质，时间久了，你的能力就上去了！

(四)思维与想象能力

1. 培养思维与想象能力的重要意义

感觉和知觉是对客观现实的直接的反映，而思维和想象是对客观现实的概括性、创造性的间接的反映。客运服务人员经常和旅客交往，会碰到各种各样的问题和矛盾。因此，客运服务人员具备敏捷的思维和丰富的想象，可以灵活、妥善、创造性的处理各种矛盾和问题。

在问题的解决过程中，一般遵循“发现问题－分析问题－提出假设－检验假设－解决问题”的过程。

(1)“发现问题”很大程度上依赖于客运服务人员的独立思考能力。一个善于思考的人，常常能从他人司空见惯、平淡无奇的事情中发现问题。独立思考能力的大小与客运服务人员的工作态度、知识经验有密切的关系。

(2)“分析问题”即考虑问题所在，问题的性质，这是使问题明朗化的过程。要求客运服务人员对工作中的问题尽快地掌握有关资料，研究资料之间的关系，进行合乎逻辑的判断和推理。这种分析能力除了与知识经验有关，还与个人的逻辑修养有关。

(3)“提出假设”是寻求解决问题的途径、方法。有效解决问题的途径和方法，往往是依据以往的经验，结合问题产生的实际情况，灵活运用思维和想象而提出的。如果问题是建立在片面的、甚至是虚假的基础上，会使矛盾激化或问题更加复杂。因此，思维品质的优劣，对提出的假设的质量具有决定意义。

(4)“检验假设”是通过实践来检验所提的方案是否可行，是否合理。一般的检验方法有两种：一是由实践活动的结果来证明假设的合理、可行；二是通过逻辑推理，论证方案有无破绽。后者是前者的补充，实践活动是检验的最终标准。

(5)“解决问题”是解决问题的途径和方法实施的过程。

上述处理问题的过程是相互联系的一个整体，整个过程中都需要客运服务人员有较高的思维和想象能力。例如，客运服务人员经常遇到旅客之间发生的矛盾，这类问题的产生，既有旅客本身的问题，也有周围环境、群体气氛的问题。这些情况混杂在一起，增加了客运服务人员处理问题的难度，而问题发生的情况又不允许客运服务人员从容地调查、分析问题，然后慢慢地解决问题。这就需要客运服务人员具有敏捷的思维和想象能力，迅速地判断问题产生的实质原因，提出合理的解决办法，以果断的态度和措施解决矛盾，制止事态的发展。

2. 思维能力的培养

思维是人脑借助于言语、表象和动作实现的对客观事物的概括的、间接的反映。它揭示事物的本质特征和内部联系，是认识的高级形式，它主要表现在人们解决问题的活动中。思维不同于感知觉，但又离不开感知觉活动所提供的感性材料，人只有在获得大量感性材料的基础上，才能进行种种推论，作出种种假设，并检验这些假设，进而揭示感知觉所不能揭示的事物的本质特征和内部联系。人们在思维过程中，经常伴随感性的直观形象，这些直观形象便是思维活动的感性支柱。形象的鲜明生动有助于思维活动的顺利进行。

(1)培养优良的思维品质

一个人具有优良的思维品质，会为他分析、解决问题创造好的基础。良好的思维品质，来自于学习和实践。因此，它可以通过培养获得。优良的思维品质表现在以下几个方面：

①思维的深刻性与广阔性。思维的深刻性是指善于透过复杂的表面现象发现问题本质。思维深刻的人能够深入钻研问题，揭露事物的产生原因、现实意义，并预见可能造成的后果。

思维的广阔性是指善于全面地考察问题，从事物的多种多样的联系和关系中去认识事物。思维广阔的人能够避免产生对问题片面性和狭隘性的认识。他们不仅要把握事物的整体，抓住事物的基本特征，而且还不会忽略重要的细节和特殊的因素。思维的广阔性是以丰富的知识经验为依据。

思维的深刻性与广阔性是相互联系的，深刻认识事物有赖于依照各种事物普遍联系和相互制约的特点，全面地去考察事物。能掌握事物的本质与规律也会使考虑问题广度扩大。

②思维的独立性和判断性。思维的独立性是指善于独立地提出问题，独立地寻找答案。善于独立思考的人一般不主动要求或依赖别人的帮助，不祈望现成的答案，他们喜欢独立地、创造性地去认识事物，探索解决问题的新途径。

思维的判断性是指思考问题时不受别人的暗示的影响，能严格而客观地评价、检查思维的结果，冷静地分析一种思想、一种决定的是非、利弊。具有思维判断性的人不仅要知道关于某一事物的结论，而且要审查借以得出这一结论的根据，他们能够把自己对事物的推测看作尚待验证的假设，认真地加以检验，甚至推翻整个假设。

③思维的逻辑性。思维的逻辑性是指思维能遵循逻辑的规律。思维逻辑性强的人能够自觉地服从思维逻辑规律，使自己思想根据充分、首尾一贯、不相矛盾，形成正确的结论。

④思维的灵活性。思维的灵活性是指能根据客观条件的发展变化，及时地改变先前拟定的计划、方案和方法，寻求新的解决问题的途径。具有这种品质的人善于从新的观点、新的角度去考虑问题，摆脱偏见和早已过时的处理问题的方法。

(2)培养思维环境

①诱发动机，创设情境。大脑思考必须要有动机，没有动机的思考只能是本能的重复和再现。一般地说，思维动机可分为内因和外因，应借助外因促使内因起作用，提高思维兴趣和动机，激起认识的冲突，活跃思维，诱发兴趣，积极开展思维活动，这对培养创造性的思维有积极的作用。

②制造矛盾，设疑问难。培养思维能力总是从问题产生开始的，要注意设计的问题由浅入深，循序渐进。否则，矛盾不但解决不了，还会使积极性受到挫伤。要善于诱导学习者质疑，尤其是启发他们从无疑中生疑，发展求异思维。有些问题看来很小，却能小中见大，从无疑中生疑、知疑，达到小疑有小进，大疑有大进，久而久之，必然会促进思维能力的发展。

③连续思维，纵横递进。创造性思维的标志之一，就是要敢于凭借已知的知识，探究未知的问题，形成思维的连续活动。通过问题来思考，步步逼近，层层深入，使学习者对知识的理解更加深刻。

思维过程本身就是由感性的东西逐渐引向理性的抽象概括，如果把感性认识和思维活动紧密结合，就更能促进思维能力的提高。横向思维就是启发人从已有的知识中去思考与之类似、相关的问题的一种思维方式。横向思维的连续进行，可以帮助拓宽知识面，实行知识的“迁移”。所谓“举一反三”、“触类旁通”的说法，正是这种“迁移”的体现。在横向思维的过程中，可以从两个方面入手：求同和求异。这样不但加深了对知识的理解，而且大大地提高了思维的创造性。通过求异思维的培养，可以拓宽思路，提高分析鉴别能力。求异思维的天地是非常广阔的。

④分析综合，归纳提高。思维过程中少不了分析综合，没有分析，认识不能深入；没有综合，认识不能提高。它们之间的关系是相互依存、紧密联系的。可以遵循“分析—综合—再分析—再综合”的规律，培养学习者创造性思维能力。通过对各种现象的分层剖析，辨析清楚，再加以综合概括，既能加深理解，获得正确完整的知识，又能激发和活跃思维活动。最后再进行总结，从而明确各部分知识之间的逻辑关系。

3. 想象能力的培养

想象是对头脑中已有的表象进行加工改造，创造出新形象的过程。形象性和新颖性是想象活动的基本特点。想象是在感知的基础上，改造旧表象，创造新形象的心理过程。想象不仅可以创造出人们未曾知觉过的事物的形象，还可以创造出现实中不存在的或不可能有的形象。想象的形象在现实生活中都能找到原型，因它同其他心理活动一样，都是对客观现实的反映。

想象和思维有着密切的联系，同属于高级的认识过程，它们的活动基于某些事物的情景，由个体的需要所推动，并能预见未来。

(1)要积累渊博的学识和丰富的经验

想象无非是对已有的知识、表象和经验进行改造、重新组合、创造新形象。因此头脑中储存的表象、经验和知识愈多，就愈容易产生想象。一个孤陋寡闻的人是很难经常产生奇想的。

(2)要善于抓住事物特征进行想象

把不同种类的表象加以重新组合以形成新的形象，《西游记》中的猪八戒这一艺术形象就是用这种组合法想象出来的。要善于把同类的若干对象中的最具代表性的普遍特征分析出来，然后集中综合成新的对象。“阿 Q”的形象，就是鲁迅先生用这种方法想象出来的。阿 Q 的原型“没有专用过一个人，往往嘴在浙江，脸在北京，衣服在山西，是一个拼凑起来的角色”。要善于抓住不同事物之间的相似性进行想象。想象可以通过比喻的途径来完成。如人们常常把“爱心”比作滋润心田的雨露，从而这个抽象的概念具体化。比喻的关键在于发现不同事物之间的相似性。

(3)要善于把适合于某一范围的性质扩展到整个等级

想象也可以通过夸张的途径来完成。夸张的关键在于通过用具体的局部去代表未知的整体从而使整体具体化。如当人们只看到月牙时，他们就认为自己看到了整个月亮，这就是通过夸张来想象。

（五）言语能力及其培养

言语是指人们用语言进行交际的活动及其过程，它包括言语表达和对言语的感知与理解过程两个方面。言语的表达是指个人通过语言和动作把心理活动的内容表示出来，其中语言在交流中的作用更为显著。对言语的感知与理解过程是指人们通过眼睛和耳朵接受和理解别人的言语。人不可能只有言语的表达而没有感知和理解，也不可能只有感知和理解而没有表达。言语是在个体身上进行的活动，是人类特有的一种认知活动和认知能力。

研究言语有助于深入了解人类的心理现象的特征和规律。人不仅会走、会跑、能完成各种复杂的动作，而且具有利用言语交流的能力。正因为人有语言，人不仅可以接受各种刺激物的作用，而且可以接受词的作用，进行抽象、逻辑思维，形成自我意识，并且通过内部言语自觉调节自己的行为。因此，只有认识言语活动的规律，才能真正揭示人的心理活动特点。研究言语还具有实践意义，言语活动是人类最重要、最频繁的一种活动，正确地表达和接受言语，直接关系到人类社会各个领域的实践活动。客运服务人员，在为旅客提供各种服务的过程中，一方面需要能够感知与理解旅客的言语所要表现的意义；另一方面又必须把自己为旅客提供的各项服务的意义有效地向旅客表达出来，能得到旅客的理解和认同。为实现这两方面的任务，客运服务人员必须具备言语能力。

1. 礼貌语言在客运服务中的作用

礼貌语言是人与人之间相互尊重的表现，人是有思想、有感情的，人与人之间的关系是平等的、互利的，彼此要相互尊重。这种关系反映到旅客运输服务工作中，要求客运服务人员主动、周到、热情、礼貌地为旅客服务。因此，礼貌语言作为一种服务工具，作为客运服务工作中精神劳动的主要内容，是必须自觉地掌握并获得较高程度修养。礼貌语言在客运服务工作中的作用，概括起来有以下五种：

（1）组织作用

例如，列车员在车厢内对旅客说“各位旅客，现在我给大家送水，请大家准备好茶杯，在座位上等候。”这个通告，告诉旅客的信息有：一是我要送水了；二是请准备好茶杯；三是不要走动，在座位上等。这样旅客就会做好准备，协助客运服务人员有秩序地做好送水工作。又如，在列车超员的情况下，说这样的话：“各位旅客，今天列车超员，我对无座的旅客深表歉意。因为旅行使大家走到一起，应相互帮助、相互关心，请有座位的旅客发扬风格，两个人的座位坐三人，三人的座位坐四人。谢谢大家。”这种对旅客有真情实意的语言，常常收到很好的动员组织旅客的作用。再如，检票的时候说“各位旅客，请排好队，准备检票。”这会使旅客由无序状态进到检票的有序状态。这是服务语言的基本作用，没有这种组织工作，无法使站、车有序，也就谈不上优质服务。

（2）教育作用

站、车是宣传国家法令、铁路规章制度、旅行常识的有效场所。例如，站、车禁止吸烟、禁止随地吐痰、禁止乱扔脏物的宣传教育，使旅客养成讲究卫生的良好习惯，对于提高全体公民的社会公德水平起到很大的推动作用。这种教育的执行者、监督者是客运服务人员，他们要完成这一任务，没有良好的文明素质，不使用礼貌语言是不行的。

(3)帮助作用

旅客在旅行生活中，有各种各样的问题，需要客运服务人员帮助解决。有的需要解释，有的需要安慰，有的需要开导，有的需要制止。这一切，时刻离不开语言，都需要用语言给旅客以帮助。在为旅客提供帮助时，使用礼貌语言，会给旅客“不是亲人胜似亲人”的感觉，达到令人满意的服务效果。

(4)融洽作用

客运服务工作，每天接待各种各样的旅客，在服务与被服务之间，常常是一对矛盾，如无票要上车而不让上；物品放在过道上而不让放；要吸烟而不让吸。在发生矛盾的情况下，客运服务人员一方面要以礼让为先，无理不辩，有理不争，有理让人；一方面要坚持原则，妥善处理。解决这一矛盾的工具是礼貌的语言，表达出旅客运输服务部门对旅客的要求、希望和请求，首先说一个“请”字，它倾注了人与人之间的感情，使双方的感情接近，关系融洽。在得到旅客的帮助时说声“谢谢”，给人的感觉是尊重对方，表现了人与人之间的平等关系。在干扰、妨碍了旅客时，说声“对不起”，会使人听后感到舒服，使旅客愿意协助工作。常见客运服务人员与旅客之间融洽了感情，能创造一种和谐的旅行生活环境，使旅客心里愉快，也使服务工作获得方便。

(5)感化作用

客运服务人员是客运服务企业的代表，在旅客面前，一言一行都会给旅客留下深刻的印象，旅客往往通过客运服务人员的言行了解旅客运输服务部门的基本情况。客运服务人员的思想倾向和感情色彩，往往会在具体的服务工作中自然地流露出来，往往给旅客以真实的、深刻的影响。不管他是否是自觉的行为，是否认识到这一点，服务工作对旅客、对社会每天都会起着影响和感化作用。如果每个服务人员都能用文明的劳动、礼貌的语言体现崇高的思想、良好的风貌、高尚的情操，起到一种示范作用，影响、感化旅客，那就能够带动旅客，以至提高整个社会的现代文明程度。

运用礼貌语言，也是解决处理旅客纠纷的一种方法，是一种技术和能力。如两位旅客正在吵架，如果客运服务人员装作看不见而躲开，这是对工作不负责；如果去处理，却是用这样的语言：“吵什么吵！别打了，吃饱了撑的，要打，这儿不是打架的地方。”不说这种处理方法能否解决问题，从这些话中可以反映出服务人员的一种怨恨的态度，可以看出他的服务水平和能力很低。如果这样处理：“两位同志，(和蔼又含坚定的口气使人不由自主地要听)请问两位有车票吗？(把注意力吸引过来)”看票后，微笑地说：“如果车票是我们的请帖，来到我们运输部门，就是我们的客人，请两位看在主人的面上不要吵了吧。(以商量的口气提出要求)出门在外，都不容易，相互有什么不对的地方，相互谅解一下。”这样就可能使问题得到解决，至少能平息争吵。

与礼貌语言相反的是“无声服务”。有人认为“做服务工作的，把活做好了就行”。事实证明，把活做好了，并不一定会使旅客满意。讲话不讲话，反映了客运服务人员对旅客的感情、态度。客运服务人员的劳动，是为旅客创造一个好的环境，使其愉快地旅行。不讲话，就不会反映出自己的情感、态度，旅客不能感觉到，这种无声服务，从某种意义上说是“无效服务”，是一种消极的服务。另外，有一种无声服务，就是旅客问询时，服务人员不理睬，用不讲话冷落人，这种情况很伤害旅客的感情，伤害旅客的自尊心。

因此，要实现优质服务，不讲礼貌语言不行，讲粗话、脏话不行，不讲话或无声服务也不行；不讲究服务语言，不能自觉地运用礼貌语言，是实现优质服务的障碍。

2. 言语的感知与理解

为提高对言语的感知和理解的水平，应针对言语的四种类型的特点，采取相应的措施。在客运服务中，需要有重点地对口头语言和身体动作语言的感知和理解进行培养和训练。

对言语的感知和理解主要依赖于以下几个方面：

(1)语言知识

在言语理解中，语言知识起重要的作用，它包括句法知识、语义知识等。例如，在理解“人吃饭”这类句子时，人们应用了词序知识，而且也应用了语义知识。

(2)言语交流的环境

它可指言语活动出现的具体情境，包括交流的场合、社会环境、时代背景等，也可指书面语言的上下文和口头语言的前言后语。在言语交流时，交流的环境提供了各种背景知识，能帮助人们迅速、准确地理解言语。

(3)言语材料的组织

言语材料的组织包括语言的句子结构组织和动作的顺序组织。句子结构影响对语言的理解。如对否定句的理解一般难于对肯定句的理解。句子的层次结构也影响到语言的理解，越具体的底层越容易理解，高层不容易理解。

(4)特定的生活经验

人们在日常生活中不断积累各种特定的生活经验，这种生活经验对言语的感知和理解有重要的作用。

言语理解不仅依赖于对言语材料的正确感知，而且依赖于人们已有的认知结构和各种形式的知识经验。人们根据自己的知识经验去接受、加工所获得的言语信息，通过推理建立材料之间的联系，补充所缺少的信息，最后达到对言语材料的合理解释。因此，言语理解过程是一种积极的思维过程，是根据所获得的言语材料去建造意义的过程。

3. 言语的表达

思维是借助于内部言语在头脑中进行的一种心理过程。内部言语不像外部言语那样要求很强的逻辑性和条理性，通常是以简化、压缩、跳跃的形式出现。正是因为这种特点，一方面使思维可能快速地进行；另一方面也有可能使思维变得不连贯、不符合逻辑或模糊不清。例如，考试之后常说"这道题我是懂得的，但就是说不好"。说不好或写不出，就是懂得不透彻，思路不清楚。如果经常把内部思维变为外部思维，并对展开的外部言语进行加工、整理，使之用词恰当、结构严谨、前后连贯、符合逻辑，那么，思维能力必将得到迅速提高。

为了提高言语的表达能力，在日常生活中经常训练自己，将感觉、知觉转化为概念，用概念构成思想并以言语的形式加以表达，进一步把思想用于实际，使抽象的知识上升为具体的知识。在这个过程中既掌握了知识，又发展了能力。

在言语表达能力的教育中，应把直观生动思维、抽象思维和实践三者合理地结合起来，也就是把言语和和实践，再现和探索，归纳和演绎，独立活动和人们指导下进行的活动合理地结合起来。

言语活动是人类运用语言的过程，语言是人类社会中人们传递信息、进行交流的必不可少的重要工具，是这个社会的每一个成员都必须具备的最基本的能力。

一句话使人笑，一句话也会使人跳。用语言艺术来做好服务工作，既可拉近与旅客的距离，可以取得事半功倍的效果。

小案例：语言的运用

有一次，在K128次在火车上有两位旅客为争行李架的位置争得面红耳赤，北方人嗓子大，加上推推搡搡，那阵势十分吓人，周围旅客四散躲避。客运服务人员拿着送水壶迎上前去，用平静的口气说："请你们都别吵了，听我的。"他们不做声了。客运服务人员接着说："请你们把杯子拿出来，先喝上我的消气水，降降火。"周围旅客都会意地笑了。看"温度"差不多了，开始劝解："你们都是大人了，怎么做出来的事还像小孩？一天后你们各奔东西，何必为这区区小事吵嘴、动手呢？行李架没像座位那样标号，责任不在你、我、他，而铁路设备要改进总要有个过程。希望你们对铁路设备不能提供充裕的旅行条件予以谅解。"然后，亲自动手帮他们按照大不压小、方不压圆、重不压轻，比较重的、大的放在座位底下的原则，放妥行李。柔柔一杯水，平息了一场"战火"。

4. 言语能力的培养

人类文明发展到现如今这个地步，人们的言语表达能力也是登上了一个难以企及的高度。现如今，评价个人能力的高低，其说话能力是很重要的一个标准，尤其是在发表讲话过程中，你不仅要说话流利，更是要说对话，那么，在那么短的时间内，在那样一个重要的场合中，做到说对话，确实是一件不容易的事情。中国有个成语叫做“口若悬河”意思就是说在说话的过程中滔滔不绝，而且要出口成章。如果做到了这些，那么在人际交往中你就会游刃有余了。

(1)准备好材料来充实你自己

不管在什么时候，只要看到好的句子或者是具有哲理性的话语就随时记下，经过长期的积累，这将会成为你非常重要的知识储备。在与别人交往中，你也要尝试着不断的信手拈来，灵活运用自己所积累下来的材料，让你自己显得很有知识涵养，与众不同。

(2)认清你自己的处境

人们都说说话也是一门艺术，在特定的环境内传达适当的语言，尽可能的增强话语的艺术效果。我们都知道要说对话，但是怎样才是说对话？这没法下定义，关键就在于你所处的处境适合说什么样的话，那样的就是对话。最简单的就是，你去别人家吊丧，你就不能说令人兴奋的话，唱欢快的歌。

(3)多加注意身边的人

在一个交际环境中，如果你想让自己免于尴尬的事情，就要多注意身边发生的一切。要清楚谁在说话，都说了些什么。有些人特别能说话，你要向那些人多加学习，看看他们是怎么处理特殊事件的。而有些人就不大会说话了，要明白他们之所以得不到别人认可的原因是什么，他们做错的，你要引以为鉴，不要重复他的错误。非常重要的一点就是，要多学习别人的特有语言，如说手势语、面部表情等。因为有些表达自己看法的形象语言是约定俗成的，你知道了，就算用不到，那也是你自己的。万一要是用到了，也不会显得你孤陋寡闻。

(4)多关注听众的想法

每个人说话，不是给自己听的。有一定的听众，你说的话才能实现它的价值，如果没有听众，或是你的话没有得到别人的认可，那你积累材料，谨慎的组织语言就没什么意义了。所以，在交谈过程中，你要充分考虑好听话者的心理变化情况。如果听着表现得很不耐烦，你说错话了，或是说的话没有任何吸引力，这时候你就要调整你的说话主题和说话方式了。如果别人听得津津有味，那么就表明你得到了别人的认可，你想要的实现了。

(5)说话前要组织好语言

要清楚什么话是必须说的，什么话是废话，什么话是适时的。虽然不必要一语惊人，但起码说出的话不会使别人感到枯燥无味。我们不要因为别人在讨论某一问题就接他们的话，除非你在说话之前就已经把语言组织好了，并且确认说出的话是正确的。如果实在组织不好语言，那就安静地坐着，做好一个听众，从别人的谈话中学习说话技巧。

(6)预想好说话后别人的反应

在与别人集体讨论中，你说出的话是否会起到正面作用？这要从别人的反应上来确认。当你准备发言时，不仅要先组织好语言，还要考虑好你说完后的结果，你要先做好最坏的打算，想象出一个很糟的氛围，别人都对你说的话白眼相向，如果真是这样的话，就会对你自己的说话能力造成负面影响，与其这样，还不如不说。但不意味着你在公共场合中最好别说话，人都是要多说话才能引起别人的注意，才能证明自己的实力，所以该怎样来达到你想要的效果，以上的几点需要你认真考虑一下。

5. 客运服务人员言语表达注意要领

(1)言语表达要领

语言是人们传递情感和意愿的媒介，是表达思想和外界沟通的一种工具。语言体系庞大，主要有体态语言和声音语言组。客运服务人员与旅客进行言语交流时，应注意掌握好语音、语调、语速、选词恰当，用语得体。在提供服务时，要求用普通话与旅客进行交流，针对不同的旅客还可以使用地方语言、手语和外语。

客运服务人员在服务工作中，言语的表达是十分重要的。服务过程中的语言运用多以声音语言为主，体态语言为辅。语言的使用也要讲究艺术。古希腊哲学家曾说过，“口头语言交谈有三个要素：谈话者、主题和听话者。”客运服务人员在与旅客交谈时，一定要把握交谈的要领。

①态度诚恳、亲切又礼。客运服务人员在与旅客交谈时，首先要把握“以旅客为中心”的原则，不要在谈话中多次使用“我”这类人称，以免突出了自己，忽略了旅客。态度诚恳，要“以情动人”，虚情假意的语言同样会让人感觉不舒服。与旅客交谈时还要注意使用礼貌用语，如“请”、“谢谢”、“对不起”、“打扰了”等。

②用词要恰当、灵活。交谈时，客运服务人员的用词也需要考究。在为旅客服务的同时，要避免交谈中出现令人感到尴尬或避讳的字词，机智灵活，话要想好后再说。面对不同层次的旅客，服务言语也要有所不同，用词选字要根据旅客的接受能力来确定。保证说出来的话能够通俗易懂，不要让旅客觉得“不知所云”。

③体态语要谦逊、亲和。体态语是声音语言的辅助表达工具，能够帮助更好地传递情感信息。客运服务人员在与旅客交谈时，表情是很重要的。“伸手不打笑脸人”，从客运服务人员与旅客谈话时的表情和举止中，旅客可以得到是否友好的信息。谦虚善意的体态语会让旅客感觉受到尊重，和蔼可亲的体态语让旅客有回家的感觉。

④声音要温柔、动听。客运服务人员作为一名服务工作者，说话发音要准确，吐字要清晰，自然，声音要温柔、大方。语调的抑扬顿挫可以让旅客感觉到客运服务人员的感情，动听的声音可以让人增加一定的魅力。客运服务人员的声音应根据自身条件的不同来寻找合适自己的语调和音量，不要一味地追求温柔、动听，反而会让旅客感到不舒服。

(2)客运服务人员言语表达方式

在为旅客服务的过程中，客运服务人员的服务言语使用要恰当，过于生硬的言语会引起旅客的反感或者逆反情绪。所以在进行言语表达时，应当注意恰当的表达方式。

①征求式。征求式语气是客运服务人员在服务工作中最常用到的。如“请您不要在车厢

内吸烟好吗?”、“我能帮您把行李安置到行李架上吗?”等。在向旅客提出要求时,客运服务人员用征求意见的口气去询问,语气温柔和蔼,会让旅客感到自己得到应有的尊重,自然也就会配合客运服务人员的工作。征求式的语气常用于需要旅客配合工作的情况,询问时,客运服务人员要灵活机动,如果询问结果不成,应当更换交谈方式,不要生搬硬套的只用一种交谈方式,以免造成与旅客的关系硬化,不利于事情的解决。

②商讨式。商讨式语气是客运服务人员在进行协调时经常用到的一种交谈方式如“如果您方便的话,能不能与后排的一位旅客换一下座位?”用商量的语气与旅客交谈,让旅客得到充分的尊重,使其能配合或协助完成一项工作。在使用商讨方式交谈时,一定要注意意思的表达,不要让旅客理解为“他重要,我就不重要”,应先肯定商讨的对象,然后在提出需要商讨的问题,要让旅客受到尊重的同时觉得自己也做了件助人为乐的好事。

③委婉式。客运服务人员在服务过程中,常会遇见一些不能直面劝解的问题,对于此类问题,可以用委婉式语气与旅客交谈。如“请您原谅,安全锤是在紧急的情况下才使用的,所以您不要随意玩耍。”对于无理取闹的旅客,客运服务人员需要有更多的耐心,用委婉的语气劝导他。

④恳求式。恳求式语气一般用于客运服务人员处于弱势时,通过恳求的语言,“以情动人”,松懈对方的情绪,是一种斗智的心理战术。

(3)客运服务人员言语表达的技巧

交谈需要技巧,客运服务人员在为旅客提供服务时,更应注意交谈的语句,要给旅客一种诚恳、亲切、自然的感觉,幽默而不低俗,机智而又不失礼。

①客运服务人员询问的技巧。询问在客运服务人员的服务工作中是十分重要的,它起着解释诱导、提示和打破僵局的功能。客运服务人员向旅客提出问题时要把握好尺度,掌握提问的技巧。

a. 直接询问型。直接询问方式是指客运服务人员可以直接向旅客提出疑问,请求旅客给予解答。这种提问方式比较直接,简单明了,节省时间,能方便快捷地得到答案。

b. 诱导型询问。在不想被旅客发现自己意图的情况下,客运服务人员可以采用诱导型询问。用牵引思路的方式一步一步询问,辗转迂回,将旅客的思路引导至自己预定的方向上来,从侧面得到自己想要的信息。

c. 选择型询问。选择型询问即客运服务人员向旅客提出问题时,将预计的答案一并提出,供其选择。大多时候,选择型询问是用于征求对方的意见。

d. 提示型询问。在不便直接向旅客提出建议或要求的情况下,客运服务人员可以采用提示型询问的方式去暗示旅客。提示型询问是一种比较委婉的交流方式,可以让旅客避免尴尬,比较轻松地达到了了解某些问题的目的。

②客运服务人员回答的技巧。客运服务人员在回答问题时,应当诚恳、及时,让旅客感觉

到他的问题受到了重视，人格得到了尊重。询问时需要技巧，回答时也需要艺术。并不是旅客询问什么，客运服务人员就必须回答什么，先思而后答，机智、灵巧、礼貌才是真正的妙答。

a. 直接式回答。直接式回答是最常用、最普通的一种回答方式。这种方式简单、直接，用于旅客合理的简单询问。

b. 设定前提式回答。在回答旅客提问时，客运服务人员不便将答案直接说出口或者不便回答，采用设定一个前提条件，或者假设一种环境的方法。

例如，旅客问："小姐，你长得这么漂亮，怎么不去当空姐啊，当客车客运服务人员不委屈了你嘛?"客运服务人员答："如果我去当了空姐，谁在这给您服务啊?"

c. 巧借前提式回答。如果旅客提出让人尴尬或难以回答的问题，客运服务人员可以接用旅客的话语，借题发挥，用自己组织的语言将尴尬的场面或困境补救过来。

例如，旅客问："小姐，你们的车怎么跑的这么慢啊?"客运服务人员答："请您稍等，我立刻让师傅把车开到每小时 180 千米，但这样是很不安全的，您看是吗?"

d. 答非所问式回答。答非所问实际上是一种回避术。在服务的过程中，客运服务人员常会遇到旅客询问一些不便回答的问题，这时可以采用答非所问式的回避术，避开话题，脱离尴尬。

例如，旅客问："小姐，你今年多大了?"客运服务人员答："我已经参加工作好几年了。"

e. 否定前提式回答。有时旅客提出的问题或阐述的观点，我们需要否定，但又不能正面否定，这时可以用否定前提式的方法给予回答。

f. 无效式回答。无效式回答也是一种回避术，即等于什么都没有说。在问题不能回答或没有必要跟随旅客的话题时，可采用无效式回答来打消旅客的继续发问。

例如，旅客问："小姐，你电话号码是多少啊?"客运服务人员答："不多，好几个。"

g. 将错就错式回答。有时旅客在交谈中，无疑间说错话，造成尴尬的场面，客运服务人员可以将错就错，对旅客的话题进行弥补，以促其自省，也给旅客找个台阶下。

③客运服务人员拒绝的技巧。客运服务人员在为乘客服务时，乘客提出的要求有合理的也有不合理的。对不合理的要求，我们要注意拒绝的语言技巧，在拒绝对方应少用"不"字，采取一些委婉的拒绝方式，但也要注意对乘客的尊重和礼貌。客运服务人员的拒绝技巧有以下几种：

a. 诱导对方自我否定式。诱导对方自我否定，是根据乘客提出的问题，用类似的问题引导对方，并用乘客的回答给予他自己的答复。

例如，乘客问："你们公司每年能赚多少钱啊?"客运服务人员答："您知道您公司每年能赚多少钱吗?"乘客答："不清楚。"客运服务人员答："抱歉，我也一样不清楚。"

b. 推脱拖延式。推托推延是通过将激化点转移，对事情处理或执行时间进行推延，以达到拒绝的目的。

例如,乘客问:“我要在某某站下车。”客运服务人员答:“对不起,先生,为了乘客的生命安全,根据相关法规规定,火车只能在一些规定的火车站点停站,不能随意停站下车,现在只能将您带到下一个站点了,请您支持和谅解。”

c. 先同意后拒绝。先同意乘客的要求,而后设计一个补充的条件,从而达到拒绝的目的。

例如,乘客问:“我已经坐了你们好几趟车了,下次再坐你们的车,就免费吧。”客运服务人员答:“好的,先生。如果您有免票证明的话,您就可以免票乘车了。”

d. 避实就虚。避实就虚是一种岔开话题的方法,将回答的重点放在非问题重心的地方,即让回答模棱两可,又无懈可击,从而达到拒绝的目的。

例如,乘客问:“小姐,你的服务态度真好,可以请你吃饭吗?”客运服务人员答:“谢谢您的夸奖,这是我们应该做的,很荣幸能为你服务,希望下次还有机会为您服务。”

④客运服务人员言语表达是综合素质的反映。客运服务人员作为直接提供服务的人,是实现服务个性化,提高服务质量,提升旅客忠诚度的重要因素。在标准统一,服务趋同的前提下,要提高服务质量,客运服务人员的综合素质就显得尤为重要。

a. 品德内涵。提升旅客的忠诚度,需要客运服务人员的个性化服务使旅客惊喜,更需要客运服务人员的真诚服务使旅客感动。服务行为的真诚,不是刻意做出来的,而是以优良的品德为内涵的。有了这个内涵,才会有良好的服务态度和行为习惯,进而主动地自发地站在旅客的角度上思考问题,提供服务,使个性化服务更加人性化,使旅客感受到真诚,从而打动旅客。

b. 言行形象。企业形象是影响旅客忠诚度的一个重要因素。旅客对企业形象的感知,主要是通过服务体验和与客运服务人员的接触来实现的,在旅客看来,客运服务人员就是企业本身,客运服务人员形象的细节对企业形象的作用,往往超出了服务带给旅客的体验,这就要求客运服务人员在提供优质的个性化服务的同时,注意自身的形象。客运服务人员的形象,仅有外表是不够的,更重要的是优雅的言行。客运服务人员优雅的言行容易使旅客感受到企业的文化底蕴和魅力,从而倾心于企业。需要强调的是,这种优雅不是矫揉造作做出来的,而是在于日常生活中点点滴滴的积累。

四、技能及其培养

各种服务技能是客运服务人员做好本职服务工作所必须具备的基本条件。加强技能的培养和训练,才能更好地完成本职工作,提高客运服务水平。

(一)关于技能

技能是指通过练习而形成的一定的动作或智力活动方式。例如写字、珠算等是技能的表现形式。技能由一系列动作组成,在其形成中,社会生活条件具有明显的影响,人的技能依赖于人类的社会历史经验。例如,用餐时,西方人使用刀叉,中国人使用筷子。

技能发展的高级阶段叫熟练,它是由自动化的动作系统构成的。这时,人们的意志对完成动作的调节作用减弱到最低的程度。例如熟练写字的动作，不需要意志的努力。由于自动化，人们才能减轻活动过程中精力的消耗，才能有效地完成预定的任务。

动作由不会到会，由会到熟练，是一个逐步发展的过程，促进这种发展的基本条件就是练习。练习不同于机械地重复某种动作，练习虽然也是反复多次地进行某种动作，但目的是改进动作，提高动作的成绩，使动作趋于完善。

（二）技能的种类

根据技能的性质和特点，可以把技能分成动作技能和智力技能。

1. 动作技能

动作技能是指由一系列实际动作以合理、完善的程序构成的操作活动方式，如日常生活中的书写、走路、使用生产工具、操作计算机等。人类借助动作技能作用于周围世界，创造日益丰富的物质财富和精神财富。最初一些动作可能是笨拙的、不协调的，但是经过长时间的练习，动作会慢慢得到巩固，熟练起来，而某些动作则是从意识中解放出来的，变成了自动化的动作。

人们通过练习掌握动作技能，一般要经过以下三个阶段：

（1）动作的认知和定向阶段。在该阶段，学习者对所学的动作技能有初步认识，对动作方式有所了解，在头脑中形成动作的映象，然后对所学的动作进行定向。只有在了解"做什么"与"怎样做"动作时，才能进行这样或那样的活动，才能较快地掌握有关的动作。这一阶段的特点是学习者主要在于领会技能的基本要求，掌握技能的局部动作。

（2）动作的联系阶段。在该阶段，经过反复练习把个别动作联系起来，使原有的动作映象得到进一步充实和完善，并有利于对动作的联系和调节。这个阶段，个别动作联合成完整的动作体系。这一阶段，动作反复交替，速度不断加快，技能的结构层次不断提高；而且在这一阶段，需要排除过去经验中的一些习惯干扰，视觉控制作用逐步减弱，肌肉动作感觉的自控作用逐步提高，动作相互干扰减少，紧张程度减弱，多余动作消失，技能接近形成，发现自己错误的能力也在增强。

（3）动作的协调和完善阶段。各个动作联合成为一个有机体的系统一旦固定下来，各个动作相互协调，便能依照顺序以连锁反应的方式实现。这时，意识的调节作用大大降低，肌肉运动感觉作用占主导地位。这时，练习者的多余动作和紧张状态已经消失，练习者会灵活、准确迅速地完成动作，几乎不需要有意识的控制。因此加强运动感觉控制的训练是非常必要的。

2. 智力技能

智力技能是以词的形式在心里完成的动作，它是在头脑中进行的动作方式或智力活动方式，如阅读、写作构思、运算与解题等技能。熟练的智力技能是人们顺利地完成各种智力任务的重要条件，一个具有写作技能的人，由于能够正确地构思、布局、选择适当的言语材料，就能用文章充分表达自己的思想和情感。智力技能是借助于言语来实现的，在智力技能的形成和发展中，内部言语起着重要作用。

智力技能不同于动作技能，没有明显的动作，而主要是在头脑中进行的一种认知的活动方式，这种认知活动借助内部言语按合理的、完善的程序组织起来，并且一环扣一环，仿佛自动化地进行。例如掌握了写作技能，就能根据不同性质的命题，自如地按照写作程序构思，写出散文、诗歌或议论文。智力技能就其对象、形式及结构而言，有以下特征：

(1)观念性。从智力技能的对象而言，其直接对象不是具有一定物质形式的客体，而是这种客体在头脑中的映象，智力活动是靠内部言语及词的作用进行的，智力技能是一种观念性的活动。

(2)内潜性。从智力技能的形式而言，它是在头脑中借助内部言语默默地进行的，从外部很难觉察到头脑中加工创造的思维过程。智力技能是一种非外显的活动。

(3)简缩性。从智力技能的结构而言，它已从完整的变为压缩、简化的。由于它脱离了摆弄事物的束缚，是高度省略、高度压缩的，所以往往难以使人觉察其活动的全部过程，且其速度比实际操作有时要快得多。智力技能是一种非扩展性的自动化过程。

动作技能与智力技能是相互区别又相互联系的，动作技能中常常包含某些智力技能的成分，而智力技能的获得也离不开各种运动技能。例如，一个熟练技工的熟练水平不仅表现在他能纯熟地完成各种生产操作，而且表现在能够准确地诊断生产过程中出现的各种事故，并作出有效的处理，这表现了动作技能和智力技能的统一。

(三)提高练习效率的方法

技能是通过练习形成的。练习效率影响技能获得的多少、快慢。因此，提高练习的效率是非常重要的。练习的效率受很多因素和条件制约，正确地利用这些条件会有利于技能的形成和发展。

每个有过工作经历的人都知道，能够提供何种技能是获得工作机会的前提，拥有过硬技能的人，会拥有更多的工作机会。一个人掌握何种技能取决于他的兴趣、能力、也取决于个人的状态以及设定的目标。

1. 明确练习的目标和要求

有没有明确的目标和要求，是影响练习效率最重要的因素，练习是在一定的目的支配下，才能有效地指向改进动作的方式和方法。明确目标和要求，能提高练习的积极性和主动性，在练习方法上开动脑筋、主动练习。认识的主动性和积极性是任何学习的重要因素，技能的获得与提高，依赖于主动的练习。

确定练习目标有三方面的意义：

(1)使练习具有强烈的动机和巨大的热情。

(2)使人对练习的结果产生积极的期待。

(3)为检查和校正练习的结果提供依据。

实践证明，目标越明确、越具体，练习的效果就越好。练习的目标有难易之分，过于容易或难以实现的目标，都不易激励人们去进行练习。

2. 灵活地运用整体练习和分解练习

人们通常把技能学习分成整体练习法和分解练习法两种。整体练习法是把某种技能当做一个完整体来掌握，人们从一开始就着眼于动作间的联系和关系，并从始至终对动作进行练习。分解练习是指在练习时，把一种技能分解为若干部分或一些个别的、局部的动作，通过学习掌握这些局部的动作，逐步达到学习整个技能的目的。是采用整体练习还是分解练习，应根据具体情况而定，一般性规律表现为：

(1)对于不同的动作技能，当一种技能容易被分解为个别、局部的动作时，采用分解练习可获得较好的效果，如学习排球、射击等。对某些难以分解成局部动作的技能，应用整体练习法效果会好些，如打字、游泳等。

(2)采用整体练习或分解练习，要看技能的繁简程度。技能较简单，采用整体练习的效果好；技能非常复杂时，则用分解练习的效果好。

(3)在技能形成的不同阶段，两种练习法的效果也有区别，技能形成前期，适宜采用分解练习法。伴随技能的形成和发展，应更多地采用整体练习法。

3. 恰当安排练习时间

练习时间的安排有两种：集中练习和分散练习。集中练习是指长时间不间断地进行练习，每次练习中间不安排休息时间。分散练习是将练习时间分为若干阶段，一步步进行。时间的安排是集中还是分散，应以技能的复杂程度和学习者的身体状况为依据。简单技能，一次可以达到熟练，则采取集中练习的方式。若学习者身体欠佳，为了避免疲劳或厌倦情绪，则分散练习。

4. 知道练习的结果

知道练习的结果，就是要在技能形成中利用反馈的调节作用。反馈的主要作用在于它具有引导后继练习避免缺陷，消除差错，推动努力，按更科学更有效的方法进行的功能。通过反馈，可以使人了解练习中出现的各种情况，掌握经验和接受教训，为进一步练习提供指导。对练习的结果进行自我分析，对人们自觉地掌握某种技能有重大意义，要注意培养自我分析的能力。

5. 影响练习成绩的其他心理因素

心理因素是运动、变化着的心理过程，往往被称为事物发展变化的“内因”。心理因素包括积极的和消极的，它们是相互排斥的。心理因素的发展、变化、作用不是机械的、单向的，而是在主体和客体之间的相互作用中实现的。

(1)人对练习的态度。当人们对当前进行的练习活动抱有积极的态度时，练习容易获得进步。人们在活动中持消极的态度，对练习成绩漠不关心，练习的成绩很难提高。因此要保持积极的态度，不断地进行自我调控。

(2)自信心。一个人对自己的能力缺乏自信，他的抱负水平低，练习的成绩就不会有很大的提高。过于自负，骄傲自大，也会降低自己的意志努力和注意的紧张度，影响对技能的掌握。

(3)人在练习时的情绪状态。轻度的焦虑对获得良好的练习成绩有积极作用，没有焦虑或焦虑过度都会给练习带来不良的影响。积极、愉快的心境能促进技能的掌握，抑郁的心境会使练习成绩明显下降。

(4)人的意志品质。许多复杂技能的掌握，要求人们进行长期艰苦的锻炼，要克服各种困难，必须具有顽强、坚毅、勇敢的意志品质。否则，就不能使技能发展到异常完善的程度。

(四)技能的迁移与干扰

技能的迁移是指已经掌握的技能对新技能的学习起促进作用。在技能形成过程中，各种技能动作之间会相互影响，已形成的技能若促进新技能的形成，是技能正迁移。若是旧技能对学习新技能发生妨碍的作用，则为技能干扰。一般而言，迁移或干扰的产生受三个条件影响：

1. 原来掌握的基本知识和技能的多少及其熟练程度

原来掌握得越多，越熟练，越能产生举一反三，触类旁通的积极迁移作用。

2. 两种技能的学习时间和熟练程度

如果先学会了一种技能，并且达到了熟练的程度，再去学习另一种技能，初学第二种技能时可能有一些干扰，但新技能一旦形成后，这种干扰会自然消失。如果同时学习两种技能，并都不熟练，干扰就比较严重。

3. 学习者的分析和概括能力

学习者善于分析、认识两种技能的同与异，并善于在练习中运用这种知识，可以促进技能积极迁移，尽量避免干扰作用的发生。

第二节　客运服务人员的情感及其培养

一、态度及其培养

(一)关于态度

态度是个人对他人、对事物的较持久的肯定或否定的内在反应倾向。人们在认识客观事物或在掌握知识的过程中，不是被动地去观察、想象和思维，也不是毫无区别地学习一切，而总是对人对事物先抱有某种积极、肯定或消极、否定的反应倾向，这种反应倾向也是一种内在的心理准备状态，它一旦变得比较持久和稳定，就形成态度。态度影响一个人对事物、对他人及对各种活动作出定向选择，影响一个人的行为，可以决定一个人的生活方式。

态度具有对象性、评价性、稳定性和内在性四个特性。对象性是指态度是具有对象的，总是针对某种事物的；评价性意味着是否赞同该事物；态度相对情绪具有稳定性，是一种对事物比较持久的而不是偶然的倾向；态度是个体内在心理状态，往往不能为别人所直接观察到，但它最终会通过当事人的言行表现出来。

（二）态度的成分

态度的组成具有三种主要成分，即认知成分、情感成分和行为倾向成分。

1. 认知成分

认知成分是个人对事、对物、对人的认识和理解，并产生评价意义的部分。例如，一个人对集体、对社会上某项措施，有不同的认识和评价。这种认识和评价通过赞同或反对的方式表现出来，有时是直接的，有时是间接的。

2. 情感成分

情感成分是指个人对一定对象的喜爱或厌恶、尊敬或藐视、同情或冷淡。人对喜爱的事物或活动，一般会持有积极的态度，而对厌恶的事物或活动，持有消极的态度。

3. 行为倾向成分

行为倾向成分是指态度与行为相联系的部分，反映着个人对态度对象的行动意图、行动准备状态。态度的行为倾向是行为的准备状态，即准备对一定的对象作出反应的意向。

态度的三种成分相互作用和影响，往往是先有认知，而后产生情感，情感决定行为的意向。情感往往是态度最真实的表现。例如，一个人发脾气，旁观者会说"耍什么态度"；受气者心平气和地进行说理，别人也会说"他的态度好"。

（三）态度的形成与改变

态度是个体在社会化过程中通过与他人、与集体发生关系而学习得来的。有些态度是经过教育或训练形成的，有些态度是在无意识的情况下，未经过正式的教育而获得的。态度的发生有两种情况：一是当个人对某一对象还处于无所谓的状态时，由于直接经验或间接经验的影响，而产生某种态度，这是态度的形成；二是当个人已经具有对某种对象肯定和否定的态度时，由于新的经验的影响，而使原来的态度发生变化，这是态度的改变。

1. 态度的形成

态度不是天生的，而是后天的生活环境中，经过学习而形成的，是对某些事物从不曾有态度到出现某种态度。态度理论形成会经过依从—认同—内化三个阶段。因此，态度也会通过训练和教育而有所改变。在学习过程中，一般有以下因素影响态度的发展及最后的模式。

(1)需要的影响

个人对能满足自己需要的对象或能帮助自己达到目标的对象，必然产生喜好的态度；对阻碍其目标或引起挫折的对象，则产生一种厌恶的态度。这种过程实际上是一种交替学习的过程，说明需要的满足与否对态度有重要的影响。

(2)知识的影响

态度形成的基础是认知。知识影响态度的形成，也改变态度，在态度的组成成分中包含认知成分，个人对某些对象态度的形成，与个人对该对象的认识程度有关。例如，一项新的措施的实行，当职工对其有了较深刻的了解时，就可能持积极的赞同的态度，如果不了解，就可能持反对的态度。因此，加强对新措施的宣传是必要的。

(3)团体的影响

个人的许多态度是从其所属的团体得来的，属于同一团体的职工常有类似的态度。人们对于他所喜爱的团体所规定的行为规范及其共同的态度，具有支持和遵守的倾向，总是使自己的态度与团体的期望或要求相符合。

(4)个人性格的影响

同一团体的成员虽然具有类似的态度，但个人之间仍有较大差异，这就是由于个人性格不同所造成的。如一个团体中，多数赞同个别人反对的事是经常有的，反之亦然。

(5)其他

如个人受伤害或戏剧性的经验。态度多半是由经验积累与分化而慢慢形成的，但也有一些态度可能仅经过一次经验就可能形成。例如，“一次被蛇咬，十年怕井绳”的情况。

2. 态度的改变

态度是经过学习的过程而形成的，在形成之后，通常成为个人性格的一部分，而影响人整个行为的方式，因此要改变稳固的统一体比较复杂。有时改变了认知成分，但没有改变情感成分；有时情感发生了变化，而认知成分没有改变；有时被迫改变了行为倾向，而思想不通，情感并未改变，过一段时间又恢复为原来的态度。态度的形成就意味着有改变的可能，而态度改变也意味着新态度的形成。

(1)态度改变的两个方面

①改变原有的态度强度。这时态度的方向没有改变，只是改变了态度的强度。例如，从略有反对或赞同，改变为强烈的反对或赞同，这种改变称为一致性改变。

②以新的态度取代原有的态度。态度的方向有改变，态度的强度也可能改变。例如，本来持反对的观点变为赞同，本来喜欢的变为不喜欢。这种改变称为非一致性改变。

通常所谓的态度改变指的是后者，即方向性的改变，当然，强度的变化存在着引起方向性改变的可能性，且方向性改变包括强度的变化。

(2)态度改变的方法

影响态度形成的因素，往往也会成为改变一个人的态度的因素。下面介绍除影响态度形成的因素外的另三种改变态度的方法。

①改变参照系。态度的改变依据个人在特定环境中构成的参照系为转移，这种参照系由内在因素和外在因素相互作用而形成。内在因素是个人经验、欲望、智力、观点、性格等特征。外在因素是个人所处的社会环境中的人、事、物。

从内在因素来看，已经形成习惯性反应倾向的人，态度不易改变。从外在因素来看，个人的态度受社会环境和群体规范的影响，团体规定比单纯的说教更能获得改变态度的良好效果。改变参照系通常采取改变一个人所处的环境或团体来实现。例如，在一个松懈散漫的机构工作的人，容易养成办事拖沓、效率低的习惯；对外来办事的人持冷漠、强硬的态度。但如果将这样的人安排在管理严格、规范的单位，会改变他的态度。因此，创造一个紧张、规范的工作环境，是管理者加强管理，提高服务质量的重要手段。

②协调人际关系。人与人之间的相互影响，包括个人与个人、个人与群体之间的关系，使人形成不同的态度，也会引起态度的改变。个人的态度，可以随一个人所属的群体、活动和担任的角色的变化而变化。对一个人来讲，良好的人际关系，可能产生积极的态度。

③加强信息沟通。要改变一个人的态度，必须使活动的双方在思想情感上相互沟通，沟通的手段就是利用信息的传播或宣传。要使信息的传播达到说服的效果，需要注意信息来源的可信性，可信性高的信息具有强的说服力，而宣传者的威信影响说服的效果。另外，还要注意信息的内容和组织，对有争议的内容的信息，可以采用正反两方面对比论证的方法进行宣传。

（四）态度的蝴蝶效应

在物理学中有一种混沌效应原理：亚马逊河的蝴蝶煽动一下翅膀，美国就有一场暴风雨。这种效应又叫做“蝴蝶效应”。在人的心理活动中，同样有这种“蝴蝶效应”。人的情感具有感染性，悲观的人散发出来的忧郁会让别人退避三舍，而乐观者则会用快乐吸引更多的朋友，这个现象可以定义成“情感传染的混沌效应”。

悲观和乐观心态都是一种情感散发的方式，都是给人一个对你印象的“写真”，并且让他人了解到你是谁，你到底是什么样的人，你在做什么，要到哪儿去。它是一种感觉、动作和思考的表现，透露出你的气质、意见和个性。人有一种“向光性”，都喜欢与乐观的人做朋友，因为从他们那里可以受到快乐的感染。但是悲观，则会散发出一种拒人于千里之外的气息，让人退避三舍。

一个人的自我形象是经由态度传递或投射给其他人的，而所投射出去的信息会被别人接收，并作出相应的反应。一个人如果希望别人对你友好，那在对别人时，须持有同样的乐观友好的态度，而悲观的态度所得到的响应会截然不同。就像阳光可以使接触到它的物体产生温度，而冰块则会让物体冰冷，人类同样拥有“热感传导”。

（五）区别对待不同的人

社会上的每个人都是不同的，尽在性格上的表现就千差万别，其中有些人是不容易打交道的，如死板的人、傲慢的人等。与各种各样的人打交道，需要练就一定的处世功夫，根据对方的性格特点，采取不同的策略，灵活应对。

1. 对死板的人，要有热情和耐心

死板的人兴趣和爱好比较单一，不大爱和别人来往，他们有自己的追求目标和关注的事情，不过不轻易告诉别人。与这类人打交道，即使对方冷若冰霜，你也不必在乎，用你的热情来化解对方的冷，并认真观察他的一言一行，一举一动，寻找出他感兴趣的问题和比较关心的事情。

与死板的人打交道，要有耐心，不要急于求成。这种人比较注重自己的心理平衡，不愿意让那些烦人的事情来干扰自己。你须从他们的角度来考虑问题，维护他们的利益，慢慢促使对方接受新鲜事物，逐渐改变和调整他们的心态。

2. 对性急的人，要避免争吵

遇上一个性情急躁的人，头脑一定要冷静。对于对方的莽撞，你完全可以采用宽容的态度，一笑置之，避免与其争吵。

3. 对好胜的人，忍让要适可而止

好胜的人比较狂妄自大，喜欢炫耀，总是不失时机地自我表现，力求显现其高人一等。他们不分场合地点地踩低别人，抬高自己。

对于这种人，同事可能从心里面看不惯，但是为了顾及其面子，不伤和气，总是谦让对方。但有时对方把这种迁就退让，当作一种软弱，反而更不尊重你。所以对于这种人，需要在适当的时候，挫其锐气，使其知道“山外有山，人外有人”。

4. 对刁钻刻薄的人，保持相应的距离

刁钻刻薄的人，在与他人发生争执时易揭人短，不留余地和情面，使对方丢尽面子，在同事间抬不起头。

这类人常以取笑别人为乐，行为离谱，有理不让人，无理搅三分。碰到这种人，须与其保持距离，尽量不去招惹，吃一点小亏，受一两句闲话，也装作没听见，要不恼不怒，不自找没趣。

（六）对待工作的态度是一个道德问题

工作是一个人生存的基本权利，而有没有权利在这个世界上生存则看他能不能认真地对待工作。公司给员工一份工作，实际上是给他一个生存的机会，只有认真地对待这个机会，才对得起公司给予的待遇。能否干好公司所给的工作，能力不是最主要的；只要有敬业精神，能力差一点是可以慢慢培养、逐渐提高的。

对待工作的态度，实际上是一个道德问题——职业道德。在美国，如果一个人做不好自己的本职工作，就会失去信誉，他再找别的工作、做其他的事情就没有了可信度，如果认真地做好一份工作，往往还有更好的更大的工作等着你去做，也就会更有信誉并能创造出更大的业绩。这样不仅进入了一种良性发展的过程，更体现了付出与回报之间相互照应、相辅相成的关系，即有付出必有回报，要得到回报必须首先懂得付出。

敬业精神是个比较理论性的概念，说起来可能比较抽象，但真正实行之后是可以明显地感觉出来的。是否把工作当作自己生活中重要的事情，是否为了干好工作与别人协作好、配合好，很容易看得出来。只有认认真真地对待自己的工作，踏踏实实地做好自己的事情，积极地寻求自己工作业绩上新突破的人才是公司真正需要的人才。积极的工作态度是一个优秀员工最基本的素质。积极是一个人向上的表现，积极也是任何企业都提倡的一种工作作风。唯有积极的行动才能带来积极的成果，它要求我们能够察言观色，积极配合领导的工作，能够考虑得远一点，思想先行动起来，多动脑子，勤动脑子，工作闲暇之余，多思考一些与工作有关的问题，多做一些工作计划、策划之类的先导工作。从平时的点点滴滴做起，努力做到“简单的事，全力以赴”，这才是我们所推崇的工作态度。只有态度端正了，工作效率才会转化工作的效益。

小故事：给木匠的礼物

一个上了年纪的木匠准备退休了。他告诉雇主，他不想再盖房子了，想和他的老伴过一种更加悠闲的生活。他虽然很留恋那份报酬，但他该退休了。雇主看到他的好工人要走感到非常惋惜，就问他能不能再建一栋房子，就算是给他个人帮忙。木匠答应了。可是，木匠的心思已经不在干活上了，不仅手艺退步，而且还偷工减料。木匠完工后，雇主来了。他拍拍木匠的肩膀，诚恳地说：房子归你了，这是我送给你的礼物。木匠感到十分震惊：太丢人了呀……

二、情绪与情感及其培养

人非草木，孰能无情。人生活在社会中，为了自身的生存和发展，就要不断地认识和改造客观世界，以期为人类文明、进步和发展创造条件。人们在变革现实的过程中，必然要涉及自然界和社会中的各种各样的对象和现象，必然要遇到得失、顺逆、荣辱、美丑等情境，有时感到高兴和喜悦，有时感到气愤和憎恶，有时感到悲伤和忧虑，有时感到爱慕和钦佩等等。这里的喜、怒、哀、乐、忧、愤、爱、憎等都是情绪和情感的不同表现形式。

（一）情绪的调节

1. 体察自己的情绪

时时提醒自己注意：“我的情绪是什么？”例如，当你因为朋友约会迟到而对他冷言冷语，问问自己：“我为什么这么做？有什么感觉？”如果你察觉你已对朋友三番两次的迟到感到生气，你就可以对自己的生气做更好的处理。有许多人认为：“人不应该有情绪”，所以不肯承认自己有负面的情绪，要知道，人一定会有情绪的，压抑情绪反而带来更不好的结果，学着体察自己的情绪，是情绪管理的第一步。

2. 适当表达自己的情绪

再以朋友约会迟到的例子来看，你之所以生气可能是因为他让你担心，在这种情况下，你可以婉转地告诉他：“你过了约定的时间还没到，我好担心你在路上发生意外。”试着把“我好担心”的感觉传达给他，让他了解他的迟到会带给你什么感受。什么是不适当的表达呢？例如，你指责他：“每次约会都迟到，你为什么都不考虑我的感觉？”当你指责对方时，也会引起他负面的情绪，他会变成一只刺猬，忙着防御外来的攻击，没有办法站在你的立场为你着想，他的反应可能是：“路上塞车嘛！有什么办法，你以为我不想准时吗？”如此一来，两人开始吵架，别提什么愉快的约会了。如何“适当表达”情绪，是一门艺术，需要用心的体会、揣摩，更重要的是，要确实用在生活中。

3. 以适宜的方式纾解情绪

纾解情绪的方法很多，有些人会痛哭一场、有些人找三五好友诉苦一番、另外一些人会逛街、听音乐、散步或逼自己做别的事情以免老想起不愉快，比较糟糕的方式是喝酒、飙车，甚至自杀。要提醒各位的是，纾解情绪的目的在于给自己一个理清想法的机会，让自己好过一点，也让自己更有能量去面对未来。如果纾解情绪的方式只是暂时逃避痛苦，而后需承受更多的痛苦，这便不是一个适宜的方式。有了不舒服的感觉，要勇敢地面对，仔细想想，为什么这么难过、生气？我可以怎么做，将来才不会再重蹈覆辙？怎么做可以降低我的不愉快？这么做会不会带来更大的伤害？根据这几个角度去选择适合自己且能有效纾解情绪的方式，你就能够控制情绪，而不是让情绪来控制你！

很多人时常被情绪所困扰，似乎烦恼、压抑、失落、痛苦总是接二连三地袭来，无法控制自己的情绪波动，于是频频抱怨生活对自己的不公平，企盼某一天快乐的来临。其实喜、怒、哀、乐是人之常情，想让自己生活中不出现一点烦心之事几乎是不可能的，关键是如何有效地调整、控制自己的情绪，做情绪的主人，主宰自己的生活。

情绪的调节是不断地反省自己，克服消极情绪的过程。真正“做情绪的主人”并不是一件容易的事，它需要我们反复与消极的自我作斗争，最终让“理性的我”战胜“非理性的我”，一旦战胜消极，成为积极的人，自然就能够调节自我情绪。

对于积极者来说，消极情绪是可以自动转化的。在积极者眼里，或许挫折、失败、逆境等只是他们战胜自己的游戏障碍，他们会把这些当成人生的一种历练，甚至一种快乐，消极情绪自然不见踪影。

(二)情绪的控制

许多人都懂得要做情绪的主人这个道理，但遇到具体问题就总是退缩不前：“控制情绪实在是太难了。”言下之意就是：“我无法控制自己的情绪。”这些否定自我的语言长期存在于头脑中，就会形成一种严重的不良暗示，可以毁灭你的意志，丧失战胜自我的信心。还有的人习惯于抱怨生活：“没有人比我更倒霉了，生活对我太不公平。”抱怨声中他得到了片刻的安慰和解脱：“这个问题怪生活而不怪我。”结果却因小失大，让自己无形中忽略了主宰生活的职责。改变对身处逆境的态度，积极坚定地对自己说：“我一定能走出情绪的低谷，现在就让我来试一试！”这样你的自主性就会被启动，沿着它走下去就是一片崭新的天地，会成为自己情绪的主人。

小案例：调整心态的能力测试

人们从各种不适应到各种适应，主要靠心理的自我调节。它是人们走向完美生活的重要手段。认真完成下列选择题，并将总分与结果对照，检查一下心理调节能力。

1. 如果遇上一场严重的伤亡事故，当许多人围拢过来时，你会作何反应？

A. 尽快离开现场，对尸体感到恶心。

B. 立刻想法与急救等有关部门联系。

C. 尽力去帮助受伤害者，尽管没有经验。

2. 当你喜爱的宠物因年老死亡，你会：

A. 感到非常悲伤。

B. 有点难过。

C. 无所谓。

3. 一个月前做的计划又推迟了三个月，你会：

A. 很难过，无所适从。

B. 想另订计划。

C. 无所谓。

4. 当听到某种可怕的病开始流行时，你会怎样？

A. 极度恐慌，设法离开此地。

B. 怕传染自己身上，因而不安。

C. 无所谓。

5. 当和家人正准备乘飞机时，突然有特大空难消息传来，你会怎样？

A. 立即取消乘机计划。

B. 非常不安。

C. 依然乘机。

计分标准：

选 A 计 2 分；选 B 计 1 分；选 C 计 0 分

0～4 分：心理调节能力很强。是个充满自信心、适应能力极强的人。

4～8 分：心理调节能力较强。生活中可能遇到过一些困难，但多数能处理好。

8 分以上：心理调节能力很差。易于焦躁不安，遇事不冷静，心理素质较差，最好请心理医生作进一步诊治。

在客运服务过程中，客运服务人员面对可能出现的各种情况，保持平和的心境，始终如一地耐心、热情地为旅客服务，需要对情绪进行控制。主要的控制方法如下：

1. 保持适宜的情绪状态

林则徐曾将写有“制怒”的条幅挂在墙上，用来控制自己的情绪，这是用语词来防止或缓和自己不当激情的一种方法。人有时回忆过去被激怒带来的不愉快，或想起某人善于自制的形象也有助于约束自己的激情。用语词或理智控制自己情绪发生的强度，或用注意转移来引导情绪发生的方向，这些方法都有助于保持适宜的情绪状态。

2. 丰富并端正个人的情绪经验

产生不适宜的情绪，往往是由于缺乏一定的情绪经验引起的。例如，参加比赛时的惊慌，大都是由临场经验不足而出现的。人的友谊感、责任感、欣赏艺术作品的美感和理智感等情感，也都是在参加集体活动中，逐步积累情绪经验而丰富起来的。因此，经常创造表达健康情绪或良好情感的机会，则有利于丰富正确的情绪经验。

3. 从多种角度看待问题，使情感向正确的方向发展

人们对事物的观察和体验，对生活中遇到的问题与挫折，倘若只从一个角度来看，可能引起不安，造成终日苦闷和烦恼。如果从另外一个角度来看，可能发现它的积极意义，使消极的情绪或情感转化为积极的情绪或情感。

第三节　客运服务人员的意志及其培养

在客运服务人员与旅客之间的服务关系中，矛盾、问题、困难等总是存在的。为了做好服务工作，要求客运服务人员应具有坚强的意志。而坚强的意志来自于工作动机、抱负水平、工作目标等方面。因此，提高客运服务人员的意志水平，需要深入研究工作动机、抱负水平、工作目标，从而采取有效的措施。

心理学认为，需要产生动机，动机支配人的行为，通过行为实现目标。客运服务人员只有具备正确的工作动机，强烈的成效期待，以及较高的抱负水平，才能激发和保持工作积极性，提高客运服务工作质量。

一、工作动机

在职业生涯发展过程中，每个人实际上都是在根据自己的天资、能力、动机、需要、态度和价值观等慢慢形成较为明晰的与职业有关的自我概念，从而形成一个占主要地位的职业动机。职业动机是职业生涯规划时一个必须考虑的要素。当一个人在做出职业选择的时候，无论如何都不会放弃那种职业中至关重要的东西或价值观，即职业动机。

在生活和工作中，动机代表着一个人的内在心理面貌，它在很大程度上决定着一个人的行

动和性质。由于社会生活的多样性和复杂性，以及人的需要的差异性和多变性，就使得人们在从事某种活动时，往往有好几个动机同时发生作用。在同时发生作用的动机中，有主导动机和次要动机，明显动机和隐蔽动机，暂时动机和长期动机等。在旅客运输服务中，全心全意为人民服务，建设高度的社会主义精神文明，努力提高旅客运输服务工作的社会效益和经济效益，应该是一切客运服务人员普遍的、长期的工作动机。全心全意为人民服务的工作动机，在客运服务中直接表现为敬业精神，即在自己的本职工作岗位上所表现出的勤勤恳恳、任劳任怨、兢兢业业的工作精神。

（一）工作动机需求分析

动机可以是有意识的，也可能是无意识的。动机分为内在动机和外在动机，最基本的内在动机是本能，外在动机是以外界刺激为诱因的，更多的是来源于社会的刺激。内外动机既可以相互促进，在一定条件下又可以相克。如果按照内部动机去行动，我们就是自己的主人。如果驱使我们的是外部动机，我们就会被外部因素所左右，成为它的奴隶。

小故事：老人和孩子的游戏

一群孩子在一位老人家门前嬉闹，叫声连天。几天过去，老人难以忍受。于是，他出来给了每个孩子25美分，对他们说："你们让这儿变得很热闹，我觉得自己年轻了不少，这点钱表示谢意。"

孩子们很高兴，第二天仍然来了，一如既往地嬉闹。老人再出来，给了每个孩子15美分。他解释说，自己没有收入，只能少给一些。15美分也还可以吧，孩子仍然兴高采烈地走了。

第三天，老人只给了每个孩子5美分。孩子们勃然大怒，"一天才5美分，知不知道我们多辛苦！"他们向老人发誓，他们再也不会为他玩了！

孩子们究竟在为谁而"玩"？

在这个故事中，老人的算计很简单，他将孩子们的内部动机"为自己快乐而玩"变成了外部动机"为得到美分而玩"，而他操纵着美分这个外部因素，所以也操纵了孩子们的行为。故事中的老人，就像老板、上司，而美分，就像是工资、奖金等各种各样的外部奖励。

根据事物的形态人们把人的需求分为物质需求和精神需求两类。人的工作动机也不外乎物质与精神两方面的需求。

1. 物质需求的内容

物质需求主要有衣食住行方面的基本需求，维持健康和保障安全的一般物质需求，积累未来发展的物质需求，社会潮流及攀比、享乐的高级物质需求等。

2. 精神需求的内容

人的精神需求非常丰富，大致可以归结为以下十项内容：他人给予的基本情感需要，如亲情、爱情和友情等；自己获得的摆脱空虚、追求快乐的需要；归属需要，即个人在群体中活动的心理感受；被他人和社会认可的需要；权利需求；荣誉感；受到尊重的需要；实现愿望的需求；责任的需求；体现个人人生价值的需求等。

具体到每一个客运服务人员，具体工作动机的表现很复杂。从实际情况来看，除了人们不同程度地具有为他人服务的动机外，还有一些从属的动机，例如，为自身和家庭的生存、发展和享受，必须通过工作而获得收入；为谋求稳定、轻松、舒适的工作环境而选择了客运职业；对客运工作具有浓厚的兴趣；为了获得他人（上级、同事等）的表扬和尊重；为了争取提升、晋级或表扬，也包括免受批评和处罚。

这些动机的具体差异，是由于客运服务人员的觉悟程度、人生理想、价值观念、实践经验、文化修养等差异造成的。

在具体工作中，有时几个动机，甚至相互矛盾的动机，在特定的场合会同时发挥作用。例如，有的客运服务人员，努力改进工作方法，提高工作质量，其中既有为旅客服务这个高尚的动机，同时还有“露一手”以引起领导重视的动机，甚至还可能掺杂着把其他同事比下去的动机。这种情况说明，动机的产生是个很复杂的心理现象。同时，动机又是发展变化的，一个动机消失了，另一个动机产生，低层次的需要满足后，随之产生高层次的需要，不同的需要产生不同的动机。另外，动机还经常出现受挫现象，动机受挫或者能够获得满足，会使人的动机弱化或强化。

（二）客运服务人员类型分析

将客运服务人员的心理成熟度和工作动机结合起来进行分析，可以大致地归纳出他们的四种类型。

1. 事业型

这类客运服务人员有高尚的工作动机，热爱本职工作，不斤斤计较报酬和荣誉，不怕艰苦和劳累，一心只想做好本职工作，力求在事业上有较高的成就，工作的积极性和主动性强。在这类客运服务人员的需要结构中，成就需要占主导地位，而交往需要和生理需要相对地不太强烈。其工作积极性稳定、持久。客运管理工作的重点是为具有事业型动机的客运服务人员创造工作条件，使其积极性和创造性能够得到充分的发挥。

2. 自尊型

这类客运服务人员的工作动机处于一般水平上，谈不上献身客运服务事业，但也决不甘居他人之后。这类客运服务人员自尊心较强，比较着重荣誉或“面子”。他们力求自己的工作符合规章的要求，不使人说出不是来。在这类客运服务人员的需要结构中，交往和发展需要占主导地位。他们的积极性常常呈现波浪式变化，当受到表扬时，劲头很足，遇到挫折时，则容易情绪低落，甚至垂头丧气。对待具有自尊型工作动机心理的客运服务人员，管理工作的重点是分析他的工作动机形成的原因，有针对性地对其工作中取得的成绩给予适当的表扬，表扬时要选择有其他人员在场的场合；对其错误要及时给予批评，批评时的场合视问题的严重性而定，一般性的小问题要避免其他人员在场，问题严重时，也需要当众批评，但要做到批评得力，使其心服口服。

3. 服从型

这类客运服务人员工作动机的层次不高，让我做什么，我就做什么。因此，从心理上安于现状，不思进取，满足于“过得去”。这些客运服务人员的需要结构中，在生理、安全、交往等方面的因素占主导地位。他们往往在考评、评比或上级检查工作等激励因素作用下，表现出较高的积极性。因此，其工作积极性不能持久，带有“偶发性”。客运管理工作的重点是采取适当的方法调动这类客运服务人员的积极性。

4. 逆反型

具有逆反型工作动机心理的客运服务人员，在工作中不服从指挥，不积极工作，反而影响其他客运服务人员的工作态度。其工作动机心理的产生原因有很多方面，例如对客运服务工作不喜欢；在家庭生活及社会中发生了一些不愉快的事情，造成心理障碍，产生一些消极的情绪，把消极情绪带到工作中来等等。因此，对具有逆反型工作动机心理的客运服务人员，客运管理工作的重点是分析产生逆反型心理的原因，有针对性地进行教育，解决其心理问题；对其工作中存在的问题给予适当的批评，问题严重者停止其工作。

上述这些类型的划分是相对的，有时是相互交叉的，同时又是可以转化的。作为管理者的任务，在于进行经常性的思想教育，并且创造良好的情景条件，努力做好转化工作，使客运服务人员在工作实践中树立高尚的动机，帮助他们提高心理素质，促其保持稳定而持久的工作积极性。

二、抱负水平

抱负水平是指客运服务人员决定其行为达到什么质量标准的内心目标尺度。许多人在工作和活动中对自己要达到的标准有较高的需求，这种需求就是抱负水平。因此，抱负水平的高低是与一个人为自己所制定的目标的高低相联系的。

（一）抱负水平的表现

抱负水平并不是越高越好，适度的抱负水平，是避免挫折和失败，获得自信和成功，使个体得以顺利发展的重要因素。

1. 抱负远大

如果客运服务人员有远大的抱负，就能够为自己树立远大的人生目标，在工作中精益求精，千方百计提高工作质量，努力在事业上作出贡献。

2. 目光短浅

如果客运服务人员目光短浅，抱负水平低，就会在工作中表现为马马虎虎，得过且过，存在“当一天和尚撞一天钟”的心理。

客运服务人员应具有远大的抱负水平。具有远大的抱负水平，并不一定表现在轰轰烈烈地干一番事业上。在我们日常生活中，轰轰烈烈的事情很少，更多的是平平凡凡的事情。在本职工作岗位上勤恳工作的敬业精神，也是一种人生的目标，也是一种远大的抱负。伟大来自于平凡，它是在平凡的工作岗位上对平凡的工作日积月累而表现出的一种精神。

没有高尚的目标就必然是平庸的目标。普通人可能满足于吃好穿好，或生活上比别人强一些。而有较高抱负的人会追求一种从社会角度来说有价值、有意义的人生。

（二）抱负水平形成的原则

在如何形成适度的抱负水平上，应该遵循以下三个原则：

1. 价值原则

价值原则是指人们所确定的目标应当具有一定的价值，而衡量价值的标准是社会和人类利益。我们每一个人都不是独立存在于这个世界的，我们是生活于并且紧密依赖于社会的，社会性都是我们每个人的本质。

任何时候，对任何人，我们都必须以社会和人类利益为衡量目标的标准，符合社会利益的目标就是高尚的，反之就是低下的。像葛朗台，一生嗜钱如命，他的生活对他个人来说是愉快而充实的，但对于整个社会和人类来说，这个生命却是卑俗低下、毫无价值的。

2. 可行原则

可行原则是指人的抱负理想应符合主客观条件。有些人看问题常常失之片面，在目标选择过程中，容易好高骛远，而不注意理想与现实的关系，寻找是否有切实可行的路可以走，往往使时间和生命在好大喜功中悄然流逝，自己也感觉备受打击。

3. 超限原则

超限原则是指在可行的前提下，目标应该高一些。古话说：“取法乎上，仅得为中；取法乎中，仅得为下。”就是说，要想得“中”就得把目标定在“上”处；若想得“上”，就必须将目标定在“上上”处。因为理想与现实总是有一定的距离，只有在可行性下的超限目标指引下，人的生活和精神才能达到一定程度的紧张，人才会变得更积极、更富生命的张力。

（三）提高抱负水平的方法

抱负水平是一个人的抱负水平的提高受多种因素影响，可以采取多种方法。从个人及组织管理角度看，所采取的主要方法有以下五种。

1. 正确认识人生的价值观

抱负水平直接反映着一个人的人生观，即人的苦乐观、幸福观、荣辱观、生死观、价值观等方面，其中核心是人生的价值观。如果从价值观的角度进行研究，可以发现人追求的某些方面：

(1)以信仰为中心的精神价值。

(2)以权力、地位为中心的政治价值。

(3)以实利为中心的经济价值。

(4)以和谐、愉悦为中心的审美价值。

人的价值追求不同，决定着抱负的不同内容和方向。正是人的不同抱负，在一定程度上影响着人们对生活、工作、他人的态度和行为。

2. 正确对待得与失，成与败

抱负水平与个人的生活环境以及个人对客观现实的认识深度有着密切的关系。在为自己确定了一定的工作目标之后，就要通过自己的努力去达到目标。目标又可分为现实目标和理想目标，现实目标即为可能达到的目标，理想目标即为最高目标。

影响一个人的抱负水平高低的因素很多，主要受以下三个因素的影响。

(1)个人成就动机的高低

动机是推动人从事某项工作达到某种理想结果的力量。成就动机的高低因人而异，相应地，抱负水平的高低也因人而异。成就动机高的人追求成功心切，因而其抱负水平也就较高；成就动机低的人在逃避失败与追求成功的二者中偏重于前者，因而其抱负水平也就较低。

(2)个人能力的大小

一个人的能力总是有高低之分，能力的大小取决于一个人所拥有的知识的深度和广度，以及对所拥有的知识灵活运用的程度。如果知识渊博，并能够灵活地运用，表现出的能力就高；反之，能力就低。能力高，为实现目标准备了必要的基础前提。而高强的能力，是在运用知识的实践中不断提高的结果。可以说，知识是与理论相关的，能力则与实践相关。结合自己的能力，目标的制定应与能力相适应。能力高时，为自己制定的目标就高些，能力低时，为自己制定的目标就低些。这样，实现目标的可能性就会大。

(3)环境因素的影响

能力的高低只为目标的实现提供了基础前提，人的目标能否实现还取决于环境因素的影响。如果人制定的目标脱离了环境，或环境不具备实现目标的条件，都可能造成目标不能达到。这也从另一方面说明，人对目标的制定，需要综合考查两个因素：一是目标必须结合环境的要求；二是尽力创造环境，提高实现目标的可能性。

因为，存在着人的目标能否实现的问题，也就存在着如何对待得与失，成与败的问题。目标能否实现，影响人的抱负水平的高低。在工作中，一个人非常顺利，经常取得成功，如技术革新项目的成功，新的服务方式被肯定和被表扬，合理化建议被采纳等等，就会提高他的抱负水平。抱负水平高的人,敢于提出较高的工作目标,并具有战胜困难的勇气。

如果人经常受挫和失败,就容易降低其抱负水平。只有意志很顽强,屡遭挫折始终不气馁的人,才能坚持下去。有的人,常常异想天开,随意地制定很高的目标,根本不考虑目标实现的可能性和现实性,这样的人也极容易在遭到挫折时,降低其抱负水平。

一般客运服务人员,总是不断地在实践中总结经验教训,经历着抱负的"实现性—可能性—新的实现性—更大可能性"这样一个发展过程。例如,一个售票员,刚上班时,制定三个月内熟悉有关售票工作的全部知识,并初步掌握其售票技术的目标,这个目标既是现实的,又是可行的。实现这个目标后,她为自己制定出发售百万张车票无差错这样的目标,经过努力又实现了。于是她可能对售票工作程序科学化等内容进行深入的研究,进一步提高目标,最终她可能成为这方面的专家。

3. 在职工中培养积极向上的士气

客运服务是由一定数量的客运服务人员共同进行的工作,具有特定的环境性,每个客运服务人员受其工作的环境因素的影响和制约。客运服务人员抱负水平的高低,受他所在的集体(如乘务组、服务组等)士气的影响。如果整个集体形成你争我赶,积极向上,人际关系和谐的气氛,形成比技术、比优质服务的氛围,就容易提高人的抱负水平。

4. 建立奖励先进,鞭策后进的管理方式

服务人员抱负水平的提高,受到管理方式影响,即管理方式是否有利于激发职工的积极性、主动性,是否真正奖励先进,鞭策后进等。所以,客运服务管理部门务必建立和健全科学有效的奖罚制度,并充分发挥这个机制的积极作用。

5. 建立良好的客运管理人员与服务人员之间的关系

客运管理人员与服务人员之间良好的关系,可以造就一个和谐、轻松的工作氛围,和宽松的人际关系。在工作中,客运服务人员畅所欲言,积极地提出合理化建议,既能够做到改进工作方式,提高服务水平,又能满足客运服务人员工作的成就感。

客运服务人员的抱负水平同工作动机有密切联系,两者都是复杂可变的心理现象,客运组织中的管理者,要经常对客运服务人员进行形势教育和理想教育,刺激客运服务人员产生做好工作的愿望,帮助他们树立信心,并采取正确的政策和方法,促使客运服务人员提高抱负水平。

三、意志及其培养

意志是内部意识向外部动作或活动的主动转化,这种主动转化就表现为意志对人的活动的调节和支配。一方面,这种调节和支配是根据自觉的目的进行的;另一方面,只有通过这种对行动的调节、支配,自觉的目的才能得以实现。意志对行动的这种调节、支配作用表现为发动和制止两个方面。另外,意志还可以调节人的注意、观察和思维等心理活动。

人们意志品质不是天生的，而是在后天生活实践的过程中逐步形成的，又是有较大可塑性时期。因此，培养良好的意志品质对保持健康的心理有重要意义。

1. 树立高尚的理想和恰当的目标

列夫·托尔斯泰说过，理想是指路明灯。没有理想，就没有坚定的方向，而没有方向也就没有生活。古人也说："君子所取者远，则必有所恃；所就者大，则必有所忍。"远大的理想和确定的目标是培养坚强意志的前提。

当然理想的树立、目标的确立应该是正确的、有意义的、符合社会发展要求的。也必须与现实的学习与工作结合起来。只有把理想转化到现实的生活中，成为行动的指南，意志才有发展的可能。如果仅仅是海市蜃楼的幻想或不切实际的目标，而没有行动，则理想是空想，目标是虚设，意志的培养也就是句空话。

2. 加强科学的世界观教育

世界观是人认识活动的定向工具和行为调节器。树立科学的世界观，才能使人正确地确立自己的行为目的，对一切个人、团体的思想和行为作出实事求是的正确评价，明辨是非、善恶和荣辱，使人具有高度的责任心，明确生活的目的和对崇高理想的追求。崇高理想应与学习、工作和生活相结合，用理想指导生活。

锻炼意志，要注意循序渐进。俗话说，一口吃不成一个胖子。所以在磨炼意志的时候，应注意选择突破口，分阶段有步骤进行。目标可以具体地按渐进式方式排列，一个目标完成了，对于个体是一种积极的反馈，能增加其自信，从而更积极地完成下一个目标，进入一个良性循环。这样，意志的行为逐步强化为意志习惯，再慢慢固化成一种意志品质，成为良好个性特征。

3. 积极参与社会的实践

坚强的意志在克服困难的实践活动中形成和发展起来，积极参加实践活动，对实践活动中存在的问题努力采取方法去解决，与困难进行斗争，会提高人的意志力。

意志品质是人们在长期的社会实践与社会生活中形成的较为稳定的心理素质，它在人们调动自身力量去克服困难和挫折的实践中体现出来。一个人意志的培养和锻炼并不仅仅局限于挫折、困难、逆境，有时"取得成功时坚持不懈要比遭到失败时顽强不屈更重要"。"富贵不能淫，贫贱不能移，威武不能屈"的境界才是意志力的完整体现。

4. 要有吃苦的思想准备

《孟子》里有一段流传千古的名言："天降大任于斯人也，必先苦其心智，劳其筋骨，饿其体肤，空乏其身，行拂乱其所为，所以动心忍性，增益其所不能。"它告诉人们成就大事的过程就是意志磨炼的过程，意志磨炼的过程也就是吃苦耐劳、坚忍艰苦的过程。

5. 充分发挥集体和榜样的教育作用

在具有良好风气的集体中，人们之间团结互助，都珍惜自己所属的集体，尊重集体的意见，执行集体委托的任务，努力为集体争光而不损害集体的荣誉。对集体的义务感和荣誉感有助于自制、刚毅、勇敢等意志品质的形成。

榜样在意志品质的培养中占据重要的地位。可选择社会上的先进人物做榜样,更要善于从职工周围的生活中、熟悉的人们中选取典型,为他们树立坚强意志的榜样。在这样的榜样面前,可能因为心理距离小,使人感到亲切,心理障碍少,容易接受。

6. 优化自身的素质,塑造健全的个性

周围人们的影响、集体委派的任务、榜样的教育等,必须通过自我锻炼才能真正起作用。为加强意志的自我锻炼,要养成自我检查、自我监督、自我鼓励等习惯。

第四节　客运服务人员的礼仪行为

铁路客运服务工作的特点是直接为旅客提供服务,良好的服务礼仪可以弥补某些客运设施条件的不足,会产生积极的社会效果,可以满足旅客的心理需求。铁路客运服务礼仪体现了铁路企业文明“窗口”,员工的礼仪规范不单是个人形象问题,更重要的是反映铁路的企业形象。铁路客运服务礼仪可以塑造铁路职工爱岗敬业的完美形象。每位站、车服务人员在工作中良好的礼仪和内在美,既是自尊自爱的表现,也是事业心、责任感、自豪感的具体反映。客运服务礼仪需要树立以客人为中心的观念。

(1)认识客人。“有朋自远方来,不亦乐乎!”走进车站、列车厢的人,都应该是铁路的朋友、客人,是我们服务的对象。尊重客人,树立以客人为中心的观念,是提供优质服务,使车站、列车为宾客“家外之家”的基础。以客人为中心,就是在考虑问题时,提供服务时,安排工作时,都必须想客人之所想,急客人之所急,站在客人的角度考虑问题,变“我想怎样”为“客人会认为怎样”,不是方便了自己,难为了客人。

(2)认识客运服务工作。服务所生产的是“愉快的心情和美好的回忆”。在接待客人的过程中,除了要满足客人食、宿、行、游、购、娱等物质方面的要求,还应该通过服务人员的优质服务,给客人留下美好难忘的印象,使客人保持愉快的心情,得到精神上的满足。随着社会文明程度的不断提高,客人对精神享受更加看重,树立以客人为中心的观念,以情见长,以情动人,提供人情味服务,在车站、列车服务中,显得更加重要。

一、举止

古人云:“不学礼,无以立”。也就是说,如果不懂“礼”,不学“礼”,也就无法在社会上立足。所以,我们要注重礼仪的细节,因为细节体现素质。

(一)握手

据说握手礼最早来自欧洲,当时是为了表示友好,手中没有武器的意思。握手时人们日常交际的基本礼仪，从握手可以体现一个人的情感和意向，显示一个人的虚伪或真诚。握手在人际交往中如此重要，可有人往往做得并不好。握手时陌生人之间第一次的身体接触，只有几秒钟的时间。但是正是这短短的几秒钟，它如此之关键，立刻决定了别人对你的喜欢程度。握手的方式、用力的轻重、手掌的湿度等等，像哑剧一样无声地向对方描述你的性格、可信程度、心理状态。握手的质量表现了你对别人的态度是热情还是冷淡，积极还是消极，是尊重别人、诚恳相待，还是居高临下、屈尊地敷衍了事。一个积极的，有力度的正确的握手，表达了你有好的态度和可信度，也表现了你对别人的重视和尊重。一个无力的、漫不经心的、错误的握手方式，立刻传送出了不利于你的信息，让你无法用语言来弥补，它在对方的心里留下了对你非常不利的第一印象。

握手时很有学问的。美国著名盲聋作家海伦·凯勒写到："我接触的手，虽然无言，却极有表现力。有的人握手能拒人千里。我握着他们冰冷冷的指尖，就像和凛冽的北风握手一样。也有些人的手充满阳光，他们握住你的手，使你感到温暖。"

为了在这轻轻一握中，传达出热情的问候、真诚的祝愿、殷切的期盼、由衷的感谢，我们有必要把握握手的分寸，掌握握手的细节。

1. 应当握手的场合

(1)遇到较长时间没见面的熟人。

(2)在比较正式的场合和认识的人道别。

(3)在以本人作为东道主的社交场合，迎接或送别来访时。

(4)拜访他人后，在辞行的时候。

(5)被介绍给不认识的人时。

(6)在社交场合，偶然遇上亲朋友故旧或上司的时候。

(7)别人给予你一定得支持、鼓励或帮助时。

(8)表示感谢、恭喜、祝贺时。

(9)对别人表示理解、支持、肯定时。

(10)得知别人患病、失恋、失业、降职或遭受其他挫折时。

(11)向别人赠送礼品或颁发奖品时。

2. 握手的具体要求

(1)握手姿态要正确

行握手礼时，通常距离受礼者约一步，两足立正，上身稍向前倾，伸出右手，四指并齐，拇指张开与对方相握，微微抖动三四次，然后与对方的手松开，恢复原状。与关系亲近者，握手时可稍加力度和抖动次数，甚至双手交叉相握。

(2)握手必须用右手

如果恰好你当时正在做事，或手很脏很湿，应向对方说明，摊开手表示歉意或立即洗干净手,与对方热情相握。如果戴着手套,则应取下后再与对方相握,否则都是不礼貌的。

(3)握手要讲究先后次序

一般情况下,由年长的先向年轻的伸手,身份地位高的先向身份地位低的伸手,女士先向男士伸手,老师先向学生伸手。如果两对夫妻见面,先是女性相互致意,然后男性分别向对方的妻子致意,最后才是男性互相致意。拜访时,一般是主人先伸手,表示欢迎;告别时,应由客人先伸手,以表示感谢,并请主人留步。不应先伸手的就不要先伸手,见面时可先行问候致意,等对方伸手后再与之相握,否则是不礼貌的。许多人同时握手时,要顺其自然,最好不要交叉握手。

(4)握手要热情

握手时双目要注视着对方的眼睛,微笑致意,切忌漫不经心、东张西望,边握手边看其他人或物,或者对方早已把手伸过来,而你却迟迟不伸手相握,这都是冷淡、傲慢、极不礼貌的表现。

(5)握手要注意力度

握手时,既不能有气无力,也不能握得太紧,甚至握痛了对方的手。握得太轻,或只触到对方的手指尖,不握住整只手,对方会觉得你傲慢或缺乏诚意;握得太紧,对方则会感到你热情过火,不善于掩饰内心的喜悦,或觉得你粗鲁、轻佻而不庄重。这一切都是失礼的表现。

(6)握手应注意时间

握手时,既不宜轻轻一碰就放下,也不要久久握住不放。一般来说,表示完欢迎或告辞致意的话以后,就应放下。

另外还要注意,不要一只脚站在门外,一只脚站在门内握手,也不要连蹦带跳地握手或边握手边敲肩拍背,更不要有其他轻浮不雅的举动。

贵宾或与老人握手时要遵守上述要求外,也当注意以下几点:当贵宾或老人伸出手来时,你应快步向前,用双手握住对方的手,身体微微前倾,以表示尊敬。

与上级或下级握手除遵守一般要求外,还应注意:上下级见面,一般应由上级先伸手,下级方可与之相握。如果上级不止一人,握手顺序应由职位高的到职位低的,如职位相当则可按一般的习惯顺序,也可由一人介绍,你一一与之握手。不论与上级还是与下级握手,都应热情大方,不卑不亢,礼貌待人。下级与上级握手时,身体可以微欠,或快步向前,用双手握住对方的手,以表示尊敬。上级与下级握手时,应热情诚恳,面带笑容,注视对方的眼睛,不能漫不经心、敷衍了事,也不能冷漠无情、架子十足,更不鞥在与下级握手后立即用手帕擦手,否则就是不得体或无礼的。

3. 握手的禁忌

我们在行握手礼时应努力做到合乎规范,避免触犯下述失礼的禁忌。

(1)不要用左手相握,尤其是与印度打交道时要牢记,因为在他们看来左手是不干净的。

小案例：我在帮助别人，别人也在帮助我

玛丽·凯曾经在一家公司当业务员。有一次，她参加了整整一天的销售训练课。课程结束后，由总裁做激励演讲，然后一一和大家握手。玛丽·凯怀着异常激动的心情排在队伍中。终于轮到她了，但总裁却连正眼都没有瞧她一下，冷漠甚至有些厌烦地从她的头顶望过去，看看后面还有多少人，根本没有觉察到玛丽·凯在和他握手。总裁冷漠的眼神刺得玛丽·凯心里隐隐作痛。她感觉到，总裁根本就没有将员工真正放在心上，接见和握手只不过是一种形式，他们只不过是他的赚钱工具而已。

这件事使玛丽·凯深深地感到，作为一位领导，在雇员严重不仅要有权威，更重要的还要有人性。因此，她在创办企业之后，一直以这件事作为镜子，并选择马太福音里"我在帮助别人，别人也在帮助我"这句话，作为自己的座右铭，尽量做到公平对待雇员，尊重他们的人格，使每个人感觉到自己在公司的重要性。后来，尽管她的公司拥有20余万员工，尽管她已成为世界工商界的名人，但她每月仍然要抽出一些时间，接待来自世界各地回到总部来轮训的雇员，并且请他们到家里来做客，用亲自烘焙的点心招待他们。她和每一个人热情地握手，并且亲切地交谈。每当她感到疲劳的时候，她总会想起自己当年排队和那位总裁握手时的情景，于是就会立即打起精神。她说："我将给每一个来到我面前的人全部的注意，不管我自己多么疲劳。"

正是对人的关爱，使她掌握了打开员工心灵之门的钥匙，看到了他们内心需要的东西并给予——与人平等处事——从而也掌握了打开成功之门的密码。

(2)在和基督教信徒交往时，要避免两人握手时与另外两人相握的手形成交叉状，这种形状类似十字架，在他们眼里这是很不吉利的。

(3)不要再握手时戴着手套或墨镜，只有女士在社交场合戴着薄纱手套握手，才是被允许的。

(4)不要在握手时另外一只手插在衣袋里或拿着东西。

(5)不要在握手时面无表情、不置一词或长篇大论、点头哈腰、过分客套。

(6)不要在握手时仅仅握住对方的手指尖，好像有意与对方保持距离。正确的做法，是握住整个手掌、即使对异性也应这样。

(7)不要在握手时把对方的手拉出来、推出去,或者上下左右抖个没完。

(8)不要拒绝握手,如果有手疾或汗湿、弄脏了,应和对方说一下“对不起,我的手现在不方便”,以免造成不必要的误会。

(二)鞠躬礼

鞠躬礼在客运服务中运用很多,如列车车门口、贵宾候车室等地方迎送客人时,均应采用鞠躬礼。客运服务人员正确使用鞠躬礼都能体现出对旅客的尊重。

行鞠躬礼时应成立正姿势,双目注视受礼者,面带微笑,根据施礼对象和场合决定鞠躬度数,视线随鞠躬自然向下。一般来说,迎宾为15度,送客为30度,表示感谢为60度。鞠躬时,男性双手放裤线稍前的地方,女性双手在身前下方轻搭在一起。戴帽者行鞠躬礼时,必须脱帽。受礼者若是长辈、宾客、女士,还礼可不鞠躬,而用微笑、点头等以示还礼,其他均应以鞠躬礼相还。

二、仪容

在竞争日益激烈的今天,形象对一个人的作用是万万不能忽视的。形象创造价值、形象决定命运的说法绝不是夸大之词,而仪容往往是人的形象的第一要素。仪容,通常是指的外观、外貌。其中的重点,则是指人的容貌。在人际交往中,每个人的仪容都会引起交往对象的特别关注,并将影响到对方对自己的整体评价。在个人的仪表问题之中,仪容是重点之中的重点。

社交礼仪队个人仪容的首要要求是仪容美。它的具体含义主要有三层,即自然美、修饰美和内在美。仪容的先天条件好,天生丽质。尽管以相貌取人不合情理,但先天美好的仪容相貌,无疑会令人赏心悦目,感觉愉快。依照规范与个人条件,对仪容进行必要的修饰,扬其长,避其短,设计、塑造出美好的个人形象,在人际交往中尽量令自己显得有备而来,自尊自爱。通过自身努力学习,不断提高个人的文化、艺术素养和思想、道德水准,培养出自己高雅的气质与美好的心灵,使自己秀外慧中,表里如一。

真正意义上的仪容美,应当是上述三个方面的高度统一。忽略其中任何一个方面,都会使仪容美失之于偏颇。在这三者之中,仪容的内在美是最高境界,仪容的自然美是人们的心愿,而仪容的修饰美则是仪容礼仪关注的重点。

要做到仪容修饰美,自然要注意修饰仪容。修饰仪容的基本规则,是美观、整洁、卫生、得体。个人修饰仪容时,应当引起注意的,通常有头发、面容、手臂、腿部、化妆等五个方面。

(一)头发

人们观察别人时,总是从头部开始。修饰头发,要做到勤于梳洗,长短适中,并且在发型得体的基础上,采取适当的美发技巧。

现代社会,提倡个性解放,而头发往往是彰显个性的急先锋。我们要根据自己的发质、脸型、年龄、着装等个人条件对发型进行选择。并使发型符合自己的职业和所处场所。

（二）面容

仪容在很大程度上指的就是人面容，由此可见，面容修饰在仪容修饰之中举足轻重。修饰面容，首先要做到面必洁，即要勤于洗脸，使之干净清爽，无汗渍、无油污、无泪痕，无其他任何不洁之物。

修饰面容，要具体到眼、耳、鼻、口、脖等各个部位。在卫生清洁的基础上，进行适当的修饰和护理。例如，要清除和修剪耳毛、鼻毛等有碍观瞻的体毛；要保持牙齿洁白，更要避免口臭或口腔有其他异味，令对方避之不及；要注意脖后、耳后等藏污纳垢的部位，以免影响整体的良好形象。

（三）手臂

手臂是人际交往之中身体上使用最多、动作最多的一个部分，而且其动作往往被附加了各种各样的含义。因此，手臂被称为社交中的“身体名片”，发挥着比纸名片更重要的社交作用。

修饰手臂，要注意到手掌、肩臂和汗毛等细节问题。手掌是“制作”各种手段的关键部位，所以，一定要保持清洁干燥，健康温暖，更要时常注意指甲的修剪和美容，以免在靠近或接触别人时引发别人的反感和不快。另外，最应注意的是汗毛，特别是女性，若手臂上汗毛过多、过浓，会直接影响到自身的美感，最好采用适当的方法进行脱毛处理。而腋毛外露，则更是社交中个人形象的大败笔，必须杜绝。

（四）腿部

俗话说：“远看头，近看脚，不远不近看中腰。”腿部在较近距离常是人们注目所在。修饰腿部，应当注意的问题同样有三个，即脚部、腿部和汗毛。

一般而言，男人的腿部和脚部是不能在正式社交场合暴露的。而对于女性，则稍微宽容一些，可以穿镂空鞋、无跟鞋暴露脚部，也可以穿短裤暴露腿部，但在庄严、肃穆的场合，这也应避免。脚部和袜子的卫生清洁也是腿部仪容的一大要点。有异味的脚和袜子，过长或肮脏的脚趾甲，拉丝甚至有洞的袜子，都是你的社交形象的宣判死亡书。

（五）化妆

化妆是修饰仪容的一种高级方法，它是指采用化妆品按一定技法对自己进行修饰、装扮，以便使自己容貌变得更加靓丽。在人际交往中，进行适当的化妆是必要的。这既是自尊的表示，也意味着对交往对象较为重视。在一般情况下，女士对化妆更加重视。其实，它不只是女士的专利，男士也必要进行适当的化妆。

进行化妆前，一定要树立正确的意识。化妆，意在使人变得更加美丽，因此在化妆时要注意适度矫正，修饰得法，使人变得化妆后避短藏拙。在化妆时不要自行其是，任意发挥，寻求新奇，有意无意将自己老化、丑化、怪异话。通常，化妆既要求美化、生动、具有生命力，更要求真实、自然，天衣无缝。化妆的最高境界，是“化妆有却无”。即没有人工美化的痕迹，而好似天然若此的美丽。化妆虽讲究个性化，但却必须学习才能懂行，难以无师自通。比方说，工作时化妆宜淡，社交时化妆可以稍浓，香水不宜涂在衣服上和容易出汗的地方等。高水平的化妆，强调的是其整体效果，所以在化妆时，应努力使妆面协调、全身协调、场合协调、身份协调，以体现出自己慧眼独具，品味不俗。

三、衣着

一个人的外貌对于本身有影响，穿着得体就会给人以良好的印象，它等于在告诉大家："这是一个重要的人物，聪明、成功、可靠"。大家可以尊敬、仰慕、信赖他。只有在对方认同你并接受你的时候，你才能顺利进入对方的世界，并游刃有余地与对方交往，从而把自己的事情办成和办好，而这一切的获得在很大程度上与你的外在打扮有关。

一个人的仪表是给对方留下好印象的基本要素之一。试想，一个衣冠不整的人和一个装束典雅、整洁利落的人在其他条件差不多的情况下，去办理同样分量的事儿，恐怕前者受到冷落的可能性很大，而后者更容易得到善待。特别是到陌生的地方办事，给别人留下美好的第一印象更为重要。

别人对你的第一印象，往往是从服饰和仪表上得来的，因为衣着往往可以表现一个人的身份和个性。毕竟，要对方了解你的内在美，需要长久的过程，只有仪表能一目了然。办事顺利与否，第一印象至关重要，不讲究仪表就是自己给自己打了折扣，自己给自己设置了成功的障碍，不讲究仪表就是人为地给要办的事情增加了难度。

小故事：着装的错

一外商考察团来某企业考察投资事宜，企业领导高度重视，亲自挑选了庆典公司的几位漂亮女模特来做接待工作，并特别指示她们穿着紧身的上衣，黑色的皮裙，领导说这样才显得对外商的重视。

但考察团上午见了面，还没有座谈，外商就找借口匆匆走了，工作人员被搞得一头雾水。后来通过翻译才知道，他们说通过接待人员的着装，认为这是个工作以及管理制度极不严谨的企业，完全没有合作的必要。

原来，该企业接待人员在着装上犯了大忌。根据着装礼仪的要求，工作场合女性穿着紧、薄的服装是工作极度不严谨；另外，他们的观念是，黑色皮裙只有妓女才穿……

着装也是一种无声的语言，它显示着一个人的个性、身份、角色、涵养、阅历及其心理状态等多种信息。在人际交往中，着装，直接影响到别人对你的第一印象，关系到对你个人形象的评价，同时，也关系到一个企业的形象。

【专业术语】 认知能力　感觉和知觉能力　记忆和理解能力　注意和观察能力　思维和想象能力　动作技能　抱负水平　工作动机

复习思考题

1. 认知能力培养的模式及意义是什么？
2. 能力质和量的差异是什么？
3. 加强认知能力学习的策略是什么？
4. 从哪几个方面对能力进行诱发？
5. 进入恶性循环、善性循环经过哪几个阶段？
6. 能力形成的因素有哪些？
7. 能力与知识、技能的关系是什么？
8. 培养感觉和知觉的重要意义有哪些？
9. 影响知觉的心理因素有哪些？
10. 从哪几个方面加强注意力的培养？
11. 记忆分析的几个过程？
12. 问题解决过程中一般遵循哪几个过程？
13. 思维活动由哪几个环节构成？
14. 语言在客运服务中的作用有哪些？
15. 掌握动作技能需要经过的几个阶段？
16. 态度的形成因素及改变方法是什么？
17. 情绪与情感的两极性是什么？
18. 客运服务人员有哪几种类型？
19. 意志行为过程经过哪几个阶段？
20. 客运服务人员应注意哪些服务礼仪？

知识窗

抱负水平的测试

你的抱负水平如何呢？请做下面的心理测验便知分晓。

一、下列 10 个题目中，每题都有 5 个选择答案。根据你的实际情况，选择一个最适合你的答案，填到括弧中。

1. 做一件事情，当结果与你的估计相符时，你就感到很满意；否则，即使别人说你成功了，你也会感到不满意（　　）

A. 完全不同意　　B. 比较不同意　　C. 拿不准

D. 比较同意　　E. 完全同意

2. 通常，你对所做的事，要求达到的标准往往要高于一般人（　　）

A. 完全不同意　　B. 比较不同意　　C. 拿不准

D. 比较同意　　E. 完全同意

3. 对感兴趣的事，你都能尽力而为；对不感兴趣的事，干好干坏无所谓（　　）

A. 完全不同意　　B. 比较不同意　　C. 拿不准

D. 比较同意　　E. 完全同意

4. 你觉得，做出成就是人生最重要的、最幸福的事，即使苦些也值得（　　）

A. 完全不同意　　B. 比较不同意　　C. 拿不准

D. 比较同意　　E. 完全同意

5. 每做一事，你通常都从工作方法上入手（　　）

A. 完全不这样　　B. 比较不这样　　C. 拿不准

D. 比较这样　　E. 完全这样

6. 你经常成功，失败很少，即使失败了，也会在别的方面寻求弥补（　　）

A. 完全不同意　　B. 比较不同意　　C. 拿不准

D. 比较同意　　E. 完全同意

7. 好胜心强，从不服输（　　）

A. 完全不同意　　B. 比较不同意　　C. 拿不准

D. 比较同意　　E. 完全同意

8. 如果有几件事，重要程度相同，难易不等，你会选（　　）

A. 最容易的　　B. 比较容易的　　C. 中等难度的

D. 比较难的　　E. 最难的

9. 如果人们做某种事，预先有标准的话，你会选（　　）

A. 最低标准　　B. 较低标准　　C. 标准适中

D. 较高标准　　E. 最高标准

10. 如果用 A、B、C、D、E 表示干一番事业的愿望程度，你会选择（　　）

A. 根本不想　　B. 不太想　　C. 愿望适中

D. 较想　　E. 非常想

二、评分与分析：

每题选A记1分，选B记2分，选C记3分，选D记4分，选E记5分。各题得分相加，统计总分。

1. 最后得分10～25分：说明你的事业心不强，抱负水平较低，不喜欢争强好胜，只求过一种安稳的日子。你对工作的标准提得过低，这样不利于你能力的充分发挥和提高。你应该在工作上严格要求自己，在奋斗中实现自己的价值。

2. 最后得分26～39分：说明你有较强的事业心和工作能力，抱负水平适中，能妥善处理好自己的能力和任务水平之间的关系，失败了也能正确对待。你身心健康，但还要不断提高自己的工作能力。

3. 最后得分40～50分：说明你的事业心很强，抱负水平很高，办事追求成功完美，不喜欢半途而废。如果一件事没办好或失败了，你会感到非常不满意。你经常生活在一种紧张、焦虑的氛围中。你也应该为自己创造一种轻松愉快的气氛来调剂身心，使工作完成得更为出色。

第五章
旅客运输管理心理

【本章导读】 要从根本上提高旅客运输服务质量，就必须牢固树立服务的思想。从旅客运输服务总体规划的制定，到具体服务方法在客运部门的施行，都要贯彻一切从旅客出发，一切为了旅客，一切为旅客服务的思想。

本章从旅客运输管理者角度阐述了领导者的领导行为和激励行为；从运输服务人员角度分析了礼仪行为和问题行为，并给出了对待问题行为的原则以及处理方法。

第一节　旅客运输管理人员的管理行为

旅客运输服务业为了实现一定的社会效益和经济效益，确定了发展的目标，制定了相应的发展战略，建立了组织机构及组织制度，在划定分工与协作的基础上明确了管理的范围和职责，配置相应的人员以后，能否使各部门各类人员有效的运转起来，并发挥作用，最基本的方法有两种：一是建立有效的计划和控制系统，通过计划将组织目标具体落实到每一个部门的每一个人，规范人的行为，加强人与人之间的协作，并通过控制，保证人的行为按计划的规定进行；二是建立激励系统，管理的根本性问题是人的问题，众多的物、财，或完美的业务计划，都要通过人和依靠人才能发挥作用。离开人，再好的设备、技术，再充足的资金也发挥不了作用。如何调动和发挥人的力量，通过人把各种经营资源结合起来，形成具有特定功能的系统力量，从而达到经营目标，有效的激励系统发挥着重要的作用。

组织的建立过程如图 5-1 所示。本节从领导行为和激励行为两方面论述管理行为问题。

一、领导行为

（一）关于领导行为

1. 领导的概念

传统的管理理论认为领导是组织赋予一个人的职位和权力，以率领属下实现组织目标。

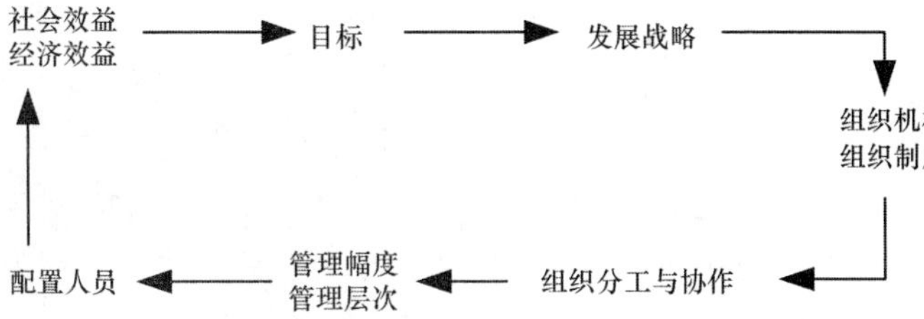

图 5-1　组织系统建立示意图

多数行为科学家认为领导主要是借助于权力和影响力引导和激励人们去实现组织目标，是在一定条件下努力实现组织目标的行动过程。

管理心理学家认为领导是透过人群关系去影响团体中的每一个成员，激发其积极性，努力实现组织目标。

从领导者的实际工作来看，领导者一方面要运用组织赋予的权力，实行监督和控制，另一方面要通过个人，依据组织内的实际情况，运用领导技能，采取正确的领导方式和领导行为，团结和带动全体职工高效率地去实现组织目标。

2. 领导与人际关系

人们在组织中发生相互关系，彼此相互作用和影响，每个人的影响程度并不相同。主要表现在两个方面：

(1)人群关系的性质不同，影响别人的行为效果也不同。

(2)个人在组织中的地位和作用不同，发生的效果不同。

一些人在组织中的地位和作用高于其他人，或他们具有一定的威信、良好的品德、富有工作才能够满足成员的某种需要，他们对其他成员便有较大的影响力，能够博得他人的信任，成为组织中的特殊人物，他们能带动组织、控制组织，是组织的领导者。

在企业内，领导者与被领导者的区别主要表现在职位的不同，这种职位的不同，有的是一开始就有的，如上级的任命；有的是在组织中通过实践慢慢形成的。根据管理心理学家对领导的理解，领导者与人群的关系对实现组织目标有重要的作用。

3. 领导行为要素

领导行为要素主要表现在以下四个方面：

(1)支持。领导者重视和支持体现职工的价值观及感情的行为，这种行为会得到职工的支持。所以，支持是相互作用的。

(2)促进相互关系。指领导者善于促进职工间密切合作、相互满足的关系，并不断发展这种关系的行为。

(3)强调目标。指领导者善于激发职工努力达到组织目标的行为。

(4)协助工作。指领导者能协助职工拟订工作计划，调整工作关系，提供工作的知识、技术、器具、材料等，使职工便于工作，并能提高工作效率的行为。

传统的以个人与权力为核心的领导观念，以及强调个人人格特征，如写作能力高、有智慧、有雄心、有正义感、判断力强等都是不全面的。领导者是组织中的一种角色，而领导是领导者的一种行为，是一种人与人之间的关系，人与工作以及人与目标之间关系的一种形式。一个组织可以指定一个领导，或选出一个领导者，但不能指定或选出某种领导行为。因此，对领导行为的培养特别重要。

（二）领导者的职能

领导者是领导活动中的重要因素，是社会组织顺利展开运作的重要条件。领导者是领导活动的主体，在领导活动中起主导作用，局中心地位。其次领导者在领导活动中起发动作用和统率作用。领导者与组织一样，可分为正式领导者和非正式领导者两种。

1. 正式领导者

正式领导者拥有组织结构中的正式职位和权力，其主要功能是领导职工达到组织的目标。主要职能表现在以下几个方面：

(1)制订和执行组织的计划、政策与方针。

(2)提供情报知识与技巧。

(3)授权下级分担任务。

(4)对职工实行奖惩。

(5)代表组织对外交涉。

(6)控制组织内部关系，沟通组织内上下的意见。

正式领导者的功能是组织赋予的，能否实现以及实现的程度，取决于领导者的能力以及领导者本身是否为其属下所接受。

2. 非正式领导者

非正式领导者没有组织赋予的职位与权力，但由于个人的条件优于他人，如知识经验丰富、技术能力强、善于关心别人或具有某种人格上的特点，使职工佩服，而对职工具有实际的影响力，其主要的功能是能满足职工个别需要。主要职能表现在以下几个方面：

(1)协助职工解决私人的问题，如家庭的或工作的。

(2)倾听职工的意见，安慰职工的情绪。

(3)协调与仲裁职工间的关系。

(4)提供各种资料情报。

(5)替职工承担某些责任。

(6)引导职工的思想、信仰及对价值的判断。

非正式领导者对职工具有实际的影响力，如果他赞同组织目标，可以带动职工执行组织的任务；如果他不赞同组织目标，可能引导职工阻挠组织任务的执行。

3. 基于领导功能的领导特性分析

一个正式领导者要制定政策，提供知识与技术，需要适当的智慧。但领导行为主要是人群关系行为，还必须具有较强烈的被组织内的职工所接受的感情，才能发挥其领导的效果。实践证明，能够发挥最大效率的领导者应具备的主要特性有以下几个方面：

(1)敏感性。善于体贴别人，精于洞察问题。

(2)个人的安全感。有安全感的人，情绪稳定，做事稳重，让人觉得可靠、可信赖。

(3)适量的智慧。领导者需要某种程度的智慧才能处理许多事物，但不需要太高的智慧。智慧太高，往往容易恃才傲物，不能体谅一般人。

由此，一个真正有作为的领导者，他同时应具有正式领导者和非正式领导者的功能，既能实现组织的目标，又能满足职工的个别需要，他必须将工作领袖和情绪领袖两种角色集于一身。但这种标准或理想的领导者是不可多得的，通常的领导者倾向于工作领袖的性质，容易忽略属下的社会性及情绪的需要。因此，职工中较善于体贴别人者，便逐渐变成大家的情绪领袖，担负起安慰、鼓励、仲裁及协调等功能的作用。这种现象正式领导者应给予足够的重视。

(三)领导者的领导原则

1. 愿景比管控更重要

在吉姆·柯林斯著名的《基业长青》一书中，作者指出，那些真正能够留名千古的宏伟基业都有一个共同点:有令人振奋、并可以帮助员工做重要决定的“愿景”。

愿景就是企业对自身长远发展和终极目标的规划和描述。缺乏理想与愿景指引的企业或团队会在风险和挑战面前畏缩不前，他们对自己所从事的事业不可能拥有坚定的、持久的信心，也不可能在复杂的情况下，从大局、长远出发，果断决策，从容应对。

一些人错误地认为，管理者的工作就是将100%的精力放在对企业组织结构、运营和人员的管理和控制上。这种依赖于自上而下的指挥、组织和监管的模式虽然可以在某些时候起到一定效果，但它会极大地限制员工和企业的创造力，并容易使企业丧失前进的目标，使员工对企业未来的认同感大大降低。

相比之下，制定一个明确的、振奋人心的、可实现的愿景，对于一家企业的长远发展来说，其重要性更为显著。处于成长和发展阶段的小企业可能会将更多精力放在求生存、抓运营等方面，但即便如此，管理者也不能轻视愿景对于凝聚人心和指引方向的重要性；对于已经发展、壮大的成功企业而言，是否拥有一个美好的愿景，就成为该企业能否从优秀迈向卓越的重中之重。

2. 信念比指标更重要

每一个企业的领导者应当把坚持正确的信念，恪守以诚信为本的价值观放在所有工作的第一位，不能只片面地追求某些数字上的指标或成绩，或一切决策都从短期利益出发，而放弃了最基本的企业行为准则。相比之下，正确的信念可以带给企业可持续发展的机会；反之，如果把全部精力放在追求短期指标上，虽然有机会获得一时的成绩，却可能导致企业发展方向的偏差，使企业很快丧失继续发展的动力。

小故事：企业的信念

成功的企业总是能坚持自己的核心价值观。例如，Google公司的核心价值观之一是“永不满足，力求最佳”。Google创始人之一拉里·佩奇指出：“完美的搜索引擎需要做到：理解用户之意，解决用户之需”。对于搜索技术，Google不断通过研究、开发和革新来实现长远的发展，并致力于成为这一技术领域的开拓者。尽管已是全球公认、业界领先的搜索技术公司，Google仍然矢志不移地坚持“永不满足”的信念，不断实现对自己的超越，奉献给用户越来越好的搜索产品。

3. 团队比个人更重要

在任何一家成功的企业中，团队利益总要高过个人。企业中的任何一级管理者都应当将全公司的利益放在第一位，部门利益其次，个人利益放在最后。

这样的道理说起来非常明白，但放到实际工作中，就不那么好把握了。例如，许多部门管理者总是习惯性地把自己和自己的团队作为优先考虑的对象，而在不知不觉中忽视了公司的整体战略方向和整体利益。这种做法是非常错误的，因为如果公司无法在整体战略方向上取得成功，公司内部的任何一个部门，任何一个团队就无法获得真正的成功，而团队无法成功的话，团队中的任何个人也不可能取得哪怕是一丁点儿的成功。

好的管理者善于根据企业目标的优先级顺序决定自己和自己部门的工作目标以及目标的优先级。例如，出于部门利益的考虑，也许某个产品的研发无法在短期内获得足够的市场收益，部门管理者似乎应该果断放弃对该产品研发的投入，否则，部门在该年度的绩效数据（如果仅以市场收益衡量的话）就有可能不是那么出色。但是，如果从企业整体的角度出发，假设该产品是帮助企业在未来两到三年内赢得潜在市场的关键因素，或者该产品的推广对于提高企业形象有重要的帮助，那么，对于该产品的投入是符合企业整体利益的，部门对于该产品研发目标及其优先级的设定就应该符合企业的整体安排。

作为管理者，应该勇于做出一些有利于企业整体利益的抉择，就算对自己的部门甚至对自己来说是一种损失。也就是说，当企业利益和部门利益或个人利益发生矛盾的时候，管理者要有勇气做出有利于企业利益的决定，而不能患得患失。如果你的决定是正确、负责任的，你就一定会得到员工和领导者的赞许。

小案例：团队利益高于个人利益

一位职业经理，在某大公司工作的时候，曾经管理着一个实际效果非常糟糕的项目。该项目经理是老板的朋友，而这个项目也是老板最为看好的一个项目。当时，他清楚地知道这个项目有多么糟糕，该项目经理也不是一名好经理，但因为老板重视该项目，始终没有勇气来处理这个问题。此外，也担心，如果解散了这个项目团队，对自己的工作其实也是一种否定，因为已经管理这个团队一年多的时间了。

终于有一天，决定在一段时间后离开公司。那时，觉得公司多年来对自己不错，应该在离开前对公司负责，做一件对公司有益，但一直为了自己而犹豫不决的事情。于是，决定把这个项目和该项目的项目经理裁掉，大不了这种做法会让老板不满，但它的确对公司是有好处的。

当真正裁掉这个项目后，出乎他意料的是，公司内部的绝大多数员工没有表示不满，反而告诉他，他们是多么认可这个决定，他们认为他有勇气、有魄力。公司领导也没有责备他，反而认为他勇于承认并改正错误的做法非常值得赞赏，连老板也觉得这是一个正确的决定。

此外，管理者应该主动扮演“团队合作协调者”的角色，不能只顾突出自己或某个人的才干，而忽视了团队合作。在工作中，需要各部门积极配合，互相支持。企业里的一个团队和篮球场上的一支篮球队其实是一样的。打篮球时，后卫不能脱离整个团队独来独往，不同位置的队员需要按照战术安排紧密配合，互相支持，这样才能赢得比赛。在我们的工作中，市场人员需要帮助产品部门寻找产品的合适定位，要为销售部门提供潜在的客户信息，而管理者会承担起教练的角色，为整个团队制定合适的战术。能够想象，篮球教练在布置战术时只是一对一地与每个队员单独讨论吗？那样的话，后卫不知道前锋在想什么，前锋不知道后卫的助攻策略，球队不输球才怪。

最后，企业的中层管理者要善于把握自己的角色定位，让自己成为老板和员工之间沟通、协调的桥梁，而不要让自己与老板或员工对立起来。例如，有一些管理者很容易陷入对自身角色的误解，他们要么把自己和“雇主”等同起来，与“雇员”做利益上的对抗，或者把自己视作普通员工，与老板对立。这两种极端的做法都是不可取的。

其实，中层管理者既代表企业利益，也代表员工利益，应该认识到自己的中间角色；不要和员工一起盲目、片面地指责企业，也不要成为高高在上的监管者，对员工指手画脚。以企业的整体利益为先，主动扮演协调人的角色，既考虑企业发展的需要，也为员工的个人需求着想，解决好二者之间可能存在的矛盾，让企业的整体协作效率达到最高点。自己做了决定后，就要勇于承担相关的责任，不要把责任推到员工、老板或企业身上。

4. 授权比命令更重要

21 世纪的管理需要给员工更多的空间，只有这样才能更加充分地调动员工本人的积极性，最大限度释放他们的潜力。将选择权、行动权、决策权部分地甚至全部地下放给员工，这样的管理方式将逐渐成为 21 世纪企业管理的主流。

在 21 世纪，放权的管理会越来越接近于员工的期望，是最为聪明的管理方式。因为当企业聚集了一批足够聪明的人才之后，如果只是把这些聪明人当作齿轮来使用，让他们事事听领导指挥，那只会造成如下几个问题：

(1)员工的工作满足感降低。

(2)员工认为自己不受重视，工作的乐趣和意义不明显。

(3)员工很难在工作中不断成长。

(4)员工个人的才智和潜能没有得到充分利用。

很多管理者追求自己对权力的掌控，他们习惯于指挥部下，并总是将部下的努力换来的成绩大部分归功于自己。这种“大权在握”、“命令为主”的管理方式很容易造成：管理者身上的压力过大，员工凡事都要请示领导，等待管理者的命令；团队过分依赖于管理者，团队的成功也大半取决于管理者个人能否事无巨细地处理好所有问题，而通常说来，没有哪个领导可以事事通晓，也没有哪个领导可以时时正确；整个团队对于外部变化的应对能力和应对效率大幅降低，因为所有决策和命令都需要由管理者做出，员工在感知到变化时只会习惯性地汇报给领导。

小案例：关于授权

为了做好授权，可以预先设定好工作的目标和框架，但不要做过于细致的限制，以免影响员工的发挥。曾经有一位技术很出色的副总裁，他在授权方面做得就很不好。例如，他设定了目标后，总是担心下属会因为经验不足而犯错误，于是他总会越过自己属下的经理，直接去找工程师，然后一步一步地告诉工程师该怎么做。甚至有一次，一位工程师在洗手间遇到这位副总裁，竟然被副总裁在洗手间里念叨了 20 多分钟。后来，副总裁属下的经理实在受不了了，向总裁如实反映了情况。经过多次警告却仍然没有改进之后，这位副总裁被解职了。从这个例子我们可以知道，领导的工作是设定目标，而不是事无巨细地控制、管理、指挥和命令。

因此，“授权”比“命令”更重要也更有效。但是，管理者该如何做好授权呢？这其中最重要的就是权力和责任的统一。在向员工授权时，既定义好相关工作的权限范围，给予员工足够的信息和支持;也定义好它的责任范围,让被授权的员工能够在拥有权限的同时,可以独立负责和彼此负责,这样才不会出现管理上的混乱。也就是说,被授权的员工既有义务主动地、有创造性地处理好自己的工作,并为自己的工作结果负责,也有义务在看到其他团队或个人存在问题时主动指出,帮助对方改进工作。

5. 平等比权威更重要

在企业管理的过程中,尽管分工不同,但管理者和员工应该处于平等的地位,只有这样才能营造出积极向上、同心协力的工作氛围。

平等的第一个要求是重视和鼓励员工的参与,与员工共同制定团队的工作目标。这里所说的共同制定目标是指,在制定目标的过程中,让员工尽量多地参与进来,允许他们提出不同的意见和建议,但最终仍然由管理者做出选择和决定。

这种鼓励员工参与的做法可以让员工对公司的事务更加支持和投入,对管理者也更加信任。虽然不代表每一位员工的意见都会被采纳,但当他们亲身参与到决策过程中,当他们的想法被聆听和讨论,那么,即使意见最终没有采纳,他们也会有强烈的参与感和认同感,会因为被尊重而拥有更多的责任心。

平等的第二个要求是管理者要真心地聆听员工的意见。作为管理者,不要认为自己高人一等,事事都认为自己是对的,应该平等地听取员工的想法和意见。在复杂情况面前,管理者要在综合、权衡的基础上果断地做出正确的决定。

小故事:确定目标的一种方法

曾经一个人接管一个部门时,为了提高效率,在一个星期内定下了团队的工作目标,并召开会议宣布了所有决定。但没想到,会议进行得很不顺利,有的员工一片茫然,有的人没精打采,有的人则对计划百般挑剔。这时候他一下子明白过来:自己选择目标时过于武断和草率了。于是对他们说:"很显然,我对未来太天真了。现在,让我们重新来过,一起制定出大多数人认可的团队目标。"

他当场把计划撕掉,然后宣布成立三个员工小组,分别解决部门面临的三大问题。一个月后,这三个小组各自呈上他们的报告,然后他和三个组长一起定下最后的目标。这次,全体员工欣然地接受了新的目标。

有趣的是,新的目标与旧的目标之间,除了存在措辞方面的差异外,几乎一模一样。他的助理向他抱怨说:"我们浪费了一个月的时间,又回到了原地。"但他对助理说:"不是的,此前我是靠直觉选择了目标,没有调查数据的支持,无法令员工信服;现在,经过一个月的工作,大家都有了信心。更重要的是,旧的目标因为没有经过员工参与,即使实施起来,他们也很难全身心投入。"

(四)领导者应具备的基本条件

领导者应具备哪些条件,长期以来有许多不同的看法,以下介绍几种。

1. 第一种论述

(1)品德高尚。领导者要大公无私,襟怀坦荡,富于牺牲精神,严于律己,宽以待人。

(2)个性完善。领导者应性格开朗,豁达大度,意志坚强,自信,有自知之明,对事物具有广泛的兴趣和热情。

(3)富于进取心和创新意识。领导者通常有较强的事业心和成就需要,希望通过事业的成功体现自身的价值,有魄力和独创精神,勇于积极开拓新的活动领域。

(4)博学多识。领导者应具有较完善的知识结构,不仅通晓与企业领导工作有关的现代管理科学知识,同时精通与本部门业务活动性质有关的专业知识。

(5)多谋善断。决策是领导的主要职能之一,领导者应善于发现问题,提出多种解决方案,并从中进行优选决策;要能够根据情况的变化,随机应变地进行跟踪决策和适时处理。

(6)知人善用。领导的核心是用人,有效领导者应当善于观察人,了解人,用人之长,唯才是举,充分发挥每个成员的潜力和积极性。

(7)沟通协调。领导者应具备较强的人际交往能力,善于与属下及外部公众建立良好的沟通关系,能够调节各种复杂矛盾,促进内外关系的协调发展。

除上述基本素质外,领导者还应具备一定的领导风格,即领导者的个人气质、性格、能力、思想方法、价值观念及行为习惯等。鲜明、独特的领导风格可以增强领导者的魅力和感召力,是领导者获得成功的重要条件之一。

2. 第二种论述

有人提出,一个领导者,必须具备技术、人文和观念三种技能,才能实施有效的领导。

(1)技术技能

技术技能是指领导者必须通过以往经验的积累,及新学到的知识、方法和专门技术,掌握必要的管理知识、方法和技术。他具有胜任特定任务的领导能力,善于把专业技术应用到管理中去。在许多情况下,领导基本上不参与他们所管理的技术技能实践。

(2)人文技能

人文技能是指领导者必须具有善于与人共事并对属下实行有效领导的能力,善于把行为科学应用到管理中去。例如,激励方法能了解职工的需要,能帮助别人,为他人做出榜样,善于运用激励方法,善于动员群众的力量,为实现组织目标而努力工作。组织中任何层次的领导者都不能避免人文技能的要求,一般认为这种技能比聪明才智、决策能力、工作能力和尖端技术等更为重要,尤其像旅客运输服务业,主要的服务对象及管理对象都是人,没有人文技能是不行的。

(3)观念技能

观念技能是指领导者必须了解整个组织及自己在该组织中的地位和作用,了解部门之间的相互依赖和相互制约的关系，了解社会团体及政治、经济、文化等因素对企业的影响，具有良好的个人品德和素质，有高度的事业心和进取精神，善于把各种知识运用到企业管理中去，尤其是要具有市场观念以及为旅客服务的观念。有了这种认识，可使一个领导者能按整个组织的目标行事。

观念技能处理的是观点、思想，而人文技能关心的是人，技术技能涉及的是事。领导职位高低的不同，对上述三种技能学习和掌握的要求不同。管理层级越高，工作中技术技能所占比例越小，而观念技能所占的比例越大，如图 5-2 所示。

3. 第三种论述

行为学家利克特在《管理的新模式》中提出一个优秀的领导者必须具备的条件：

(1)优秀的领导者虽对组织负全部责任，但并不单独作出所有的决策。他要善于引导团体内的信息交流，虚心听取各种不同的意见，由此获得有助于决策的情报资料、技术性知识、各种事实和经验。

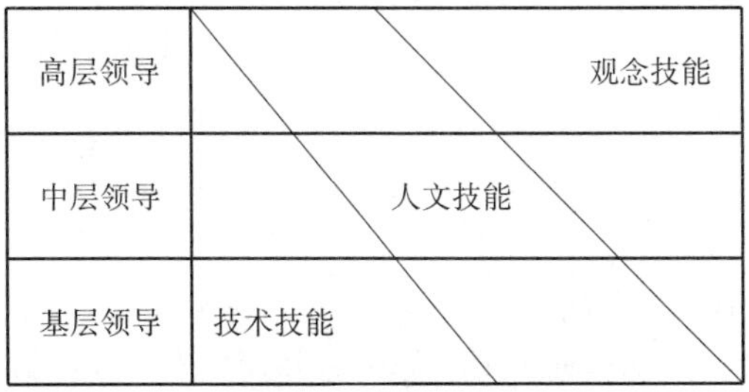

图 5-2　不同领导阶层所需的管理技能

(2)优秀的领导者在无法等待团体讨论而必须临机做出某种决策时，必须能预测到这种临机的决策能够获得职工的支持，使团体迅速采取一致的行动。

(3)优秀的领导者首先要注意建立团体成员一贯合作支持的气氛，上下团结一致，为实现统一组织目标而努力。

(4)优秀的领导者必须能够承负起组织上交给自己的职责，对于属下的影响应尽可能减少使用职位权力，即少利用其正式领导的地位与权力去指挥属下，而多利用自己的人格魅力去影响属下。

(5)优秀的领导者应具有善于同组织中的其他团体联系的能力，能将本团体的见解、目标、价值及决策反映给别的团体，以收到影响别的团体的效果。同时，也能将别的团体的各种见解、目标等告知本团体，促使双方意见交流与相互影响。

(6)优秀的领导者必须善于处理团体所面临的技术问题，并随时将专业知识提供给团体，必要时可请技术专家或其他专家给予协助。

(7)优秀的领导者不仅是一位“以团体为中心的管理者”，并且他善于激发团体旺盛的士气，以达到组织的目标，努力促使团体成员对本团体从属的较大组织也产生责任感。

(8)优秀的领导者应具有敏感的感受性，能洞察问题的所在，了解成员的需要与感情，并随时伸出支援之手。

(9)优秀的领导者必须能适应外部环境的变化，引导团体在环境中生存与发展。

(10)优秀的领导者要善于规划团体的目标，并引导各单位及个人依据团体的总目标设置分目标，并努力去实现各自的目标。

4. 第四种论述

领导者应具备四种意识：

(1)思想政策意识

旅客运输服务工作是办理和人交往的事情的，是为人民服务的，思想性和政策性要求很高。作为旅客运输管理人员，应该具有全心全意为旅客服务的思想，有高尚的道德品质修养，高度的责任心和事业心，渴望在自己的岗位上有所建树，有所创造。同时，要有政治理论水平，懂得党的路线、方针、政策、法律和法规，能够正确地认识形势和社会动态。

(2)具备专业意识

具体表现在以下三个方面：

①旅客意识。管理人员的本职工作归根到底是为旅客服务的。因此，必须有热爱旅客的思想，有了解旅客的能力，“想旅客之所想，帮旅客之所需”。如果心里没有旅客，行动上很少接近旅客，就会使自己的管理失去方向，也就谈不上管理的效能了。

②客运服务人员意识。客运管理人员，尤其是基层管理人员，既是管理者，同时也是具体的工作人员。管理人员应成为职工的挚友，应时时事事关心职工，接近职工，体谅职工的困难，支持职工的工作，并经常进行“心理换位”，站在职工的立场上来评价自己的工作。这样，才能使管理真正落到实处。反之，职工意识淡薄，严重脱离群众，就会增大管理过程中的“内耗”，使管理效能降低，使管理者失去主动权和影响力。

③知识素养。一个客运管理人员，首先要精通客运专业知识，同时应懂得一些相关学科知识，如教育学、心理学、管理学、法律学等方面的知识。知识水平的高低，直接影响管理者的意识水平，一个有较丰富知识的人，才能正确地处理各种问题，并在实践中有创造性和开拓性。

(3)角色意识

社会学认为，人在社会上都扮演着一定的角色，客运管理人员扮演的是一种特定的角色，如列车长是列车的“首脑”，客运车间主任是车站客运工作的“组织者和指挥者”等。这种角色意识有其特定的社会标准，管理人员对本身“管理行为标准”的认识水平，决定着他的实际管理行为。管理者对自己“管理角色”的认识，就是角色意识，这种意识包括以下几个方面：

①角色认识。管理者对自己的管理行为是否符合社会标准的自我认识和评价，即自己如何看待自己。

②角色期待。上级、下级以及社会，对管理者思想行为的要求和希望，即他人如何看待自己。

③角色实现。以角色认识和角色期待为基础，实现管理者的角色管理行为。

从客运工作实践中看，角色意识主要是“职、权、责”的问题，如果管理者只强调“权”，而不适当地增大了“权力意识”，而职务意识和责任意识淡薄，就会偏离“为旅客服务”的角色地位，势必妨碍有关方面的协同一致和团体成员的同心同德。角色期待是更为复杂的问题，常常发现管理者对自己的期待与全体职工对管理者的期待之间存在差距。因为，每个职工从各自的视野、工作状况和利益出发，有时会产生对“人与人关系”的期望“重于”对工作成效的期望，对“自己从事的具体工作”的期望“重于”对全局工作的期望。发生这种情况时，管理人员必须有清醒的认识，要力求通过细致的工作，对工作的意义和各部分工作之间关系进行宣传，尽量缩小管理者的自我角色意识与职工和社会对管理者的角色期待的差距。否则，听任这种差距的存在及增大，就会导致“角色冲突”。如果一个管理人员长期地不能满足职工、社会多数人的角色期待，就会造成严重的失望心理，使管理混乱，运转失灵，甚至无法实施管理。

(4)自我意识

自我意识是指人对自己的认识和活动的认识、评价和自我调节，即人们常说的“自知之明”。一个客运管理人员，正确地评价自我，勇于自我批评和进行自我调整，是必备的心理修养。

认识自我并不容易。老子说：“知人者智，自知者明。胜人者有力，胜己者强。”认识自我比较有效的方法是“以史为鉴”“以人为鉴”和“反躬自省”。以“以史为鉴”是指研究以往管理者的得失、成败和经验、教训，以此来警戒自己，检查自己，善于从以往类似的“情境”中发现自己的长处和短处。“以人为鉴”是指通过别人对自己的评价来认识自己，要有虚怀若谷、闻过则喜的心胸。“反躬自省”是经常对自己的行为进行回忆、检查和总结，学会客观地分析自己，孔子说：“吾日三省乎己，则智明而行无过矣。”有了“自知之明”，才能更好地扬长补短，不断控制和调节自我的言行，使自己的管理符合客观规律的要求，适合客运工作的需要。

自我意识不但影响着对自我的评价，同时还影响着管理者对上级、下级的看法。自我评价过高，会对别人的评价过低，势必影响到别人对管理者本人的看法。自我膨胀的管理者往往盛气凌人，无原则的顶撞上级，随意地指责下级，轻视管理集体中其他人的意见、建议。这样会降低团体的凝聚力，产生冲突和障碍，影响团结和合作，降低管理的效能。

自我评价过低，则会信心不足，行为上过分依赖他人，对别人轻信，会使别人对管理者的期望过低，使管理者丧失管理的主动权，降低管理的效能。

管理者的自我意识是否得当，实际上是客观存在的自我和主观认识中的自我是否相等的问题，这只能通过管理的实践来检验。一旦在实践中发生自我评价失当，就应修正和调整主观中的自我，使之与客观存在的自我相一致。

（五）领导的有效性和领导方式

1. 领导的有效性

领导是一种特殊形式的社会活动，在活动中也必须讲求效益，即以较少的投入取得较大的产出，这种投入与产出之比，表现为领导的有效性。在领导过程中，职权、知识、能力等因素为实施领导提供了必要的资源投入，这些资源能否形成较大的产出，主要取决于领导者能否合理配置、利用各项资源，提高领导效能。有效性是领导活动的主要衡量标志，是领导水平的总体反映。领导是否有效，可以从以下几方面反映出来：

（1）主动支持

职工主动而非被迫地支持领导者，不论这种支持是出自感情或利益上的考虑。

（2）相互关系

领导者与下级职工之间保持密切、和谐的交往关系，并鼓励群体成员之间发展密切的、相互满意的关系，企业内部关系处于协调状态。

（3）高度评价

绝大多数职工都能高度评价所在企业或群体，并以成为该企业或群体的一员而感到骄傲和自豪。

（4）激励程度

职工因自身需要获得满足而焕发出较高的工作热情和积极性，个人的潜能得到充分利用。

（5）有效沟通

领导者与下级之间能够及时、顺畅地沟通信息，并以此作为调整领导方式、协调相互关系的依据。

（6）促进工作

在领导者的引导、指挥和率领下，企业的各项资源得到合理配置，生产经营活动得以高效率地进行。

（7）实现目标

领导活动的效能或效果最终通过是否能够实现企业的预定目标，以及实现的程度反映出来。其中既包括经济效益目标，也包括社会效益目标。

领导活动是由领导者、被领导者和环境三方面因素相互影响、共同作用的过程。这一过程是否有效进行，直接取决于三方面因素的契合和适应程度。因此，提高领导有效性的关键，在于最大限度地促成领导者、被领导者与环境之间的相互适应和协调。具体来说，可以采取以下两种基本途径：一是根据领导者的素质特性，选择和配置与之相适应的被领导者及组织环境；二是根据现有职工状况和企业条件，采取适合其特点与条件要求的领导作风和领导方式。

2. 领导方式

领导方式是指领导者在权力实施影响的过程中采取的行为方式，它是领导者在特定环境中，根据作用对象的特点所实施的对策性行为，因而集中体现了领导者在领导效能中的主观能动作用。

领导方式的类型有多种划分，根据权力定位和工作定位的不同，可以划分为以下几种：

(1)集权型

这是一种以专制、独裁为特征的领导方式。采取这种领导方式的领导者认为，权力来自他们所处的地位和担负的职务，认为职工的本性是懒惰消极的，不愿接受约束，并害怕承担责任，因此不能予以信任，必须严格管制。基于以上的认识，领导者将权力定位于个人手中，集各种权力于一身，大权独揽，独断专行，仅依靠个人经验、能力和意志领导企业活动，同时采取强制的方式下达各种指令，强调下级的绝对服从，而缺乏对职工的关心与尊重。在整个组织内部，资源的流动及其效率主要取决于集权领导者对管理制度的理解和运用。

(2)民主型

这种方式强调领导的权力由企业职工群体赋予，认为被领导者是勤奋的、勇于负责的，在受到激励后能够主动协调个人行为与工作的关系，具有自我领导能力。因此，主张将权力定位于职工群体手中，使之享有充分的民主权利，鼓励职工自行决策，实现自主管理。领导者仅以劝告说服的形式，提供各项意见和建议。这种方式意味着权力的分散，决策速度降低，组织内部资源的流动速度减缓，进而增大了组织内部的资源配置成本。

(3)任务型

这种类型的领导者把完成工作任务作为一切活动的中心，注重建立严密的劳动组织和严格的劳动纪律，强调指标和效率，欣赏紧张有序、快节奏的工作气氛，并将全部精力和注意力集中于工作任务本身，而忽视对职工利益、要求及工作情绪等方面的关心。领导者对组织的管理职能推崇备至，勤奋、谦和而且公正，将把事情理顺、工作有条不紊地进行引以为自豪。

(4)关系型

这种领导方式强调人是企业各项工作的中心，高度重视对职工的关心、体谅和支持，注重满足职工的各种物质和精神需要，强调维持良好群体关系的重要性。注意建立多方位的沟通渠道，利用各种机会与下级保持密切接触，同时在经营管理中主张松弛有度，以造成融洽友善的群体气氛。

(5)兼备型

这种领导方式兼有以上各种类型的特点，既强调权力的适当集中，以保持指挥的统一和企业组织的整体性；又注重必要的分权，使职工的主动性、创造性得到发挥。同时把完成工作任务与满足职工需要放在同等的重要地位，既注重工作效率，又重视对人的关心；既有严格的管理，又维持良好的人际关系。

以上所列仅代表几种典型意义的领导方式。现实中领导者往往并不单纯采用某种典型方式，而是介于几种方式之间，采用各种不同组合的混合方式。因此，在集权与民主、关心任务与关心人等极端方式之间，形成一系列中间化、混合型的领导方式。不同的领导方式适用于不同的场合，有不同的适用范围，某种领导方式在一定的环境中具有明显效果，而在另一环境中则未必成功。因此，领导方式本身无优劣之分，必须根据具体情况而选择。

（六）领导者的威信与运用

1. 领导者的威信

领导者威信的高低，直接影响到管理效能。威信是在行使管理的工作实践中逐步形成的，影响威信的因素有很多，如领导者的个人因素，领导者的政绩，单位的历史传统和风气等。下面就领导者运用权力与威信之间的关系进行讨论。

威信是一种心理现象，是指领导者在其工作中形成的威望、信誉，以及对职工的影响力。领导者威信高，可以使属下及职工有信心、有期望，使工作具有不断发展的心理动力。

（1）权力威信和信服威信

权力威信是由管理者所处的职位赋予的相应权力所产生的有关人员必须服从和接受的威信。一个人处于一定的职位，就相应地拥有了一定的权力，这类由职位赋予的权力具有外在性质，不因领导者的个人因素而有所影响。同时，外在性权力经过法律、组织等直接或间接肯定而为社会所承认，并对权力施受双方具有控制性的约束力。掌握权力者必须在规定范围内行使权力，依权办事；接受权力者必须服从掌权者的命令、指挥和意志，二者之间是命令与服从的关系。外在权力是领导者行使职能的组织保障。在企业组织中，领导者的外在性权力具体表现为决策权、用人权、指挥权、奖惩权等。这些权力通常以职权的形式体现出来。职权是职位与责任结合在一起的制度化权力。企业各级领导者为履行所在职位的职责，就必须拥有相应的权力。当领导调离所在职位时，其权力随之解除。

实际工作中，领导者不能仅仅依靠权力去进行管理，不能只是利用组织赋予的权力去指挥、命令属下职工，尤其不能因为有了权力而不尊重人，有意无意地去伤害被领导者的自尊心和积极性。

信服威信是组织中的职工对领导者心悦诚服，自愿地接受领导者的指挥和命令而建立起来的威信。它具有内在的性质，不以社会的法律、组织规定为基础，无须外界授予，也没有正式的授权形式，仅仅来自领导者本身的因素。信服威信的大小取决于领导者的品格、知识、才能等个人素质，尤其是高超的领导水平和巧妙的领导艺术。它对施受双方均没有强制性的约束力，掌权者没有行使这种权力的严格规范，接受者也不会因未服从而受到惩罚。

职工接受权威，承认权威，需要理智，也需要感情。情感是威信中极其重要的心理因素。如果一个领导者使职工产生“怕”的心理，职工对其“敬而远之”，外表服从，内心抵制，就很难激发工作的积极性和主动精神。因此，领导者应善于使用权力威信，通过自我修养的提高，增强信服威信，将两者有效地结合在一起，会更有效地进行管理。

（2）集体威信和个人威信

领导集体的威信与领导者个人的威信总是相辅相成的。一方面，领导者的个人威信越高，越有助于领导集体威信的形成和提高，集体威信必须以个人威信为基础；另一方面，个人威信又是在集体中形成并发挥其作用的，如果只追求个人威信，树立个人权威，不注意维护甚至损害集体威信，就势必恶化人际关系，影响管理效能的发挥，最后会损害个人的威信。所以，每个领导者都应自觉地维护集体威信，这样才能形成集体内的相互尊重，密切合作。

2. 领导者威信的运用艺术

领导者威信的建立，首先决定于领导者自身的能力水平、修养、风格等。威信低的领导者，一般有以下几方面的特征：一是独断专行，对人苛刻，或是决策无方，指挥失当；二是言行不一，损公谋私，或者无所事事，得过且过；三是有职无权或是有权无责。

与领导者威信密切相关的一个问题是领导者如何运用权力，即权力运用的艺术问题。如何用权，从心理学的角度，应分析权力使用者和接受者的心理状态，概括起来，应注意以下几个方面的问题：

(1)适时原则

领导者权力掌握在手中，对被领导者具有一种心理效应力。一旦使用权力，如果被领导者心里不服，就会产生抗拒心理，甚至产生直接的对抗。在这种情况下，权力就没有发挥理想的心理效应。即使是必须处罚人，运用权力也要掌握时机。一般地讲，应该事先进行帮助、诱导、劝诫，直到必须利用权力时，才运用权力强制对方接受管理。这样，权力作用的发挥就会大，在职工中引起的心理反应也会比较好。

(2)慎重原则

领导者切忌滥用权力。凡事都用权力，会严重挫伤职工的自尊心，影响到威信。所以，在运用权力的时候要十分慎重，尤其是运用处罚权力时。但慎重并不是放弃权力，使用权力时必须果断。如果对职工的错误行为采取迁就，息事宁人的态度，就会影响集体内的气氛，影响士气，甚至造成歪风泛滥。

(3)情理原则

合理就是坚持原则，以理服人。合情就是重视感情因素，注意以情感人。合情合理，最容易使多数人心服口服，有利于提高领导者的威信。

研究运用权力的艺术，目的在于加强管理，用正确的方法提高领导者的威信，从而提高管理效能。

二、激励行为

(一)关于激励行为

1. 激励的概念

激励是人类活动的一种内心状态，具有激发和加强动机的功能，推动并引导行为使之朝向预定目标的作用。通常认为，一切内心要争取获得的内容，如欲望、需要、希望、动力等都构成人的激励。

激励作为一种内在的心理活动过程或状态，不具有可以直接观察的外部形态，但由于激励对人的行为具有驱动和导向作用，通过行为的表现及效果可以对激励的程度加以推断和测定。例如，两个技能相同的职工，前者完成的工作定额大大超过后者，则可以推测这个职工受到了激励。激励的这一特点，决定了激励过程总是与人的行为过程紧密结合在一起，是在行为过程中发生和进行的。人的行为表现和行为效果很大程度上取决于他所受到的激励程度或水平。激励水平越高，行为表现越积极，行为效果也越大。

2. 激励的原则

激励是引起行为的一种刺激，是促进行为的一种重要手段。人类生产活动的根本动机是从欲望出发的。形成欲望要具备两个条件：一是缺乏，有不足之感；二是期望，有求足之愿望。二者结合在一起形成的一种心理现象为欲望。人类的欲望具有无限性、关联性、反复性、竞争性。如果能够正确运用人类欲望的特征，就在满足职工欲望的同时能够实现组织的目标，使企业与职工双方受益。

心理学上对于能满足个人需要的外在事物叫诱因，在管理上就是激励。为了实现组织目标，对职工的行为提出一定的要求，规定一些原则，尽量使职工的目标与企业的目标保持一致，而对职工的行为进行诱导。企业领导者要了解职工目标与组织目标的差异及原因，用适当的诱因满足职工的需要，从而激发出职工的积极性。

对职工的激励一般应遵循以下原则：

(1)组织目标的设置与满足职工的需要尽量相一致

目标本身就是一种激励，因此首先要引导职工明确目标，让职工了解他们要做的是什么，有什么意义，与个人的目前利益及长远利益有什么关系。同时，规定一定的工作标准及奖励方式，使职工都能按组织目标而努力工作。

(2)行政管理政策、规章制度，要有利于发挥职工的积极性和创造力

要让这些管理政策、规章制度成为激励因素，成为推动力，避免成为遏制的力量。

(3)要有良好的管理方式和管理行为

实行参与制、民主管理、授权管理，学会运用影响和以身作则去推动工作，避免滥用权力。

(4)建立良好的人群关系

领导者与职工要相互信任、相互关心、相互尊重，上下左右要有良好的意见沟通渠道。

(5)形成良好的风气

使每个职工热爱集体，以单位为家，有光荣感，形成一种和谐的气氛。

(6)创造良好的生产条件和工作环境

良好的生产条件和工作环境是职工身体健康和精神愉快的保障。物质激励是基础，精神激励是根本，在两者结合的基础上，逐步过渡到以精神激励为主。

(7)合理性

激励的合理性有两层含义:其一,激励的措施要适度。要根据所实现目标本身的价值大小确定适当的激励量;其二,奖罚要公平。

3. 激励的方式

有效的激励可以成为组织发展的动力保证,实现组织目标。它具有自己的特性,它以组织成员的需要为基点,以需要理论为指导。从大的方面来讲,激发、影响和改变一个人的行为有两大途径:

(1)外在激励方式

外在激励方式是针对个体需要、动机,提供能够满足个体需要的各种物质和非物质因素,以调动其积极性。其主要有福利、晋升、授衔、表扬、嘉奖、认可等。

(2)内在激励方式

内在激励方式是设法影响和改变个体行为的动机。其主要内容有学习新知识新技能的责任感、光荣感、胜任感、成就感等。

外在激励方式虽然能显著提高效果,但不易持久,处理不好有时会降低工作情绪。而内在激励方式,虽然激励过程需时较长,但一经激励,不仅可提高效果,且能持久。因此,在实践中,两种激励方式应结合运用。

4. 激励的程序

激励的程序有以下四个步骤:

(1)了解需要

了解每个人各种需要的强度,需要的结构,满足需要的方法及需要不能满足时的思想行为反应。

(2)情况分析

主要是对影响个人行为的周围环境进行分析,以求改进或引导职工适应环境。

(3)利益兼顾

要兼顾组织、团体和个人三方面的利益。

(4)目标协调

达成企业目标的同时,满足职工的需要。

在综合考虑上述几方面的情况后,要选择适当的奖励办法,采取有效的管理措施。

(二)激励模式

激励模式有许多,这里重点介绍几种为心理学家、管理学家比较认可的激励模式,并通过对这些激励模式的分析,求得对激励模式有个一般性的了解,在实际工作中做到灵活运用。

1. 需要的满足与管理

(1)满足需要的原则

最大限度地满足人民物质文化生活的需要是社会主义制度的根本目的，这样说时还只是表明了一种可能得期待。而可能性不等于现实性，要使这种可能性成为现实，领导者还要考虑解决职工需要的原则和方法。如果放弃了原则，其结果不仅不能满足职工合理的需要，还会挫伤职工的积极性。满足职工需要的原则应从我国国情出发而设置。

①考虑我国是一个处在发展中的国家。

②从我国人口多、底子薄的国情出发。

③解决需要的程度必须和生产力水平相适应。

④解决需要必须正确处理国家、集体、个人三者之间的关系。

(2)满足职工需要的途径

满足职工需要的途径，应从影响和改变一个人行为的途径入手。

①职务以外需要的满足。这种满足不是工作本身获得的，而是工作以后获得的。比如工资、奖励、福利、医疗、劳动保险以及托儿所、食堂，各种文娱场所等内容都属于工作之外的满足。这类需要满足具有一定局限性，它的缺点在于工作和满足需要之间缺乏直接联系。

②职务之内需要的满足。就是一个人在进行工作的同时就能满足某种需要。这种满足，主要是指工作环境本身，就是通过创造一个安全、舒适的工作环境，使职工觉得工作本身是一种享受。

在满足职工需要时，不仅要考虑个人工作以外需要的满足，而且要考虑工作以内需要的满足，并且尽量把企业的经济目标与个人的生理与心理的需要结合起来。

(3)满足职工需要的方法

①从调查研究入手。调查研究是解决职工需要的一个根本出发点和前提。没有调查研究就不会了解职工的真正需要，也就谈不上需要的满足。

②在调查的基础上，进行综合分析。职工的需要是多种多样的，有的是无限的，有的是有限的；有的是合理的，有的是不合理的；有的是近期的，有的是远期的等等。在调查研究的基础上，必须认真综合分析。人的总需要综合分析如图 5-3 所示。

作为一个管理者，要做好对人的管理，使人充分发挥工作的积极性、能动性，必须关心职工的需要，在调查研究和综合分析的基础上，做到逐步、合理地解决人的需要问题。

2. 期望与管理

人的期望心理是客观存在的，根据期望理论，在做人的思想工作中，必须遵循人的期望心理活动规律，注意工作方法，加强疏导，把人的积极性充分调动起来。

(1)期望理论在管理中的应用

期望理论在管理中的应用主要有以下几方面：

①人们可以自觉地评价自己努力所取得的结果，以及由此结果所带来的报酬。

②一个管理人员可以通过指点、指导和参加各种技术训练的办法，明确提高下级对努力所

达到的成绩的期望。

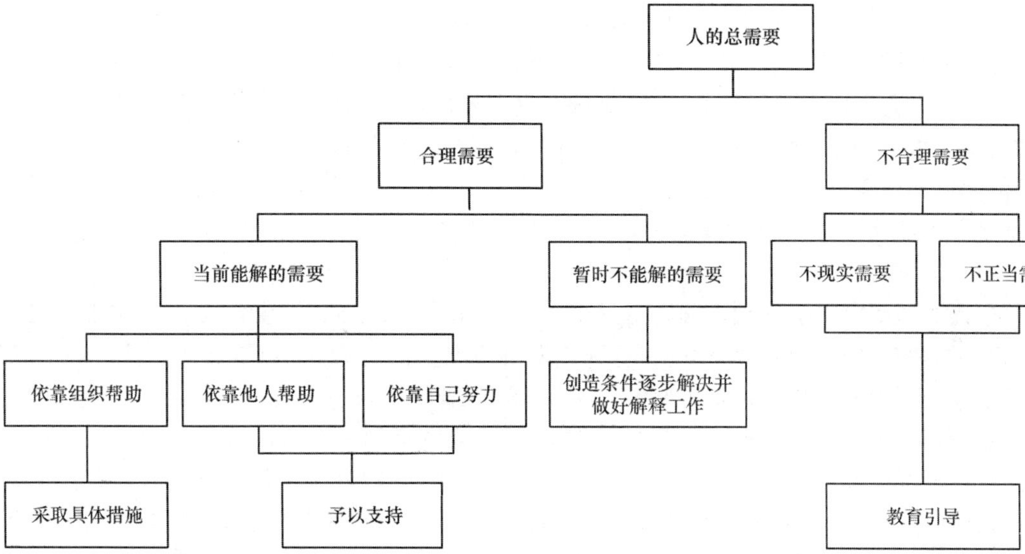

图 5-3 人的总需要综合分析

③报酬必须紧密地、明确地与对组织有重要意义的行为相联系。组织中的奖励制度和具体奖励必须随个人的成绩而定。

④人们对其从工作中得到的报酬的评价是不同的,有的人重视薪金,有的人重视挑战性工作。因此,管理人员应使组织的特定报酬与职工的愿望相符合。

(2)期望理论的具体实施

将期望理论运用在管理实践中,具体做法有以下方面:

①树立目标,激发期望心理。为能充分地调动职工工作的积极性,不仅要了解职工的需要,还要根据职工的需要,适时地为职工树立有一定价值的目标,这是调动职工积极性的一项重要工作。实践证明,包含精神和物质利益的目标,对职工来讲,更具有激发积极性的作用。

在树立目标时,目标一定要切合实际。需要考虑两方面的内容:一是目标的高低问题,目标过高,实现的可能性会降低,期望值减小,使职工望而生畏;目标过低,使人轻而易举就能实现,也会降低目标的效价。目标过高和过低,都不能调动职工的积极性。二是目标的价值问题,没有满足人们精神和物质生活需要价值的目标,不能调动职工的积极性。实践证明,适时地确立适当的目标价值是调动职工积极性的一个行之有效的方法。

在为职工确立一定目标之后,还应帮助职工努力实现目标,为职工创造条件,给希望达到目标的职工以热情的支持。

②运用期望值调动积极性。由于人们的经验、能力、需要等方面的不同,因而对同一客观

事物的期望概率也不一样。又由于人的期望概率常与环境和事物发展的结果出现矛盾，因此，了解、掌握人的期望概率值，有针对性的进行工作，是防止产生挫伤和出现消极因素，而有利于调动积极性的重要环节。事实证明，期望值与事物发展结果相联系时，有三种情况：一是结果小于期望值，人会产生大失所望心理，积极性会受到挫伤；二是结果等于期望值，人会产生不出所料的心理，积极性得以保持；三是结果大于期望值，人会产生出乎意料的心理，表现为喜出望外，积极性更加高涨。当某人期望值过高，而事物发展结果又不能满足他的期望要求时，就需要帮助他认真分析主客观条件，指出不能达到期望的原因，以避免因大失所望产生的消极情绪。

③把人的期望方向引导到正确轨道上来。由于人的需要不同，觉悟高低不同，同时所处的环境因素影响的不同，一些人期望的目标和方向会不切实际或偏离正确轨道。所以，端正、疏导以至于改变期望方向的工作是重要的。例如，职工都想到好的岗位工作，因此采取走后门的方式来实现其要求，但这种行为势必影响单位的风气，也不利于个人的成长及单位工作的开展。这时管理者可以通过安排职工轮流到各工种岗位进行锻炼的方式，让他们在工作中培养各自的兴趣、特长、能力，也使管理者对每个人的情况得以了解，然后根据实际需要和各职工的条件，安排每人的工作，这会改变职工依靠后门行为满足期望心理的状态，确立新的期望目标，焕发出积极性。

3. 挫折与管理

人生长在现实社会中，要工作和生活，要进行各种交往，不可能总是一帆风顺，随时有受到挫折的可能。在管理中，一方面应尽量消除引起职工挫折的环境，避免职工遭到不应有的挫折；另一方面，当职工受到挫折时，应尽量降低挫折所引起的不良影响，提高职工对挫折的容忍力。

(1)预防挫折

在前面的章节中，已经分析了预防挫折的问题，下面做进一步的分析。

①消除产生挫折的原因。对于自然因素，有些是不可避免的，但有些是可以采取措施加以预防的，尤其对生产过程中的因素更可以预测。对于社会因素，应尽量引导职工适应环境，遵守法令、社会秩序、公共道德、人们的风俗习惯等，加强法制观念。对于生理因素，应考虑其个人的生理特点，使生理有缺陷的人受到尊重，不受歧视。

②改善人群关系。加强个人差异管理，使职工相互信任、相互帮助、相互支持、相互尊重，建立“同是一家人”的情感。尤其是注意改善领导者与属下、管理者与被管理者之间的关系，发挥集体智慧，建立“平等”关系。如果职工之间矛盾尖锐而一时无法解决，可暂时调动一下工作岗位。

③改善管理制度和管理方式。如适时调整组织结构，取消阻碍发挥职工积极性的不合理的管理制度，改善人事劳动制度和工资奖励制度，实行参与制、授权制、建议制等，不使职工有

受到严格监督和控制的感觉。

(2)正确地处理受挫折者的行为

①采取宽容的态度。对领导者来说，对受挫折者的攻击行为采取宽容的态度是很重要的。帮助受挫折者是领导者的责任之一，应耐心地做思想工作，要以理服人，不应采取针锋相对的反击措施来对付攻击行为。以反击行为对付攻击行为，不仅不符合互助友好的原则，而且收不到好的解决问题的效果，严重者还可能使矛盾激化。

②提高认识，分清是非。宽容的态度并不等于不分是非，领导者应当在受挫折者冷静之后，以理服人，热情帮助其提高认识，分清是非。只有这样，才能更有利于促使受挫折者变消极行为为积极行为。

③改变环境。改变环境的办法有两种：一是调离原工作和生活的环境，到新的环境中去；二是改变环境气氛，给受挫折者以同情和温暖。为了有效地把受挫折者的消极行为转化为积极行为，领导者必须尽量少采取惩罚措施，因为惩罚会加深挫折。

④精神发泄法。这是一种心理治疗法，就是创造一种环境，使受挫折的人可以自由地表达他们受压抑的情感。人们在受到挫折时心理失去了平衡，常常是以紧张情绪反应代替理智行为，只有让他们把这种紧张情绪发泄出来，他们才能恢复理智状态，达到心理平衡。

精神发泄可以采用各种形式，可以让受挫折者用写申述信的办法发泄不满，当他把不满情绪写出后，就会使心理得到平衡。也可以采取个别谈话的办法，以及让他们在一定的会议上发表意见，领导者和其他人耐心听取他们的意见，并对其正确的方面给予充分的肯定。

4. 公平与管理

(1)公平理论的内容

美国心理学家亚当斯于 1967 年提出公平理论。公平理论指出，职工的工作动机，不仅受其所得的绝对报酬的影响，而且受到相对报酬的影响，即一个人不仅关心自己收入的绝对值(自己的实际收入)，而且也关心自己收入的相对值(自己收入与他人收入的比较)。

公平与否的结论源于职工对所付出代价与所得到报酬的比较。前者包括技能、经验、资历、工作成绩等等；后者包括工资报酬、组织对其承认和尊重的程度、提升、人际关系的变化等等。这种比较有两种形式：一是纵向比较，即个人历史地比较，是自己目前所付出的代价与所获得的报酬之比与自己以前所付出的代价与所获得的报酬之比是否相等；二是横向比较，即社会比较，看自己所付出的代价与所获得的报酬之比与他人所付出的代价与所获得的报酬之比是否相等。

(2)公平与不公平心理的产生

比较的结果有两种：一是比值相等，则认为是应当的、正常的，因而心情舒畅，努力工作；二是比值不等，可能目前的比值比历史或他人高，也可能比历史或他人低，都会产生不公平的心理。出现不公平感时，人习惯上采取行为调节的方式，即用劳动付出量来调节。一般性措施包括以下几个方面：

①通过自我解释，达到自我安慰。例如，通过曲解自己的收支或曲解别人的收支，主观上造成一种公平的假象，消除不公平感。

②采取一定行为，努力改变别人的收支状况。

③采取一定行为，努力改变自己的收支状况，如通过消极怠工、减少支出的手段或要求增加收入的手段等。

④选择另一种比较，获得主观上的公平感，如换一个人进行比较。

⑤发牢骚，泄怨气，制造人际矛盾。

(3)相应的管理工作

实践证明，公平理论所描述的关于公平的感受是一种普遍的心理现象。它广泛存在于企业环境中，并直接作用于职工的行为过程，影响职工的工作积极性。为实现有效的激励，管理者必须深入了解职工对其劳动报酬是否感到公平，并通过合理分配报酬、调节奖励标准与形式、纠正认知偏差、适当减少比较机会等方式消除不公平感，力求使每个职工都得到公平合理的报酬和待遇，进而增加其满足感，激发出积极性。

5. 人性与管理

第二章第三节的第一部分介绍了西方管理心理学家对人性的假设，有经济人、社会人、自我实现人、复杂人等四种，在现实生活中，虽然一个人并不一定绝对地表现为哪一种，但对于每个人，在一定的时期和一定的环境下都可能在某一方面表现得比较突出。因此，从人性的四种假设中，实施一定的管理，有可能达到管理的目的。

(1)对经济人的管理

①管理工作的重点放在提高生产率，完成生产任务上，而对于人的感情和道义上应负的责任，无关紧要。简单地说，就是重视完成任务，不考虑人的感情。

②管理工作只是少数人的事，与职工无关。职工的主要任务是听从管理者的指挥。

③在奖励制度方面，主要用金钱来刺激职工生产积极性，同时对消极怠工者采用严厉的惩罚措施。

(2)对社会人的管理

①管理人员不应只重视完成生产任务，而应把注意的重点放在关心人、满足人的需要上。

②管理人员不能只重视指挥、监督、计划、控制和组织等职能工作，而应重视职工之间的关系，培养和形成职工的归属感和整体感。

③在实行奖励时，提倡集体的奖励制度，而不主张个人奖励制度。

④管理人员的职能应有所改变，不应只限于制定计划、组织工序、检查产品，而应在职工与上级之间起联络人的作用。一方面倾听职工的意见和了解职工的思想感情；另一方面，将工作中出现的问题向上级反应，就职工提出的要求向上级或有关方面呼吁。

(3)对自我实现人的管理

①管理重点的转变。把注意的重点从人的身上转移到工作环境上，创造一种适宜的工作环境、工作条件，使人们能在这种条件下充分挖掘自己的潜力，充分发挥自己的才能，能够充分地实现自我。

②管理人员职能的转变。管理人员的主要任务在于为发挥人的才智创造适宜的条件，减少和消除职工自我实现过程中所遇到的障碍。

③奖励方式的转变。奖励可划分为两方面，一是外在奖励，例如工资、提升、良好的人际关系等；二是内在奖励，即在工作中能获得知识、增长才干、充分发挥自己的潜力等。只有内在奖励才能满足人的自尊和自我实现的需要，从而大大地调动职工的积极性。管理者的任务只是在于创造一个适当的环境，一个可以允许和鼓励每一个职工都能从工作中得到“内在奖励”的环境。

④管理制度的改变。管理制度能够保证职工充分地表露自己的才能，达到自己所希望的成就。

(4)对复杂人的管理

从复杂人的假设而提出的权变理论，要求根据具体的人的不同情况，灵活地采取不同的管理措施。就是因人而异，因事而异。这就要求管理人员要善于观察职工之间的个别差异，根据具体情况采取灵活多变的管理方法。

(三)激励的强化方法

强化是通过外力来干预某种刺激与行为，使之能够重复出现。强化按其作用可划分为两种：一是正强化，即对某种行为给予肯定或奖励，使行为巩固、保持；二是负强化，即对某种行为给予否定或惩罚，使之减弱、消退。如果说，引起一种行为是靠动机的话，巩固、保持这个行为或减弱、消退这个行为就是靠强化。没有强化，不可能有正确的行为。运用强化作为手段，来达到预定的行为结果，可采用以下方法：

1. 激发员工热情的途径

(1)描绘远景

领导者要让下属了解工作计划的全貌及看到自己努力的成果，员工越了解公司的理念，公司的目标，对公司的向心力越高，也会更愿意充实自己，以配合公司的发展需要。

(2)授予他们权力

授权不仅仅是封官任命，领导者在向下属分派工作时，也要授予他们权力，要帮被授权者清除心理障碍，让他们觉得自己是在“独挑大梁”肩负着一项完整的职责。

(3)给好的评价

很多时候员工会抱怨，领导者只有在员工出错的时候才会注意到他们的存在，身为领导者，最好尽量给予下属正面的回馈，公开赞美你的员工，奖励下属的努力和成就，可以提高工作效率和士气，同时也能有效地建立信心，提高忠诚度，至于负面批评可以私下提出。

(4)倾听诉苦

对员工的汇报，抱怨不要急于下结论，不要随便评判，除非对方要求，否则不要随便提供建议，以免流于"瞎指挥"。领导者的职责应该是协助下属，发掘他的困难与解决办法。

(5)提供训练

有计划地支持员工参加职业培训，用走出去，请进来的各种办法，组织学习与训练，不但可以提高下属士气，工作水平和能力，而且有易于减轻无聊情绪，降低工作压力，提高员工工作创造力。

2. 设置鼓励人心的目标

一个鼓舞人心的目标，不仅可以激发人的动机，而且可以强化行为。明确了目标，人们在生产中就会时刻把自己的行动与目标相联系，目标就是人们行为活动在不同的阶段上所要达到的预期结果。

3. 采用渐近法

渐近法就是根据人的认识规律，把一个复杂的行为过程分解成许多小的阶段，逐步加以完成。这可以使职工树立信心，加强工作的计划性，也可适时了解自己的工作成果。

4. 信息及时反馈

及时进行信息反馈，可使职工随时知道自己行为活动的结果如何，这样就可针对问题，分析原因，及时改进，以达到修正行为、不断改进工作的目的。

5. 个人需要的满足

行为是由动机引起的，而动机是由需要激发的，这是客观规律。加强管理工作，调动职工积极性，使每个职工保持旺盛的士气，就要按照职工心理活动的规律，承认其需要，满足其需要，以激发他们的动机，强化行为。对于不能满足的需要，要做好工作，避免产生消极情绪。

第二节　客运服务人员的问题行为分析

一、问题行为及其产生的原因

(一)问题行为

客运管理工作中，一个非常重要的问题是如何正确对待和处理客运服务人员中出现的"问题行为"。每一个客运服务部门，都会存在一些使领导者感到"很成问题"的职工行为，这些行为叫问题行为。

问题行为主要表现为两种：一是有些问题行为表现很明显、激烈，如有人公然违章违纪，侵犯旅客和同事的利益，顶撞领导的命令，惹是生非等，这属于"攻击性问题行为"；二是有些问题行为表现得不明显、不激烈，如对工作消极、冷淡、无精打采，领导者常常感到"不知道他整天想些什么”，这属于“退缩性问题行为”。

无论是攻击性还是退缩性问题行为，都会给工作和职工本身带来危害，给管理带来困难。因此，领导者研究职工中的问题行为，不仅仅要看到这些行为的表现方式及危害性，尤其要分析导致问题行为发生的个人因素和环境因素，正确地对待和处理职工中的问题行为，促使消极因素向积极因素的转化。问题行为解决得好不好，在很大程度上影响着领导者的威信和工作的效能。

（二）问题行为产生的原因

心理学认为需要诱发动机，动机促成行为。因此，人的一切行为都是以人的需要为基础，人要满足自己的需要，就会产生行为。但需要满足的方式是不同的，可能有的是合理、正当的方式，有的是不合理、不正当的方式。例如，一位列车服务人员，为了满足获得社会荣誉的需要而努力工作，刻苦学习，积极、主动、满腔热情地为旅客服务，这是合理、正当的方式；如果采取弄虚作假，骗取信任等手段获得荣誉，就是不合理、不正当的方式。

客运服务人员有多种多样的需要，如工作的需要、改善物质生活条件的需要、婚恋的需要、文化娱乐的需要、学习的需要、尊重的需要、表现自己才能的需要、社会荣誉的需要、交朋择友的需要等等。这些需要都是正当、基本的需要。作为管理者，应当承认客运服务人员的这些需要是正当的、合理的，而且要创造条件帮助职工去满足这些需要。但是，这些需要不是都能顺利地得到满足的，它受制于许多条件。而且，当职工通过自己的努力去满足这些需要时，可能会遇到如何对待个人利益与集体利益和国家利益的关系问题，如何看待眼前利益和长远利益的关系问题。这些问题的实质，就在于职工本人能不能正确处理这些关系，以及他采取什么样的行为方式对待这些问题。心理学认为，无论是正当的行为方式，还是不正当的行为方式，都是“学习”的结果，即主要是尝试和模仿的结果。一些问题行为，正是这种原因造成。例如，一个职工想提高工资，但不知道用什么方式来满足这种需要，他就开始进行尝试学习，如果尝试的结果获得成功，那么行为就会被强化。有人看到某些管理人员“怕闹”，“闹得凶就给长工资”，于是每到晋升工资或有其他利益时，就“闹”起来。不光自己可以尝试着闹，还可以模仿他人的方式闹，这种模仿学习可以使人的行为得到“替代的强化”。这会使一些人跟着闹起来，这就是模仿学习的效果。

管理者对待职工的问题行为，需要进行研究。首先，要研究“需要”，即某些职工所出现的问题行为是为了满足什么需要；其次，研究“方式”，即职工为满足上述需要采取的行为方式，哪些是合理的、正当的，哪些是不合理的、不正当的；最后，再进一步研究这些行为方式是如何形成的。只有分析清楚问题行为产生的原因，才能有效地处理、解决职工的问题行为。

问题行为产生的过程中，总是伴随挫折的产生，对挫折能否正确对待，决定问题行为的结果。职工为满足需要而进行活动，并不总是能够如愿以偿地实现其需要。遭受挫折的情况是常常发生的。挫折是一种复杂的心理体验，其中包括未能满足需要的失望，行为受到阻碍而引起的愤怒，对自己采取错误行为而引起的悔恨，以及对挫折可能引起的不良反应的担忧等等。

挫折感会扰乱人的内心状态的平衡，往往使人做出有失理智的行为。所以，遭受挫折之后，容易产生问题行为。当一个职工用正当方式未能满足其需要而遭受到挫折，就可能出现“退化”现象，即转而采取非正当手段和方式去满足其需要，这种由挫折之后所产生的问题行为是常见的。

但并非遭受到挫折就一定会产生问题行为，如果一个人很理智，就会变挫折感为动力，继续以正当的方式去追求需要的满足，在对待挫折过程中变得更为成熟，更加坚强，不是因挫折而“退化”，而是因挫折得到“升华”。有些职工往往通过合理化的心理过程，把自己准备或已经采取的不合理、不正当方式解释成合理的，以减轻自己的心理压力。例如，一个客运服务人员依靠正当的经济收入满足不了自己想尽快提高物质生活水平的需要，于是就产生了利用工作之便，通过违法乱纪的非正当方式和手段来满足需要，这种牟取不义之财的想法会引起他内心的矛盾和斗争，但是如果他缺乏自我批评的觉悟，不是经过斗争而放弃这种心理，反而用“这算不得不义之财，最多是利用职务之便得点小便宜”，或“别人干得更凶，我这不算什么”，或者想“只此一次，下不为例”等，通过这些自我欺骗、自我安慰把自己的错误动机“合理化”，从而发生问题行为。而如果他有觉悟，讲政治，讲正气，他就会通过思想斗争，抑制和取消不正当的想法，而避免发生问题行为。

小故事：不消灭问题，就会被问题消灭

印鱼是著名的海洋旅行家，背部长有椭圆形的吸盘，形状极像一枚印章，能牢牢吸住平坦的物体，因而得名。利用这一特长，印鱼就能吸附在海龟的底部，轻松地周游世界，到了食物丰富的地方，它就会自动离开，饱餐之后，再搭乘下一艘“游轮”继续免费旅行。

印鱼倒是轻松自在，海龟却有说不出的烦恼。身上突然多了个东西，当然感觉不舒服，但要想把它赶走，也没那么容易，久而久之也就习以为常了。直到有一天，海龟突然间感到身体失去平衡，急速上升，稀里糊涂就上了岸。倒霉的海龟，到死也没弄明白，这究竟是怎么回事。

原来，桑给巴尔岛的渔民很早就发现了印鱼的习性，于是利用它来钓海龟。抓到印鱼后，首先在它背鳍上穿上一个小洞，然后找一根结实的尼龙绳，一头拴住印鱼，另一端牢牢地拴在船上。准备妥当，渔民又把印鱼抛进大海。印鱼误以为重获新生，自然欣喜万分，见到海龟就赶紧上去牢牢吸住。海龟虽然讨厌这个小家伙，但又懒得花力气把它赶走，哪知，这时渔民正在慎慎地收紧绳子……

恐怕这不仅仅是海龟的悲剧。有时候，我们明知自己身上存在一些小问题，看起来好像并无大碍，于是都装着视而不见。须知，问题就像吸附在海龟身上的印鱼，若不趁早将它驱除，则有可能把你拖进万劫不复的境地。

二、对待问题行为的原则

出现了问题行为，管理者一定要处理，不处理而任其放纵，会发生严重的后果，同时不处理也是管理者失职的表现。但处理要有原则，一般地讲，应该实事求是，因势利导，讲求批评的艺术，正确运用惩罚。

（一）多发现职工的长处，坚持正面教育为主

每个人都有优点，客运管理人员要十分重视职工好的表现，多注意职工身上的积极因素，而不要只注重职工的问题行为。这样，职工就容易对管理者产生好感，管理者在问题行为的处理中才能够得到职工的支持，产生问题行为的职工容易口服心服。如果不注意职工好的表现，不表扬，而一味地“挑毛病”，就会引起职工的反感，减轻管理者的影响力。同时，一个管理者只看到职工的缺点，还会使职工因怕出错而丧失工作的主动性和创造性，产生“不求有功，但求无过”的心理。强调正面性原则，有利于职工对管理者产生亲近感和认同感，减少问题行为的发生。

（二）冷静全面地分析问题行为，善于因势利导

对待职工中的问题行为，切忌简单化。一定要认真分析造成问题行为的主观因素和客观因素，远因和近因，性质和程度。从分析中，抓问题的关键和寻找解决问题的途径，并创造良好的客观环境，促使职工的问题行为向积极方面转化。

因势利导就是在分析的基础上，讲清道理，帮助职工分清什么是高尚的、正当的需要，什么是庸俗的、不正当的需要。讲清楚，只有追求满足需要的方式与“合理”相统一时，个人才能做到“心安理得”。讲道理要“因势”，即顺应心理活动和行为变化所固有的规律性和趋势，顺应人对合理的需要的追求；“利导”就是把职工的心理活动行为引导到有利于国家、企业的方向上来。不注意因势利导，只讲空洞的大道理，是难以服人的，也难以纠正问题行为。

（三）坚持预防为主，正确运用惩罚

预防为主就是尽量创造条件，使客运服务人员能通过正当方式来满足自己的需要，想方设法帮助职工解决各种实际问题，全面关心职工的学习、工作、生活、娱乐等等，防止职工以不正当方式去追求需要的满足。同时，要特别注意做好受到挫折的职工的思想工作，研究职工思想变化的规律。例如，在职工情绪低落时，职工之间发生矛盾纠纷时，遇到较大的生活困难时，管理者应积极、主动地做职工的工作，在其生活变化或受到挫折时给予必要的关心帮助和指导，以防止或减少问题行为的发生。

当发生必须处理的问题行为时，就必须给予惩罚。强调正面教育为主，预防为主，并不是取消惩罚措施。为了维护国家、集体利益，为了严肃客运群体的纪律，对严重违反规章制度的个人必须给予惩罚。惩罚对于预防问题行为和矫正问题行为是一种必要的手段。但是，运用

惩罚的最终目的是通过惩罚使职工认识到自己的问题行为的严重后果，使其不再发生类似的行为。在对待问题行为时，事先提醒，尽量慎重使用惩罚手段。惩罚作为一种辅助手段，必须与其他方法相配合，才能收到好的效果。

(四)讲究批评艺术，提高批评的效能

批评是管理者对犯有错误的职工的一种警告、帮助和矫正的手段。为了使批评收到预期的效果，应特别注意批评的艺术。运用批评手段时，应注意以下几个问题：

1. 及时性

及时性是指对犯错误的职工要及时指出其错误并进行批评，防止矛盾双方对错误事实记忆上存在分歧而发生争执，迅速纠正错误以利工作的进行，不能“秋后算账”。

2. 场合性

场合性是指尽可能通过个别谈话或小范围的生活会进行批评，非十分必要时，一般不在大庭广众之中批评一个职工，以防止职工为“面子”而产生直接的抵触行为。

3. 针对性

针对性是指对错误的批评一般应“就事论事”，即批评的内容要具体、集中，不宜“新账老账一起算”，特别防止把主要的与次要的、现在的与过去的混合在一起，把犯错误者说得一无是处。另外，谁发生的问题就说谁的问题，不要与他人攀比，如果讲很多他人多么好，你如何差，就会引起反感。在气氛融洽时，也可以引导一下犯错误的职工向先进学习，但批评的目的首先是解决具体问题。

4. 适当性

适当性是指批评到一定程度，对方开始考虑管理者的意见时，要适可而止，不要没完没了地批评，允许对方有思考的时间。适当性还包括要避开犯错误职工正在情绪激烈时进行批评，在情绪激烈时对他进行批评，可能造成不理智的行为而不能达到批评的目的。管理者不应计较职工的一时态度，应寻找职工比较冷静的时候给予适时、适当的批评。

正确处理职工的问题行为，努力提高管理者自身的批评艺术，坚持正面教育为主，预防为主的方针，就会比较容易地创造和谐向上的群体气氛，减少问题行为的发生，促使后进职工向先进转化。尽可能地调动一切客运服务人员的积极性，这是客运管理中一项十分重要的任务，是提高管理效能的一个重要方面。

三、对待问题行为的处理态度

(一)领导者处理抱怨的原则

当你的下属抱怨时，处理得当可以防止它发展成为一次更大的人际关系突出，不让它步步升级，为此应遵守以下原则：

(1)不要忽视。没有得到解决的抱怨将在员工心中不断发热，直至达到沸腾。

(2)严肃对待。认真对待员工的抱怨,作为重要的事去处理。

(3)承认错误。承认自己的错误并做出道歉。

(4)不要讥笑。不能对抱怨置之一笑。

(5)认真分析。倾听员工的抱怨,听弦外之音,了解真正的意思。

(6)不要发火。要保持镇静,如果心绪烦乱,就推迟谈话。

(7)掌握事实。要把事实了解透了,才去做出决定。

(8)别兜圈子。要触及事实的核心,正面回答抱怨。

(9)解释原因。无论是否赞同抱怨,都要解释为什么会采取这样的立场。

(10)表示信任。并非所有的抱怨都是对员工有利,应利用领导技巧,使员工能理解并且心情愉快地接受你的决定。

(11)不偏不倚。掌握事实,掂量事实,做出不偏不倚的公正的决定。

(12)敞开大门。不要怕听抱怨"小洞不补,大洞吃苦",要永远敞开大门,要让有抱怨的员工能找着诉苦的地方。

(二)批评之前要想清楚

1. 被批评者会立即接受这个批评吗?

被批评者正处于困难时期,极其脆弱,如果要他谈麻烦事,得想一想是不是时候。

2. 能耐心地等待被批评者从打击中恢复过来吗?

在提出严肃批评的时候,必须了解对方的心情,他可能彻底绝望,难以继续工作,也可能想证实不是被当作不合格的人对待,而只是某种事上出了差错。

3. 此批评已经是第几次?

如果感到这种批评已经重复过多次,再批评一次显然没有用处,为什么受到这么多批评仍无法改进,是不是有其他问题呢?

4. 提出批评,被批评者能有什么反映?

应当知道,批评后被批评人该做什么。

5. 是不是因为自己的问题要提出这个批评?

领导有时有可能感到来自员工人威胁,感到不受欢迎,莫名其妙想惩罚他们,不要根据自己的情绪,而要实实在在地对原因作出反应。

6. 被批评者受到批评后有何感想?

要设身处地想一想,如果我们自己受到这样的批评有何感想。

(三)批评"十二戒"

1. 戒无凭无据,捕风捉影

批评的前提是事实清楚,不可凭"小报告"就去乱批评人。

2. 戒大发雷霆，恶语伤人

人人都有自尊心，批评要顾及人的自尊心，不可加以伤害。

3. 戒吹毛求疵，过于挑剔

对于鸡毛蒜皮的小事，小毛病，只要无关大局，应采取宽容的态度。

4. 戒不分场合，随处发威

要讲究场合和范围，有的批评在大会上进行，有的则只能进行个别批评。

5. 戒乘人不备，突然袭击

事先打招呼，使被批评人有一定的心理准备。

6. 戒清算总账，揭人老底

批评应当针对发生的事情，对于过去的问题，尽量不要拉扯进来。

7. 戒威胁逼迫，以势压人

批评应当在平等的气氛中进行，不要摆出居高临下，盛气凌人的架势，说不服就压服，会激起反抗情绪。

8. 戒当面不说，背后乱说

当面批评是君子，背后议论是小人，当面讲态度诚恳，背后议论经人传播很容易把话传走样。

9. 戒议事议人，全盘否定

批评要求准确具体，哪件事做错了就论及整个人，去否定被批评人的一切。

10. 戒嘴上不说，随处传扬

批评不能随处发威，随处传扬，弄得问题人人皆知，满城风雨。

11. 戒反复批评，无休无止

批评不能靠量多取胜，有的批评只能点到为止。

12. 戒一批了之，弃而不管

批评只是解决思想问题的手段，而不是目的，被批评人在批评后有困难，有进步都要及时帮助、及时肯定。

四、沟通的“十戒”

在问题行为的产生，有许多方面是由于管理者与职工之间信息、感情等方面的沟通发生障碍所造成。组织内部的管理者，要作风民主，平易近人，善于倾听不同意见，鼓励下级成员大胆提出批评和建议，这样可以消除双方的紧张和拘束，形成轻松和谐的环境和氛围，也就可以避免问题行为的产生，即使问题行为产生了也可以有效地使之得到解决。欧美公共关系界总结实践经验，提出了改善组织沟通的十项建议，对客运管理者不无借鉴作用。

(1)沟通前做好准备，预备可能发生的事件及其应变措施。